JN017002

らくらく突破

貸金業務

第7版 取扱主任者

○×問題+過去問題集

田村 誠─著

COMPLIANCE
¥

出題される
ジャンルが
わかる

- よく出る基礎的な問題から
  近年の難化した問題まで幅広く対応!
- ○×問題630問+本試験問題56問収録!
- 懇切丁寧な解説で理解力アップ!

技術評論社

はじめに

『試験本番で問題が解けるようになる問題集を！』

これが本書のコンセプトです。試験本番で問題が解けるようになるためには、まず過去問題を解けるようにならなければなりません。過去問題を解くことで、重点的に勉強すべき分野を知ることができますし、試験で使われる用語や言い回し、出題形式に慣れることができます。

貸金業務取扱主任者資格試験は、年を追うごとに難しくなってきていますが、試験が難しくなればなるほど、過去に出題された内容の問題については確実に正解することが重要になります。

本書では、出題可能性の低い一部の問題を除き、第1回試験から第17回試験（令和4年度試験）までの過去問題の多くを収録し、同じ内容の問題については1つにまとめています。問題・解説ともに最新の法改正に対応済みです。

ポイントとなる語句を太文字にしたり、記憶しやすいように表を活用したり、必要に応じて図・イラストを用いて、問題がどのような場面を想定しているのかをイメージしやすいようにするなど、工夫を重ねました。

また、単なる過去問題の解説にとどまらず、問題文の読み方、問題の解き方を紹介している問題も多数あり、学習したことのない内容の問題を解く方法も紹介しています。

合格に必要となる正確な知識を身につける段階では、一問一答の形式の問題（○×問題ゾーンの問題）を解き、ある程度の実力がついた段階で、試験の出題形式に慣れるために、試験本番で出題された形式そのままの問題（本試験問題ゾーンの問題）を解きましょう。本書は過去問題を科目別・項目別に編集しているため、学習進度に合わせて利用することができます。

本書とともに、テキスト「第8版 貸金業務取扱主任者合格教本」も合わせてご利用いただければ幸いです。

本書を有効に活用し、みなさんが短期合格されることをお祈りしております。

令和5年4月　田村　誠

目　次

第1章　貸金業法および関係法令　　17

第2章 貸付けに関する法令と実務　255

第3章 資金需要者等の保護 373

第4章 財務および会計 397

貸金業務取扱主任者資格試験とは

■1 貸金業務取扱主任者制度とは

　「貸金業の規制等に関する法律等の一部を改正する法律案」が平成18年の第165回臨時国会において、可決・成立し、公布されました。

　法律案には、貸金業の適正化、過剰貸付けの抑制、金利体系の適正化、ヤミ金融対策の強化などが盛り込まれ、貸金業の適正化ということで、新たに貸金業務取扱主任者資格試験を実施することとなりました。貸金業務取扱主任者とは、貸金業の業務が法令を遵守して適正に行われるように、貸金業者の従業員に対して助言、指導を行う者です。

　この改正により、貸金業務取扱主任者資格試験が国家試験として創設され、第1回の試験が平成21年8月30日に実施されました。

　完全施行（平成22年6月18日）以降、貸金業者は貸金業務取扱主任者資格試験に合格し、登録を完了した貸金業務取扱主任者を法令で定める人数分、営業所や事務所ごとに置かなければならなくなりました。

　貸金業務取扱主任者資格試験は、内閣総理大臣から指定試験機関として認定を受けた日本貸金業協会が実施しています。

●日本貸金業協会

〒108-0074

東京都港区高輪三丁目19番15号　二葉高輪ビル2F・3F

ホームページ　https://www.j-fsa.or.jp/

●資格試験に関するお問合せ窓口

TEL：03-5739-3867（土日祝日を除く9：30～12：00、13：00～17：30）

　以下の情報は、日本貸金業協会が公表している情報をもとにまとめています（令和5年4月3日現在）。情報は変更されることもありますので、必ず日本貸金業協会のホームページ（https://www.j-fsa.or.jp/）等をご覧ください。

2 貸金業務取扱主任者資格試験の実施方法

貸金業務取扱主任者資格試験の実施方法を以下に示します。

▼試験の実施方法

試験方法	筆記試験
試験問題数	50 問
出題形式	4 肢択一方式
試験時間	2 時間 (13 時 00 分～ 15 時 00 分)
試験日	休日
解答方式	マークシート方式
試験地	札幌、仙台、千葉、東京、埼玉、神奈川、高崎、名古屋、金沢、大阪、京都、神戸、広島、高松、福岡、熊本、沖縄、全国 17 地域
受験料	8,500 円
試験の申し込み方法	インターネットによる申し込み、郵送による申し込み
受験料の決済方法	指定口座振り込み、クレジットカード決済、コンビニエンスストア決済
合格発表	指定の合格発表日（合否通知を発送、日本貸金業協会ホームページ上と支部に掲示）
問題と解答の公表	試験問題は試験後に、解答は合格発表日に、日本貸金業協会のホームページに掲示

※ 受験申込者は希望試験地を選択することができます。
※ 試験会場は試験機関で決定し、通知いたします。試験問題は持ち帰りが可能です。
※ 日本貸金業協会に来社しても試験の申し込みはできません。
※ 試験日、試験地、申し込み方法、その他詳細などについては、日本貸金業協会のホームページ
　 (https://www.j-fsa.or.jp/) でご確認ください。

3 試験結果データ

試験結果のデータを以下に示します。

▼試験結果データ

回数	第 11 回	第 12 回	第 13 回	第 14 回	第 15 回	第 16 回	第 17 回
受験申込者	11,639	11,680	11,420	11,460	11,885	11,926	11,536
受験者	10,139	10,214	9,958	10,003	10,533	10,491	9,950
合格者	3,095	3,317	3,132	3,001	3,567	3,373	2,644
合格率	30.5%	32.5%	31.5%	30.0%	33.9%	32.2%	26.6%
合格基準点 (50 問中)	30 問	34 問	32 問	29 問	33 問	31 問	28 問
実施日	平成 28 年 11 月 20 日	平成 29 年 11 月 19 日	平成 30 年 11 月 18 日	令和元年 11 月 17 日	令和 2 年 11 月 15 日	令和 3 年 11 月 21 日	令和 4 年 11 月 20 日

4 科目別出題数

試験科目と出題数の目安を以下に示します。

▼試験科目別出題数

試験科目	出題数の目安
1. 法及び関係法令に関すること	22 〜 28問
2. 貸付け及び貸付けに付随する取引に関する法令及び実務に関すること	14 〜 18問
3. 資金需要者等の保護に関すること	4 〜 6問
4. 財務及び会計に関すること	2 〜 4問
試験科目全体	**50 問**

※ 上記の科目別出題数は目安であり、実際の試験問題数とは異なることがあります (p.20)。

5 科目別出題範囲

科目別出題範囲を以下に示します。出題範囲として以下に記載されている関係法令は、当該法律の施行令、施行規則を含むものとします。

▼ 1. 法及び関係法令に関すること

関係法令	分野・内容
(1) 貸金業法	
(2) 貸金業法施行令	
(3) 貸金業法施行規則	
(4) 出資の受入れ、預り金及び金利等の取締りに関する法律	
(5) 利息制限法	
(6) 貸金業者向けの総合的な監督指針 (金融庁)	
(7) 事務ガイドライン (第3分冊：金融会社関係13　指定信用情報機関関係) (金融庁)	全般とする
(8) 貸金業の業務運営に関する自主規制基本規則 (日本貸金業協会)	
(9) 紛争解決等業務に関する規則 (日本貸金業協会)	
(10) 「紛争解決等業務に関する規則」に関する細則 (日本貸金業協会)	
(11) 貸付自粛対応に関する規則 (日本貸金業協会)	

※ 貸金業法、同施行令および同施行規則、利息制限法並びに貸金業者向けの総合的な監督指針 (金融庁) 等の上記関係法令に関連して、「債権管理回収業に関する特別措置法」(サービサー法)、「弁護士法」および「民間事業者等が行う書面の保存等における情報通信の技術の利用に関する法律」(e- 文書法) を、貸金業の業務に必要な範囲に限定し出題することがあります。

▼ 2. 貸付け及び貸付けに付随する取引に関する法令及び実務に関すること

法分野	関係法令	分野・内容
民事法（民法・商法を中心とするその他の関連法令）	(1) 民法	第1編総則、第3編を中心に第4、5編も含む
	(2) 商法	第1編総則、第2編第1章総則とする
	(3) 会社法	組織形態、代表権、法人格に関する事項とする
	(4) 保険法	貸金業の業務に必要なもの全般とする
	(5) 手形法・小切手法	
	(6) 電子記録債権法	
	(7) 動産及び債権の譲渡の対抗要件に関する民法の特例等に関する法律	
	(8) 電子消費者契約に関する民法の特例に関する法律	
	(9) 不正競争防止法	
民事手続法（民事訴訟法、民事執行法および民事保全法を中心とするその他の関連法令）	(1) 民事訴訟法	貸金業の業務に必要なもの全般とする
	(2) 民事執行法	
	(3) 民事保全法	
	(4) 裁判外紛争解決手続の利用の促進に関する法律	
	(5) 民事調停法	
倒産法（破産法、民事再生法を中心とするその他の関連法令）	(1) 破産法	
	(2) 民事再生法	
	(3) 会社更生法	
	(4) 特定債務等の調整の促進のための特定調停に関する法律	
	(5) 会社法	第2編株式会社第9章清算とする
刑事法（暴力団員による不当な行為の防止等に関する法律、および犯罪による収益の移転防止に関する法律を中心とするその他の関連法令）	(1) 暴力団員による不当な行為の防止等に関する法律	第1章総則、第2章暴力的要求行為の規制等とする
	(2) 犯罪による収益の移転防止に関する法律	貸金業の業務に必要なもの全般とする
	(3) 刑法	第1編第7章犯罪の不成立及び刑の減免、同第8章未遂罪、同第11章共犯、第2編第17章文書偽造の罪、同第18章の2支払用カード電磁的記録に関する罪、同第20章偽証の罪、同第35章信用及び業務に対する罪、同第37章詐欺及び恐喝の罪、同第38章横領の罪とする
	(4) 不正アクセス行為の禁止等に関する法律	貸金業の業務に必要なもの全般とする

▼ 3. 資金需要者等の保護に関すること

法分野	関係法令	分野・内容
個人情報保護法（個人情報の保護に関する法律を中心とするその他の関連法令等）	(1) 個人情報の保護に関する法律	貸金業の業務に必要なもの全般とする
	(2) 金融分野における個人情報保護に関するガイドライン（金融庁）	
	(3) 個人情報の保護に関する法律についてのガイドライン（通則編、第三者提供時の確認・記録義務編）（個人情報保護委員会）	
消費者保護法	(1) 消費者契約法	
経済法（不当景品類及び不当表示防止法を中心とするその他の関連法令等）	(1) 不当景品類及び不当表示防止法	
	(2)「消費者信用の融資費用に関する不当な表示」の運用基準（消費者庁）	
貸金業法その他関係法令	(1) 貸金業法、同施行令、同施行規則	全般とする
	(2) 貸金業者向けの総合的な監督指針（金融庁）	
	(3) 事務ガイドライン（第３分冊：金融会社関係 13 指定信用情報機関関係）（金融庁）	
	(4) 貸金業の業務運営に関する自主規制基本規則、紛争解決等業務に関する規則、同細則、貸付自粛対応に関する規則（日本貸金業協会）のうち、資金需要者等の利益の保護に関する部分	

▼ 4. 財務及び会計に関すること

分野・内容	
家計診断	(1) 家計収支の考え方（収支項目・可処分所得・貯蓄と負債）
	(2) 個人の所得と関係書類（申告所得・源泉徴収票等の関係書類）
財務会計	(3) 企業会計の考え方（企業会計原則）
	(4) 財務諸表（損益計算書・貸借対照表・キャッシュ・フロー計算書・その他）

（注）家計診断及び財務会計には、当分野に関する法令（税法、年金関係法その他）が含まれますが、出題は貸金業の業務に必要な範囲とします。

本書の使い方

■1 本書について

　本書は○×問題ゾーンと本試験問題ゾーンで構成されています。○×問題ゾーンは、過去の試験問題を分解し、○×問題にしています。本試験問題ゾーンは、実際に試験問題で出題された形式で掲載しています。つまり、本書のすべての問題は、実際に出題された**過去問題を使用**しています。

　ただし、**法改正があった過去問題については**、現行の規定に沿うよう問題文を一部修正し、解説も**現行法に合わせています**。また、難易度が高まった最近の問題についても掲載し、丁寧に解説しています。

　現在出版されている問題集のなかには、試験問題中の人物A、B、Cの部分を貸金業者、顧客、債権者、債務者、保証人などに書き換えて、わかりやすくしている問題集があります。しかし、本書では試験問題と同様、問題集の人物の表記はA、B、Cとしています。実際に試験を受けるときには、わかりづらい問題のままですから、**わかりづらい試験問題に慣れていただくためです**。

　本問題集は、小社刊のテキスト「**第8版 貸金業務取扱主任者合格教本**」（田村誠：著）とまったく同じ構成になっています。本問題集の節番号（1-11、2-6など）をもとに、合格教本の同じ節番号を見れば、テキストを参照できるようになっています。問題を解いてみて、わからない場合や、テキストを確認しながら学習したい場合に最適です。

　もちろん、本問題集単体で使用することもできます。

2 傾向と対策

　各章の冒頭2～4ページで、出題傾向の分析と試験の対策方法を述べています。出題傾向をつかむことは、試験の対策を立てる上で重要です。必ず「傾向と対策」を一読してから、問題を解きましょう。

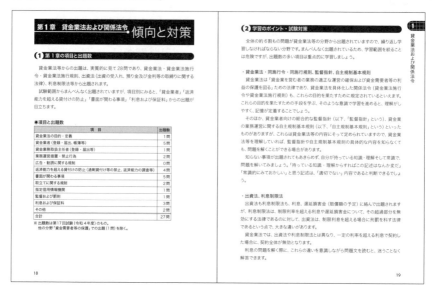

3 ○×問題ゾーン

　左ページが問題、右ページが問題に対応する解説です。問題部分には出題年度と問題番号が表記されています。出題年度が複数書かれている問題は、**頻繁に出題される問題ですから**、注意が必要です。

　本問題集の節番号（**1-11**、**2-6** など）や項番号（**❶**、**❷**、**❸**）は、小社刊のテキスト「第8版 貸金業務取扱主任者合格教本（以下合格教本）」と同じ構成になっています。

　節番号や項番号を合格教本とそろえているため、本問題集では、抜けている項番号があります。例えば、項番号**❶**は、合格教本では、各節の概要が書かれていることが多く、本問題集では項番号**❶**が抜けているところが多くあります。また、合格教本には掲載しているが、実際の試験で出題されていないなどの理由で、項番号がない場合があります。欠番があるため、若干見づらくなりますが、この点はご容赦ください。

　左ページの問題を解く際に、右ページの「解答と解説を見たくない！」という方は、本書に挟み込まれている「白い下敷き」で右ページを隠して、ご利用ください。

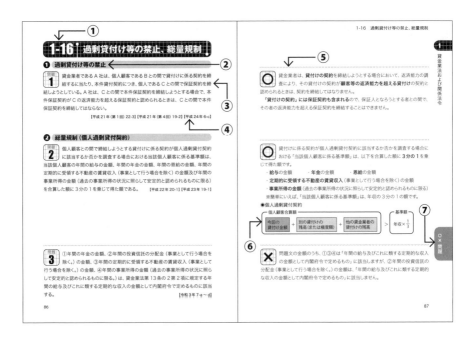

① 節見出し：合格教本と対応した番号になっています。解いていてわからなくなったら、合格教本を参照しましょう。

② 項見出し：合格教本と対応した番号になっています。合格教本に記載がないものについては、新たに項番号を振っています。

③ 問題文

④ 出題年度：出題年度を記しています。出題年度が多い問題は頻出問題ですので、注意が必要です。

⑤ 解答・解説

⑥ 図：わかりづらいところを図で解説しています。

⑦ 本書のゾーンの区分

4 本試験問題ゾーン

　本書では、〇×問題の中に、実際に出題された形式で、試験問題が挟み込んであります。実際の試験問題を解いてみて、出題形式、問題文の長さ、雰囲気に慣れてみましょう。〇×問題を行わないで本試験問題部分のみを行うことも可能です。⑤のように黒で「本試験問題」と書かれた部分を引いてお使いください。

① **タイトル**：どのジャンルの問題か記しています。

② **出題年度**：出題年度を記してあります。

③ **問題文**

④ **解説・解答**

⑤ **本書のゾーンの区分**

第1章

貸金業法および
関係法令

第1章 貸金業法および関係法令 傾向と対策

（1）第1章の項目と出題数

　貸金業法等からの出題は、実質的に見て 28 問であり、貸金業法・貸金業法施行令・貸金業法施行規則、出資法（出資の受入れ、預り金及び金利等の取締りに関する法律）、利息制限法等から出題されます。

　試験範囲からまんべんなく出題されていますが、項目別にみると、「貸金業者」「返済能力を超える貸付けの防止」「書面が関わる事項」「利息および保証料」からの出題が目立ちます。

●項目と出題数

項　目	出題数
貸金業法の目的・定義	1問
貸金業者（登録・届出、帳簿等）	5問
貸金業務取扱主任者（登録・届出等）	1問
業務運営措置・禁止行為	2問
広告・勧誘に関する規制	0問
返済能力を超える貸付けの防止（過剰貸付け等の禁止、返済能力の調査等）	4問
書面が関わる事項	5問
取立てに関する規制	2問
指定信用情報機関	1問
監督および罰則	1問
利息および保証料	3問
その他	2問
合計	27問

※ 出題数は第17回試験（令和4年度）のもの。
　他の分野「資金需要者等の保護」での出題（1問）を除く。

（2）学習のポイント・試験対策

　全体の約6割もの問題が貸金業法等の分野から出題されていますので、繰り返し学習しなければならない分野です。まんべんなく出題されているため、学習範囲を絞ることは危険ですが、出題数の多い項目は重点的に学習しましょう。

・貸金業法・同施行令・同施行規則、監督指針、自主規制基本規則

　貸金業法は「貸金業を営む者の業務の適正な運営の確保および資金需要者等の利益の保護を図る」ための法律であり、貸金業法を具体化した関係法令（貸金業法施行令や貸金業法施行規則）も、これらの目的を果たすために規定されているといえます。これらの目的を果たすための手段を学ぶ、そのような意識で学習を進めると、理解がしやすく、記憶が定着することでしょう。

　そのほか、貸金業者向けの総合的な監督指針（以下、「監督指針」という）、貸金業の業務運営に関する自主規制基本規則（以下、「自主規制基本規則」という）といったものがありますが、これらは貸金業法等の内容にそって定められていますので、貸金業法等を理解していれば、監督指針や自主規制基本規則の具体的な内容を知らなくても、問題を解くことができる場合があります。

　知らない事項が出題されてもあきらめず、自分が持っている知識・理解そして常識で、問題を解いてみましょう。「持っている知識・理解からすればこの記述はなんか変だ」「常識的にみておかしい」と思う記述は、「適切でない」内容であると判断できるでしょう。

・出資法、利息制限法

　出資法も利息制限法も、利息、遅延損害金（賠償額の予定）に絡んで出題されますが、利息制限法は、制限利率を超える利息や遅延損害金について、その超過部分を無効にする法律であるのに対して、出資法は、制限利息を超える場合に刑罰を科す法律であるという点で、大きな違いがあります。

　貸金業法では、出資法や利息制限法とは異なり、一定の利率を超える利息で契約した場合に、契約全体が無効となります。

　利息の問題を解く際に、これらの違いを意識しながら問題文を読むと、迷うことなく解答できます。

（3）試験の科目別出題数と設問形式について

●科目別出題数

	貸金業法等	貸付けに関する法令・実務	資金需要者等の保護	財務・会計	合計
第12回	27問	15問	5問	3問	50問
第13回	27問	15問	5問	3問	50問
第14回	27問	15問	5問	3問	50問
第15回	27問	15問	5問	3問	50問
第16回	27問	15問	5問	3問	50問
第17回	27問	15問	5問	3問	50問

※「資金需要者等の保護」の問題のうち2問（第17回試験では、1問）は、貸金業法等からの出題です。

●設問形式別の解答方法

　試験の設問形式は、4肢択一問題、個数問題、穴埋め問題、組み合わせ問題に分けられます。

①4肢択一問題

　単純に選択肢①～④の記述のうち、その内容が「適切なもの」あるいは「適切でないもの」を選ぶ問題です。

　この形式の問題は、「適切なもの」の選択肢を選ぶ問題であれば、その選択肢につき自信をもって「適切である」と判断できれば、他の選択肢の内容を知らなくても、それだけで解答できます（p.140本試験問題1-1・問題15）。「適切でないもの」の選択肢を選ぶ場合も同様です（p.248本試験問題1-2・問題12）。

　また、消去法で解くこともできます。例えば、「適切でない」の選択肢を選ぶ問題であれば、他の選択肢について「適切である」と自信をもって判断できれば、残った選択肢が「適切でない内容であろう」と予測して解答できます（p.317本試験問題2-1・問題4）。

②個数問題

　a～dの記述のうち、その内容が適切なものの個数を1つ選ぶ問題です。個数問題は、a～dの記述のすべてについて、その正誤判断ができなければ解答できませんので、この設問形式の難易度は高いといえます。

　ただし、実際には、この形式の問題は、基本的な内容や過去に出題された内容につい

て出題されることも多いので、丁寧に問題文を読めば解答できます（p.129本試験問題1-1・問題9）。

　本試験で、もしどうしてもわからない問題があれば、早めに見切りをつけて次の問題に移ることも必要です。

③穴埋め問題

　問題文の（　　　）の中に入れるべき適切な字句の組み合わせを①〜④の中から1つ選ぶ問題です。

　穴埋め問題では、組み合わせ内容を見ながら解くと、素早く正確に解答できます。

　問題文の前半部分を読んだだけでは（　　　）の中に入れるべき適切な字句を判断できない場合も少なくありませんので、前半部分で判断できなければ、組み合わせ内容を確認しながらそのまま問題文を読み進めることが大切です。

　穴埋め問題は、過去10年間で1問しか出題されていませんが、今後出題される可能性はあります。穴埋め問題が出題されてもあせらずに、選択肢の組み合わせを見て、わかるところから埋めていきましょう。

④組み合わせ問題

　a〜dの記述のうち、その内容が適切なものの組み合わせを①〜④の中から1つ選ぶ問題です。また、a〜dの記述について、その内容が適切なものを「正」とし、適切でないものを「誤」とした場合に、その正誤の組み合わせとして適切なものを①〜④の中から1つ選ぶ問題も、この設問形式に含まれます。

　組み合わせ問題では、組み合わせ内容を見ながら解くと、素早く正確に解答できます（p.126本試験問題1-1・問題7）。

●本問題集の解説を読むポイント

　本問題集の解説では、解答のポイントとなる部分や、今後の試験で問われる可能性のある部分を太文字にしています。これらの太文字部分は、誤ったものに置き換えられる可能性のある部分でもありますので、この太文字部分に注目しながら解説を読んでください。試験の問題文のうち、1か所でも誤りを指摘できれば、その記述は「適切ではない」内容であると判断して解答できます（p.394本試験問題3・問題3）。

❷ 貸金業法の定義

問題1 貸金業とは、金銭の貸付けで業として行うものをいい、金銭の貸借の媒介で業として行うものは貸金業に含まれていない。

【平成21年（第1回）1-1】【令和元年 1-a】

問題2 貸金業には、物品の売買、運送、保管又は売買の媒介を業とする者がその取引に付随して行う金銭の貸付けが含まれる。　【平成28年 1-a】【令和3年 1-a】

問題3 貸金業とは、金銭の貸付け又は金銭の貸借の媒介で業として行うものをいい、事業者がその従業者に対して行う金銭の貸付けが含まれる。

【平成23年 1-b】【平成27年 1-a】【令和2年 1-a】

問題4 貸金業者とは、「貸金業法第3条第1項に規定する登録」（以下、「貸金業の登録」という）を受けた者をいい、貸金業の登録を受けていない者は貸金業者に含まれていない。

【平成21年（第1回）1-3】

問題5 貸付けの契約とは、貸付けに係る契約又は当該契約に係る保証契約をいう。

【平成23年 1-a】【令和元年 1-b】【令和3年 1-c】

問題6 極度方式基本契約とは、貸付けに係る契約のうち、資金需要者である顧客によりあらかじめ定められた条件に従った返済が行われることを条件として、当該顧客の請求に応じ、極度額の限度内において貸付けを行うことを約するものをいう。

【平成21年（第3回）2-4】

「貸金業」とは、**金銭の「貸付け」を業として行うもの**をいい、金銭の貸借の媒介を業として行うものも貸金業に含まれます。

◉「貸付け」とは

> 「貸付け」とは、次の①～④をいいます。
> ① 金銭の貸付け 　　　　　　　　② 金銭の貸借の媒介
> ③ 手形の割引、売渡担保その他これらに類する方法によってする金銭の交付
> ④ ③の方法によってする金銭の授受の媒介

物品の売買、運送、保管または売買の媒介を業とする者がその取引に付随して行う金銭の貸付けは、「貸金業」から除かれます。

事業者がその従業者に対して行う金銭の貸付けは貸金業に含まれません。このほか、**国や地方公共団体が行う貸付け**や**公益社団法人等が収益を目的とせずに行う貸付け**、**労働組合がその組合員に対して行う貸付け**なども貸金業に含まれないとされています。

「貸金業者」とは、**貸金業の登録を受けた者**をいいます。したがって、登録を受けていない者は貸金業者ではありません。

「貸付けの契約」とは、**貸付けに係る契約**またはその契約に係る**保証契約**をいいます。

本問の通りです。極度方式基本契約は、極度額の限度内で、貸付けと返済が繰り返されることを予定した契約であり、その典型例はリボルビング方式（いわゆる「リボ払い」）です。

問題 7
極度方式保証契約とは、極度方式基本契約に基づく不特定の債務を主たる債務とする保証契約をいう。　【平成22年1-b】【平成26年1-c】【平成30年1-b】

問題 8
資金需要者等とは、顧客等又は債務者等をいい、債務者等とは、債務者又は債務者であった者をいう。

【平成21年（第1回）1-2】【平成21年（第3回）2-3】【平成22年1-a】

【平成25年1-c】【平成27年1-b】【平成29年1-a】【令和2年1-b】

問題 9
顧客等とは、資金需要者である顧客又は保証人となろうとする者をいう。

【令和元年1-c】

問題 10
電磁的記録とは、電子的方式、磁気的方式その他人の知覚によっては認識することができない方式で作られる記録であって、電子計算機による情報処理の用に供されるものとして内閣府令で定めるものをいう。

【平成22年1-d】【平成27年1-c】【平成29年1-b】

問題 11
電磁的方法とは、電子情報処理組織を使用する方法その他の情報通信の技術を利用する方法であって内閣府令で定めるものをいう。　【平成28年1-b】

問題 12
信用情報とは、個人の顧客を相手方とする貸付けに係る契約（極度方式基本契約その他の内閣府令で定めるものを除く。）に係る、当該顧客の氏名、住所、契約年月日、貸付けの金額等の貸金業法第41条の35第1項各号に掲げる事項をいう。　【平成24年1-c】【平成26年1-b】【平成28年1-c】

問題 13
信用情報とは、資金需要者である顧客又は債務者の借入金の返済能力に関する情報及び保証人となろうとする者又は保証人の保証能力に関する情報をいう。　【平成30年1-a】【令和元年1-d】

本問の通りです。極度方式保証契約は、極度方式基本契約に基づく不特定の債務を保証する契約です。

 「債務者等」とは、**債務者または保証人**をいいます。

●「資金需要者等」とは

資金需要者等	顧客等（資金需要者である顧客または保証人となろうとする者）
	債務者等（債務者または保証人）

 顧客等とは、**資金需要者である顧客**または**保証人となろうとする者**をいいます。

 電磁的記録とは、電子的方式、磁気的方式その**他人の知覚によっては認識することができない**方式で作られる記録であって、電子計算機による情報処理の用に供されるものとして内閣府令で定めるものをいいます。

 電磁的方法とは、電子情報処理組織を使用する方法その他の**情報通信の技術**を利用する方法であって内閣府令で定めるものをいいます。

 「信用情報」とは、**資金需要者である顧客または債務者の借入金の返済能力に関する情報**をいいます。
　「個人の顧客を相手方とする貸付けに係る契約（極度方式基本契約その他の内閣府令で定めるものを除く。）に係る、当該顧客の氏名、住所、契約年月日、貸付けの金額等の貸金業法第 41 条の 35 第 1 項各号に掲げる事項」は、「個人信用情報」のことです。
※「個人信用情報」と「信用情報」の違いに注意しましょう。

 「信用情報」とは、**資金需要者である顧客**または**債務者**の借入金の返済能力に関する情報をいいます。保証人となろうとする者または保証人の保証能力に関する情報は、「信用情報」に含まれません。

個人信用情報とは、資金需要者である顧客又は債務者の借入金の返済能力に関する情報をいう。

【平成22年1-c】【平成25年1-b】【平成30年1-b】【令和2年1-c】【令和4年1-b】

 営業所又は事務所とは、貸金業者又はその代理人が一定の場所で貸付けに関する業務の全部又は一部を継続して営む施設又は設備をいうが、貸金業者が既存の営業所又は事務所の隣接地に新たに設置する、現金自動設備及び自動契約受付機は、いずれも営業所又は事務所には該当しない。

【平成23年1-c】【平成26年1-a】【令和2年2-d】【令和4年6-d】

 手続実施基本契約とは、紛争解決等業務の実施に関し、指定紛争解決機関、紛争当事者である貸金業者及び資金需要者との三者間で締結される契約をいう。

【平成28年1-d】【平成29年1-d】【平成30年1-d】【令和3年1-d】

 住宅資金貸付契約とは、住宅の建設又は購入に必要な資金（住宅の用に供する土地又は借地権の取得に必要な資金を含む。）の貸付けに係る契約をいい、住宅の改良に必要な資金の貸付けに係る契約は、住宅資金貸付契約に含まれない。

【平成27年1-d】【平成29年1-c】【令和2年1-d】【令和3年1-c】

1-2 貸金業者の登録申請手続

❶ 貸金業の登録

問題 1 法人が「貸金業法第3条第1項に規定する登録」（以下、本問において「貸金業の登録」という。）を受けずに貸金業を営んだ場合、当該法人の従業者で当該法人の業務に関して資金需要者等に金銭の貸付けを行った者は刑事罰を科されることがあるが、当該法人が刑事罰を科されることはない。

【平成21年（第1回）15-1】【平成22年3-1】

「個人信用情報」とは、個人を相手方とする貸付けに係る契約（極度方式基本契約その他の内閣府令で定めるものを除く。）に係る第41条の35第1項各号に掲げる事項をいいます。

 「営業所または事務所」（以下、「営業所等」という。）とは、貸金業者またはその代理人が一定の場所で貸付けに関する業務の全部または一部を継続して営む施設または設備をいいます。ただし、**貸金業者が既存の営業所等の同一敷地内に新たに設置する現金自動設備**は、**営業所等には該当しません。**

　もっとも、**自動契約受付機**の場合は、既存の営業所等の同一敷地内に新たに設置するときであっても、**営業所等に該当します。**

 「手続実施基本契約」とは、紛争解決等業務の実施に関し指定紛争解決機関と貸金業者との間で締結される契約をいいます。よって、本問は、「資金需要者との三者間」となっている部分が誤りです。

 「住宅資金貸付契約」とは、住宅の建設もしくは購入に必要な資金（住宅の用に供する土地または借地権の取得に必要な資金を含む。）または住宅の改良に必要な資金の貸付けに係る契約をいいます。そのため、住宅の改良に必要な資金の貸付けに係る契約も、住宅資金貸付契約に含まれます。

　なお、「住宅の改良」とは、いわゆる住宅のリフォームのことです。

 無登録営業をした場合には刑事罰が科されることがあります。この場合、両罰規定により無登録営業を行った従業者のほか、その事業主である法人も刑事罰を科されることがあります。

問題 2 貸金業の登録を受けていない A が、貸金業を営む旨の表示又は広告をした場合、それが貸金業を営む目的をもってなされたときに限り、A は、貸金業法上、刑事罰を科されることがある。　【平成21年（第1回）15-4】【平成21年（第2回）17-2】

問題 3 貸金業の登録を受けていない者は、貸付けの契約の締結について勧誘をした場合、貸金業を営む目的を有していたか否かにかかわらず、刑事罰を科されることがある。　【平成22年 3-2】【平成25年 14-1】

問題 4 貸金業の登録を受けている A 社が、自己の名義をもって、貸金業の登録を受けていない B に貸金業を営ませた場合、A 社は刑事罰を科されることはないが、貸金業の登録を取り消されることがある。　【平成21年（第1回）17-3】【平成25年 14-3】

問題 5 貸金業を営もうとする者が貸金業の登録を受けるべき行政庁は、内閣総理大臣又は都道府県知事であり、これらのうちいずれの行政庁により貸金業の登録を受けなければならないかは、貸金業を営もうとする者が、その貸金業の業務に従事させようとする使用人の数を基準として決定される。　【平成21年（第2回）4-1】

貸金業法および関係法令

 無登録業者が**貸金業を営む旨の表示または広告**をした場合（つまり、無登録で営業の表示・広告をした場合）、**それが貸金業を営む目的をもってなされたか否かを問わず**、刑事罰を科されることがあります。

 貸金業を営む目的をもって貸付けの**勧誘**を行うことは、禁止されています。本問は、「貸金業を営む目的を有していたか否かにかかわらず」となっている部分が誤りです。

●広告・表示と勧誘との違い（無登録の場合）

- ・無登録で貸金業を営む旨の広告・表示をした場合
  - →貸金業を営む目的がなくても、貸金業法違反
- ・無登録で貸付けの勧誘を行った場合
  - →貸金業を営む目的がある場合に限り、貸金業法違反

 貸金業者が自己の名義をもって他人に貸金業を営ませた場合（いわゆる**名義貸しの場合**）、その**貸金業者は刑事罰を科せられる**ことがあります。さらに、その貸金業者は貸金業の登録を取り消されます。

 内閣総理大臣または都道府県知事のうち、いずれの登録を受けなければならないかは、**営業所または事務所（以下「営業所等」という）が、複数の都道府県に設置されるか否か**を基準として、決定されます。使用人の数を基準として決定されるわけではありません。

●貸金業の登録先の決定基準

- ・2つ以上の都道府県の区域内に営業所等を設置する場合
  - →内閣総理大臣の登録が必要
- ・1つの都道府県の区域内にのみ営業所等を設置する場合
  - →都道府県知事の登録が必要

○×問題

❷ 登録の申請

問題 6　貸金業の登録を受けるための登録申請書には、営業所又は事務所ごとに置かれる貸金業務取扱主任者の氏名及び住所を記載しなければならない。

【平成 21 年（第 2 回）4-2】【令和 3 年 2-c】【令和 4 年 2-a】

❸ 役員・政令で定める使用人

問題 7　株式会社である A 社は、貸金業法第 3 条第 1 項に規定する登録（貸金業の登録）を受けようとしている。A 社の総株主等の議決権の 100 分の 25 を超える議決権に係る株式を、自己名義で所有している個人は登録申請書に記載すべき役員に当たるが、他人名義で所有している個人は役員には当たらない。

【平成 21 年（第 1 回）3-4】【平成 23 年 1-d】【平成 26 年 16-1】

問題 8　貸金業の登録を申請する会社の親会社である株式会社の総株主の議決権の 100 分の 50 を超える議決権に係る株式を自己又は他人の名義をもって所有している個人があるときは、その者の氏名、商号又は名称を登録申請書に記載しなければならない。

【平成 26 年 16-2】

問題 9　株式会社である A 社は、貸金業の登録を受けようとしている。A 社の業務を執行する取締役が未成年者である場合、当該取締役の法定代理人は、登録申請書に記載すべき役員に当たらない。

【平成 21 年（第 1 回）3-3】

問題 10　貸金業の登録を申請する会社の支店（従たる営業所又は事務所）であってその貸付けに関する業務に従事する使用人の数が 20 人であるものにおいて、当該支店の業務を統括する者の権限を代行し得る地位にある者があるときは、支店次長、副支店長、副所長その他いかなる名称を有する者であるかを問わず、その者の氏名を登録申請書に記載しなければならない。

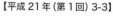

【平成 21 年（第 1 回）3-1】【平成 26 年 16-4】【令和 4 年 2-b】

貸金業の登録申請書には、営業所等ごとに置かれる**貸金業務取扱主任者の氏名・登録番号**を記載しなければなりませんが、貸金業務取扱主任者の住所を記載する必要はありません。

 100分の25を超える株式を所有する個人は、他人名義で所有している場合でも役員に該当します。

 親会社である株式会社の総株主の議決権の**100分の50を超える**議決権に係る株式を所有している個人は「役員」に該当し、その者の氏名、商号または名称を登録申請書に記載しなければなりません。

 業務執行取締役が未成年者の場合は、その取締役の**法定代理人が役員**に該当します。

 貸付けに関する業務に従事する使用人の数が50以上の従たる営業所等において、その営業所等の業務を統括する者の権限を代行し得る地位にある者は、「政令で定める使用人」に該当し、その者の氏名を登録申請書に記載しなければならないとされています。

　本問において、従たる営業所等での貸付け業務に従事する使用人の数が20人というのであるから、その営業所等の業務を統括する者の権限を代行し得る地位にある者であっても、その者は「政令で定める使用人」に該当せず、その者の氏名を記載する必要はありません。

1-3 | 貸金業者登録の拒否

❷ 登録拒否事由（欠格事由）

 破産手続開始の決定を受けた者で復権を得た日から5年を経過しないものであることは、貸金業の登録の拒否事由に該当する。

【平成22年17-2】【平成27年2-1】【平成28年16-4】【令和2年17-2】【令和3年15-2】

 貸金業法第12条に規定する名義貸しの禁止に違反したことを理由に「貸金業法第3条第1項に規定する登録」（貸金業の登録）を取り消され、その取消しの日から5年を経過しない者は、貸金業の登録の拒否事由に該当する。

【平成22年17-1】

 貸金業法第24条の6の4（監督上の処分）第1項の規定により貸金業の登録を取り消された法人の役員を当該取消しの日の60日前に退任した者であって、当該取消しの日から3年を経過したものは、貸金業の登録を拒否される。

【平成26年2-2】【平成27年2-2】【平成28年16-1】【令和2年17-1】【令和3年15-4】

 出資法の規定に違反し、罰金の刑に処せられ、その刑の執行を終わり、又は刑の執行を受けることがなくなった日から5年を経過した者は、貸金業の登録を拒否される。

【平成26年2-3】【平成27年2-3】【平成28年16-2】

 暴力団員による不当な行為の防止等に関する法律第2条第6号に規定する暴力団員でなくなった日から5年を経過しない者は、貸金業の登録の拒否事由に該当する。

【平成21年（第2回）15-4】【平成22年17-3】

 株式会社であるAが貸金業の登録の申請をした。Aの取締役の中に、精神の機能の障害のため貸金業に係る職務を適正に執行するに当たって必要な認知、判断及び意思疎通を適切に行うことができない者がいる場合、貸金業の登録拒否事由に該当する。

【令和3年15-1】

破産者で復権を得ていない者は、登録拒否事由に該当します。破産者であっても、復権を得た者は登録拒否事由に該当せず、**復権を得れば直ちに登録をすることができます。**

 登録を取り消され、その取消しの日から**5年を経過しない者**は、登録拒否事由に該当します。

 法人が登録を取り消された場合において、その**取消しの日前30日以内にその法人の役員であった者**でその取消しの日から5年を経過しない者は登録を拒否されます。

　取消しの日の60日前に退任した役員は、「取消しの日前30日以内にその法人の役員であった者」に該当しないため、登録は拒否されません。

 出資法の規定に違反し、罰金の刑に処せられ、その刑の執行を終わり、または刑の執行を受けることがなくなった日から**5年を経過しない者**は、登録を拒否されるとされています。5年を経過すれば、登録は拒否されません。

 「暴力団員等」（**暴力団員**または**暴力団員でなくなった日から5年を経過しない者**）は、登録拒否事由に該当します。

 法人で、**その役員（取締役等）の中に**、「精神の機能の障害のため貸金業に係る職務を適正に執行するに当たって必要な認知、判断及び意思疎通を適切に行うことができない者」がいることは、貸金業の登録拒否事由に該当します。

株式会社であるＡは貸金業の登録の申請をした。Ａの取締役の中に、道路交通法の規定に違反し、懲役の刑に処せられ、その刑の執行を終わった日から５年を経過しない者がいる場合、貸金業の登録の拒否事由に該当する。

【平成30年2-c】【令和元年19-3】【令和4年18-3】

 貸金業の登録を受けようとする者は、営業所又は事務所の貸金業の業務に従事する者に対する貸金業務取扱主任者の数の割合が50分の1以上となる数の貸金業務取扱主任者を配置しなければならず、これを怠った場合、貸金業の登録を拒否される。

【平成21年（第4回）13-3】【平成22年17-4】

 「貸金業法第3条第1項に規定する登録」（以下、「貸金業の登録」という）を受けようとする者が個人である場合、その純資産額が5,000万円に満たないことは、貸金業の登録の拒否事由に該当することはない。

【平成21年（第4回）1-2】【平成26年2-4】【令和2年17-4】【令和4年18-4】

 法人が貸金業の登録を受けようとする場合において、当該法人の定款の内容が法令に適合していなければ、貸金業の登録を拒否される。

【平成21年（第3回）4-a】

 法人が貸金業の登録を受けようとする場合において、当該法人の常務に従事する役員のうちに、貸付けの業務に5年以上従事した経験を有する者がいないことは、貸金業の登録の拒否事由に該当する。

【平成21年（第2回）15-2】【平成21年（第3回）4-b】【平成24年2-4】
【平成27年2-4】【平成29年2-4】【令和元年19-4】【令和4年18-2】

法人で、その**役員（取締役等）**の中に、**懲役刑**に処せられ、その刑の執行を終わり、または刑の執行を受けることがなくなった日から**5年を経過しない者**がいることは、登録拒否事由に該当します。

 営業所等について、貸金業務取扱主任者の設置義務の要件（**営業所等ごとに従業員50人に1人以上**）を欠く場合は、貸金業の登録を拒否されます。

 純資産額が**5,000万円に満たない**場合、原則として、貸金業の登録拒否事由に該当します。これは、個人が貸金業の登録を受けようとする場合も同じです。

◉**法人の純資産額**

> 貸金業を営む法人の純資産額は、最終事業年度の貸借対照表、またはこれに代わる書面（最終事業年度がない場合は、当該法人の成立時に作成する貸借対照表、またはこれに代わる書面）において、純資産の部の合計額として表示された金額です。

 法人が貸金業の登録を受けようとする場合には、**定款または寄附行為の内容が法令に適合**していなければ、貸金業の登録を拒否されます。

 法人が貸金業の登録を受けようとする場合には、**常務に従事する役員**に、貸付けの業務に**3年以上**従事した経験を有する者がいないことは、貸金業の登録拒否事由に該当します。そのため、常務に従事する役員のうち少なくとも1人は、貸付けの業務に3年以上従事した経験を有する者でなければなりませんが、5年以上従事した者である必要はありません。

問題12 法人が貸金業の登録を受けようとする場合において、当該法人が、営業所等（自動契約受付機もしくは現金自動設備のみにより貸付けに関する業務を行うものを除く）ごとに、貸付けの業務に3年以上従事した者を常勤の役員又は使用人として1人以上在籍させていないことは、貸金業の登録の拒否事由に該当する。

【平成21年（第2回）15-1】【平成21年（第3回）4-c】

問題13 貸金業の登録を受けようとする場合、資金需要者等の利益の保護を図り、貸金業の適正な運営に資するための十分な社内規則を定める必要があるが、同規則に貸金業の業務に関する責任体制を明確化する規定を含める必要はない。

【平成21年（第2回）15-3】【平成21年（第3回）4-d】

1-4 貸金業者登録簿と登録換え

❷ 変更の届出

問題1 貸金業者は、商号又は名称を変更した場合、当該変更に係る事項を記載した登記事項証明書を添付して、その登録をした内閣総理大臣又は都道府県知事（以下、「登録行政庁」という）を登録行政庁に届け出なければならない。

【平成21年（第3回）5-3】【平成26年17-1】【令和元年2-1】【令和2年18-1】【令和3年3-1】

問題2 貸金業者が役員を変更しようとするときは、あらかじめその旨を届け出なければならない。 【平成21年（第1回）16-2】【平成22年2-1】【平成24年17-4】

【平成25年2-b】【平成27年16-3】【平成29年3-1】【令和2年18-2】

問題3 貸金業者は、貸金業法第4条（登録の申請）第1項第2号に規定する政令で定める使用人を変更しようとする場合、あらかじめ、その旨を登録行政庁に届け出なければならない。 【平成23年3-3】【平成26年17-4】

【平成27年16-4】【平成28年2-4】【平成29年3-2】【平成30年17-2～3】

営業所等（自動契約受付機もしくは現金自動設備のみにより貸付けに関する業務を行うものを除く）**ごとに**、貸付けの業務に**1年以上**従事した者を**常勤の役員または使用人として**1人以上在籍させていないことは、貸金業の登録拒否事由に該当します。そのため、営業所等ごとに在籍させる者のうち、1人以上は貸付けの業務に1年以上従事した者でなければなりませんが、3年以上従事した者である必要はありません。

 資金需要者等の利益の保護を図り、貸金業の適正な運営に資するため十分な社内規則を定めていないことは、貸金業の登録の拒否事由に該当するので、貸金業の登録を受けようとする場合には、同規則を定める必要があります。よって、本問の前半部分は正しい内容です。同規則には、**貸金業の業務に関する責任体制を明確化する規定を含める**必要があるとされています。よって、本問の後半部分の記述は誤りです。

 商号または名称を変更する場合、**変更の日から2週間以内に**、それらの変更事項を記載した登記事項証明書を添付して、変更届出書を登録行政庁に届け出なければなりません。

 役員（取締役など）を変更する場合、あらかじめ届ける必要はなく、**変更の日から2週間以内に**届ければよいとされています。

 政令で定める使用人を変更する場合、あらかじめ届ける必要はなく、**変更の日から2週間以内に**届ければよいとされています。

問題 4
貸金業者は、その業務に関して広告又は勧誘をする際に表示等をする電子メールアドレスを変更した場合、その日から２週間以内に、その旨を登録行政庁に届け出なければならない。　【平成23年3-4】【平成24年17-3】【平成27年16-2】【平成28年2-1】【平成29年3-3】【令和元年2-4】【令和2年18-4】【令和3年3-2】

問題 5
貸金業者は、営業所又は事務所の名称及び所在地を変更した場合、当該変更をした日から２週間以内に、その旨を登録行政庁に届け出なければならない。　【平成21年（第1回）16-1】【平成21年（第3回）5-1】【平成22年2-3】【平成24年17-1】【平成25年2-d】【令和元年2-3】【令和4年3-1】

問題 6
貸金業者は、営業所又は事務所に置いた貸金業務取扱主任者がその登録の更新を受けたときは、その日から２週間以内に、その旨を登録行政庁に届け出なければならない。　【平成25年2-a】【平成28年2-3】【平成30年17-1】【令和2年18-3】

問題 7
貸金業者が、業務の種類及び方法を変更しようとするときは、あらかじめ、その旨を登録行政庁に届け出なければならない。　【平成21年（第3回）5-4】【平成23年3-2】【平成24年18-1】【平成26年17-3】【平成27年16-1】【平成29年3-4】【令和元年2-2】【令和3年3-3】【令和4年3-2】

問題 8
貸金業者は、貸金業の他に事業を行っている場合において、その事業の種類を変更しようとするときは、あらかじめ、その旨を登録行政庁に届け出なければならない。　【平成25年2-c】【平成28年2-2】【平成30年17-4】【令和3年3-4】

問題 9
貸金業者が、登録事項の変更を届け出るに際し、虚偽の届出をしたときは、50万円以下の罰金に処せられることがある。　【平成21年（第1回）16-4】

広告または勧誘をする際に表示等をする**営業所等の電話番号その他の連絡先（ホームページアドレス、電子メールアドレス）**を変更する場合、あらかじめ（変更前に）、その旨を登録行政庁に届け出る必要があります。

 営業所等の名称および所在地を変更する場合、あらかじめ（変更前に）、その旨を登録行政庁に届け出なければなりません。

 貸金業者は、貸金業務取扱主任者の**氏名・登録番号**に変更があった場合には、その日から2週間以内に、変更の届出をしなければならないとされています。**貸金業務取扱主任者が登録の更新を受けたときは、登録番号に変更はないため、変更の届出をする必要はありません。**

 貸金業者が、業務の種類および方法を変更する場合には、変更の日から**2週間以内に**、その旨を登録行政庁に届け出なければなりません。あらかじめ届け出る必要はありません。

 貸金業の他に事業を行っている場合におけるその事業を変更した場合には、**変更の日から2週間以内**にその旨を登録行政庁に届け出る必要があります。あらかじめ届け出る必要はありません。

 貸金業者が、登録事項の変更を届け出る際に、虚偽の届出をしたときは、50万円以下の罰金に処せられることがあります。

❸ 登録換え

都道府県知事から貸金業の登録を受けた貸金業者が、「貸金業の登録を受けていない都道府県」（以下、「当該他の都道府県」という）の区域内にも営業所又は事務所を有することとなった場合、当該貸金業者は、当該他の都道府県の知事から新たに貸金業の登録を受けなければならない。　　　　　　【平成21年（第4回）2-3】

1-5 貸金業者登録の効力、開始等の届出

❶ 登録の効果

1つの都道府県内にのみ営業所等を設置している貸金業者は、「貸金業法第3条第1項に規定する登録」（以下、「貸金業の登録」という）の更新をする場合、当該営業所等を管轄する財務局長に登録の更新を申請しなければならない。

【平成21年（第4回）3-1】

問題
2
貸金業の登録は、3年ごとにその更新を受けなければ、その期間の経過によって、その効力を失う。　　　　　　【平成23年2-c】【令和3年2-d】

問題
3
貸金業の登録の更新の申請は、貸金業の登録の有効期間が満了する日の1か月前までに行わなければならない。

【平成21年（第4回）3-3】【平成23年2-a】【令和2年2-b】【令和3年2-b】

❷ 登録の失効

貸金業者について破産手続開始の決定があった場合、内閣総理大臣または都道府県知事は、その登録を受けた貸金業者の登録を取り消さなければならない。　　　　　　【令和元年15-4】

都道府県知事から貸金業の登録を受けた貸金業者が、登録を受けていない他の都道府県の区域内にも営業所または事務所を有することになる場合、**2つ以上の都道府県の区域内に営業所等を有する**ことになるため、**内閣総理大臣の登録**を受けなければなりません。

 1つの都道府県内にのみ営業所等を設置している貸金業者は、その営業所等の所在地を管轄する都道府県知事の登録を受けているはずなので、登録の更新をする場合も、**その都道府県知事に**申請しなければなりません。本問は、「財務局長に」となっている部分が誤りです。

 貸金業の登録の有効期間は **3年** です。3年ごとにその登録の更新を受けなければ、その期間の経過によって、その効力を失います。

 貸金業の登録の更新の申請は、貸金業の登録の有効期間が満了する日の **2か月前** までに行わなければなりません。

 破産手続開始の決定は登録取消しの対象ではありません。貸金業者について**破産手続開始の決定**があった場合は、**登録はその効力を失う**とされています。この場合、取り消すまでもなく当然に登録は効力を失い、登録は抹消されるわけです。

○×問題

❸ 開始等の届出（貸金業法第24条の6の2）

問題5　貸金業者は、貸金業を開始した場合、「貸金業の登録をした内閣総理大臣又は都道府県知事」（以下、「登録行政庁」という）にその旨を届け出なければならないが、貸付けの契約に基づく債権の取立てに係る業務のみを開始した場合は、その旨を届け出る必要はない。　【平成21年（第4回）25-1】【平成23年14-a】

問題6　貸金業者は、指定信用情報機関と信用情報提供契約を締結したときだけでなく、その信用情報提供契約を終了したときも、登録行政庁にその旨を届け出なければならない。

【平成21年（第2回）13-1】【平成21年（第4回）25-4】【平成30年14-2】

問題7　貸金業者は、貸付けに係る契約に基づく債権を他人から譲渡を受けた場合又は他人に譲渡した場合、その日から2週間以内に、その旨を登録行政庁に届け出なければならない。　【平成24年11-2】【平成23年14-c】【平成26年26-1】

【平成28年24-4】【平成29年15-2】【平成30年14-1】【令和元年14-d】【令和3年24-4】

問題8　貸金業者は、営業所又は事務所について、その貸金業の業務の規模等を考慮して内閣府令で定める数の貸金業務取扱主任者を置かず貸金業法第12条の3（貸金業務取扱主任者の設置）に規定する要件を欠くこととなった場合、その旨を登録行政庁に届け出なければならないが、当該貸金業者の役員又は使用人に貸金業の業務に関し法令に違反する行為又は貸金業の業務の適正な運営に支障を来す行為があったことを知った場合は、その旨を登録行政庁に届け出る必要はない。

【平成23年14-d】【平成26年26-2】【平成27年26-2】

【平成28年24-3】【平成29年15-1・4】【令和元年14-b】【令和4年3-4】

問題9　貸金業者は、特定の保証業者との保証契約の締結を貸付けに係る契約の締結の通常の条件とすることとなった場合、その日から2週間以内に、その旨を登録行政庁に届け出なければならない。

【平成26年26-3】【平成28年24-1】【令和元年14-c】【令和3年24-2】

貸金業者は、貸金業（**広告・勧誘または債権の取立ての業務を含む**）を開始し、休止し、または再開した場合は、その旨を登録行政庁に届け出なければならないとされています。

　そのため、債権の取立てに係る業務のみを開始した場合にも、その旨を届け出る必要があります。

 貸金業者は、**指定信用情報機関と信用情報提供契約を締結したとき**、または**終了した**場合は、その日から**2週間以内**に、その旨を登録行政庁に届け出なければならないとされています。

 貸金業者は、貸付けに係る契約に基づく債権を他人に譲渡した場合、2週間以内に届出が必要ですが、他人から譲渡を受けた場合には届出は不要です。

 貸金業者は、**営業所等について貸金業務取扱主任者の設置義務の要件**（事務所等ごとに貸金業の業務に従事する者50人に対して1人以上）**を欠くこととなった場合**、その旨を登録行政庁に届け出なければなりません。よって、本問の前半部分は正しい内容です。

　当該貸金業者の**役員または使用人に、貸金業の業務に関し法令に違反する行為、または貸金業の業務の適正な運営に支障を来す行為があったことを知った場合**にも、その旨を登録行政庁に届け出なければなりません。よって、本問の後半部分の記述は誤りです。

 特定の保証業者との保証契約の締結を貸付けに係る契約の締結の通常の**条件**とすることとなった場合、その日から2週間以内に、その旨を登録行政庁に届け出なければなりません。

○×問題

問題 **10** 貸金業者は、第三者に貸金業の業務の委託を行った場合又は当該業務の委託を行わなくなった場合、その日から30日以内に、その旨を登録行政庁に届け出なければならない。

【平成23年14-b】【平成25年3-b】

【平成26年26-4】【平成28年24-2】【平成30年14-3】【令和3年24-3】

問題 **11** 貸金業者は、貸金業協会に加入又は脱退した場合、その日から2週間以内に、その旨を登録行政庁に届け出なければならない。

【平成24年18-2】【平成29年15-3】【平成30年14-4】【令和3年24-1】

1-6 | 貸金業者廃業等の届出

❶ 廃業等の届出（貸金業法第10条）

問題 **1** 貸金業者が死亡した場合、その相続人は、当該貸金業者が死亡した日から30日以内に、その旨を登録行政庁に届け出なければならない。

【平成23年4-2】【平成24年18-3】【平成27年17-3】【平成29年17-2】【令和元年20-1】

問題 **2** 株式会社である貸金業者が合併により消滅した場合、合併による存続会社又は新設会社を代表する役員は、その日から30日以内に、その旨を登録行政庁に届け出なければならない。

【平成25年3-c】【平成26年18-2】

【平成27年17-1】【平成29年17-3】【平成30年3-1】【令和元年20-2】【令和2年3-2】

問題 **3** 貸金業者は、破産手続開始の申立てを行った場合、当該申立てを行った日から30日以内に、その旨を登録行政庁に届け出なければならない。

【平成23年4-4】【平成26年18-4】【平成29年17-1】【平成30年3-2】

【令和元年20-3】【令和2年3-3】

貸金業者は、**第三者に貸金業の業務の委託を行った場合**、または**当該業務の委託を行わなくなった場合**、その日から**2週間以内**に、その旨を登録行政庁に届け出なければなりません。

 貸金業者は、**貸金業協会に加入または脱退**した場合、その日から2週間以内に、その旨を登録行政庁に届け出なければなりません。

 貸金業者が死亡した場合は、その相続人は、**その死亡の事実を知った日から30日以内**に、その旨を登録行政庁に届け出なければならないとされています。本問は「死亡した日から30日以内」となっている部分が誤りです。

 貸金業者である**法人が合併により消滅**した場合には、**法人を代表する役員であった者**（つまり消滅会社を代表していた役員）が30日以内に届け出なければなりません。

本問は、「合併による存続会社又は新設会社を代表する役員は」となっている部分が誤りです。

 貸金業者について**破産手続開始の決定**があった場合、その**破産管財人**は、その決定の日から30日以内に、その旨を登録行政庁に届け出なければならないとされています。「申立てを行った日」から30日以内ではありません。また、届出を行うのは、破産管財人であって、貸金業者ではありません。

問題4 法人である貸金業者が合併及び破産手続開始の決定以外の理由により解散をした場合、その解散の決定をした時点における当該法人を代表する役員は、その日から2週間以内に、その旨を登録行政庁に届け出なければならない。

【平成25年3-d】【平成27年17-2】【令和元年20-4】

 問題5 貸金業者が貸金業を廃止した場合、貸金業者であった個人又は貸金業者であった法人を代表する役員は、貸金業を廃止した日から30日以内に、貸金業の登録をした内閣総理大臣又は都道府県知事にその旨を届け出なければならない。

【平成21年（第4回）2-2】【平成23年4-1】【平成25年3-a】【平成26年18-3】【令和4年3-3】

❷ 貸金業者の死亡と事業承継

 問題6 個人である貸金業者が死亡した場合において、その唯一の相続人は、自ら貸金業の登録の申請をしないときであっても、当該貸金業者が死亡した日から90日間は、引き続き貸金業を営むことができる。

【平成25年14-2】【平成21年（第4回）2-4】【平成27年17-4】【平成30年3-4】【令和2年3-4】

1-7 証明書・従業者名簿・帳簿

❶ 証明書の携帯等

問題1 貸金業者であるA社は、A社の従業者であるBを資金需要者等の勧誘を伴わない広告のみを行う業務に従事させる場合であっても、Bに「当該貸金業者の従業者であることを証する証明書」（以下、「証明書」という）を携帯させなければならない。

【平成21年（第2回）20-4】【令和3年5-b】

貸金業者である法人が合併および破産手続開始の決定以外の理由により解散をした場合（例えば、株主総会における解散決議により解散した場合）には、**清算人**が、その日から **30日以内に**届け出なければなりません。

 貸金業者が貸金業を廃止した場合、**貸金業者であった個人**、または**貸金業者であった法人を代表する役員**は、貸金業を廃止した日から **30日以内に**、その旨を登録行政庁に届け出なければなりません。

 貸金業者が死亡した場合、相続人（相続人が2人以上ある場合において、その全員の同意により事業を承継すべき相続人を選定したときは、その相続人。）は、**被相続人の死亡後60日間**（当該期間内に登録拒否処分があったときは、その日までの間）は、引き続き貸金業を営むことができます。

 貸金業者は、原則として、従業者に証明書を携帯させなければ、その業務に従事させることはできません。ただし、勧誘を伴わない広告のみを行う業務等に従事させる者には、例外的に、証明書を携帯させる必要はないとされています。

●従業者証明書の携帯が不要となる業務

① 勧誘を伴わない広告のみを行う業務
② 営業所等において資金需要者等と対面することなく行う業務

問題 **2** 貸金業者であるA社の従業者Bが、A社の営業所において資金需要者等と対面して貸金業の業務を行うに際し、資金需要者であるCから証明書の提示を求められた場合、Bは、Cに自己の証明書を提示しなければならない。

【平成21年（第2回）20-2】

問題 **3** 貸金業者A社は、A社の従業者であるBに携帯させなければならない証明書に、A社の商号又は名称、住所及び登録番号、Bの氏名並びに証明書の番号を記載し、Bの写真を貼付しなければならない。

【平成21年（第2回）20-3】【平成29年17-3】

問題 **4** 貸金業者は、貸金業法第12条の4第2項に規定する従業者名簿を、最終の記載をした日から5年間保存しなければならない。

【平成21年（第2回）20-1】【平成23年18-3】【平成26年11-3】

【平成28年11-d】【平成29年13-a】【平成30年12-d】【令和2年24-1】【令和3年12-a】

問題 **5** 貸金業者は、従業者名簿には貸金業務取扱主任者の氏名及びその者が貸金業務取扱主任者である旨を記載することまでは求められていない。

【平成21年（第1回）2-4】【平成23年18-2】【平成24年19-3】

❷ 帳簿の備付け等

問題 **6** 貸金業者は、帳簿に、貸付けの契約について契約年月日、貸付けの金額、受領金額等を記載しなければならないが、貸付けの契約に基づく債権に関する債務者等その他の者との交渉の経過の記録を記載する必要はない。

【平成21年（第2回）25-1】【平成21年（第3回）46-4】【平成26年24-4】

従業者は、業務に従事する際に、**相手方からの請求があった場合**には、相手方に対して自己の証明書を提示しなければなりません。

 証明書には、一定の事項を記載し、**従業者の写真を貼付**しなければなりません。

●従業者証明書の記載事項

> ① 貸金業者の商号・名称・氏名、住所、登録番号
> ② 従業者の氏名
> ③ 証明書の番号

 貸金業者は、営業所等ごとに**従業者名簿**を備え、従業者の氏名、住所、証明書の番号等を記載し、**最終の記載をした日から10年間**保存しなければなりません。

 貸金業者は、従業者名簿に、**従業員が貸金業務取扱主任者であるか否か**について、記載しなければなりません。

 帳簿には、**債務者等との交渉の経過の記録**も記載しなければなりません。

○×問題

問題 7　貸金業者は、帳簿に、貸付けの契約に基づく債権に関する債務者等その他の者との交渉の経過の記録を記載しなければならないが、貸金業者向けの総合的な監督指針によれば、ここでいう「交渉の経過の記録」とは、貸金業法第16条の2に規定する書面（契約締結前の書面）の交付以降における債務者等その他の者との交渉の経過の記録の一切であるとされている。

【平成25年9-4】【平成27年25-4】【平成30年24-3】【令和4年13-c】

問題 8　貸金業者は、その営業所等ごとに、その業務に関する帳簿を備える必要があるが、すべての営業所又は事務所に、当該貸金業者と貸付けの契約を締結しているすべての債務者に係る帳簿を備える必要はない。

【平成21年（第2回）25-3】【令和4年13-a】

問題 9　貸付けの契約（極度方式基本契約ではない）に基づく債権が債務者の弁済により消滅した場合であっても、貸金業者は、当該貸付けの契約について、帳簿を当該債権の消滅した日から少なくとも10年間保存しなければならない。

【平成21年（第1回）24-4】【平成21年（第2回）25-2】
【平成30年12-a】【令和元年12-c】【令和3年12-c】【令和4年13-b】

問題 10　貸金業者は、その営業所等が現金自動設備であるときは、帳簿の備付けを行うことを要しない。

【平成21年（第2回）25-4】【平成25年9-3】【平成27年25-1】

問題 11　帳簿のうち、債務者等が貸金業者に対して閲覧又は謄写を請求できる範囲は、債務者等に利害関係がある部分に限られる。

【平成21年（第1回）24-2】【平成21年（第4回）22-4】

問題 12　貸金業者が、債務者から利害関係がある部分につき帳簿の閲覧の請求を受けた場合、当該請求が当該債務者の権利の行使に関する調査を目的とするものでないことが明らかであるときを除き、貸金業者は、債務者からの当該請求を拒むことができない。

【平成21年（第3回）46-1】【平成26年24-1】

「交渉の経過の記録」とは、**貸付けの契約の締結以降**における貸付けの契約に基づく債権に関する交渉の経過の記録をいいます。本問は、「貸金業法第16条の2に規定する書面（契約締結前の書面）の交付以降」となっている部分が誤りです。

帳簿は**営業所等ごとに**備えなければならないのであり、すべての営業所等に、すべての債務者に係る帳簿を備える必要はありません。

貸金業者は、貸付けの契約ごとに、その契約に定められた最終の返済期日（**債権が弁済その他の事由により消滅したときは、その債権が消滅した日**）から少なくとも**10年間**、帳簿を保存しなければなりません。

営業所等が**現金自動設備**であるときは、帳簿の備付けを行う必要はありません。

●帳簿の備付けの要否・保存期間

| 通常 | 営業所等ごとに帳簿の備付けが必要。10年間保存 |
| その営業所等が現金自動設備であるとき | 帳簿の備付けは不要 |

債務者は貸金業者に対し、帳簿のうち、その債務者に利害関係がある部分に限り、閲覧または謄写を請求することができます。

債務者等または債務者等であった者（これらの者の相続人や代理人、代わりに弁済した者も含む）は、貸金業者に対し、帳簿（**利害関係がある部分に限る**）の閲覧または謄写を請求することができます。貸金業者は、その請求が請求者の権利行使に関する調査でないことが明らかなとき以外、請求を拒むことはできません。

○×問題

問題13 貸金業者は、保証人から、当該保証人の権利の行使に関する調査を目的として、主たる債務者に係る帳簿の閲覧請求を受けた場合、閲覧請求の対象である帳簿が請求者である保証人本人のものでないことを理由に、当該請求を拒むことができる。

【平成21年（第1回）24-3】【平成21年（第2回）45-3】

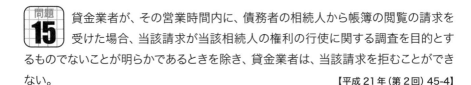**問題14** 貸金業者に対してすべての債務を弁済し債務者でなくなった者は、貸金業者に対し、帳簿の閲覧又は謄写を請求することができない。

【平成21年（第2回）45-1】

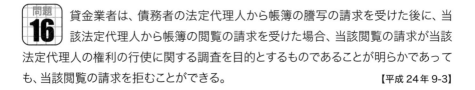**問題15** 貸金業者が、その営業時間内に、債務者の相続人から帳簿の閲覧の請求を受けた場合、当該請求が当該相続人の権利の行使に関する調査を目的とするものでないことが明らかであるときを除き、貸金業者は、当該請求を拒むことができない。

【平成21年（第2回）45-4】

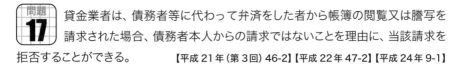**問題16** 貸金業者は、債務者の法定代理人から帳簿の謄写の請求を受けた後に、当該法定代理人から帳簿の閲覧の請求を受けた場合、当該閲覧の請求が当該法定代理人の権利の行使に関する調査を目的とするものであることが明らかであっても、当該閲覧の請求を拒むことができる。

【平成24年9-3】

問題17 貸金業者は、債務者等に代わって弁済をした者から帳簿の閲覧又は謄写を請求された場合、債務者本人からの請求ではないことを理由に、当該請求を拒否することができる。

【平成21年（第3回）46-2】【平成22年47-2】【平成24年9-1】

問題18 貸金業者が、その営業時間外に、債務者から帳簿の閲覧の請求を受けた場合、当該請求が当該債務者の権利の行使に関する調査を目的とするものであることが明らかであるときは、貸金業者は、債務者からの当該請求を拒むことができない。

【平成21年（第2回）45-2】【平成24年9-2】【平成26年24-2】

債務者等（債務者または保証人）は、貸金業者に対し、帳簿の閲覧・謄写を請求することができ、貸金業者は原則としてその請求を拒むことはできません。
　保証人は主たる債務者に係る帳簿について利害関係を有するため、貸金業者は保証人からの帳簿の閲覧請求を拒むことはできません。

 債務者でなくなった者も帳簿の閲覧・謄写を請求することができます。

 債務者等の相続人も、帳簿の閲覧・謄写を請求することができます。その請求が請求者（相続人）の権利行使に関する調査でないことが明らかであるとき以外は、貸金業者は請求を拒むことはできません。

 債務者等の**代理人**も貸金業者に対して帳簿の閲覧または謄写を請求することができ、その請求があった場合、貸金業者はその請求がその請求者の権利行使に関する調査を目的とするものでないことが明らかなときを除き、その請求を拒むことはできません。

 債務者に代わって弁済した者も、帳簿の閲覧・謄写を請求することができ、貸金業者はその請求を拒むことはできません。

 営業時間外の請求であれば拒むことができます。そもそも営業時間外の請求に応じることは、現実的に無理です。

●帳簿の閲覧・謄写の請求を拒否できる場合

- ・債務者等または債務者等であった者（これらの者の相続人や代理人、代わりに弁済した者も含む）以外からの請求
- ・利害関係がない部分の帳簿の閲覧・謄写請求
- ・その請求が請求者の権利行使に関する調査でないことが明らかであるとき
- ・営業時間外の請求

1
貸金業法および関係法令

○×問題

問題19 貸金業者が、債務者の法定代理人から利害関係がある部分につき帳簿の閲覧の請求を受けた場合において、当該請求が当該請求を行った者の権利の行使に関する調査を目的とするものであることが明らかであるにもかかわらず、相当の理由がないのに当該請求を拒絶したときは、当該貸金業者は刑事罰を科されることがある。 【平成21年（第3回）46-3】

問題20 貸金業者は、極度方式基本契約を締結している場合、返済により債権の残高がなくなったとしても、当該極度方式基本契約が解除されない限り、帳簿の保存期間の起算はされず、当該極度方式基本契約に基づくすべての貸付けに係る帳簿を当初の記載（記録）から保存し続けなければならない。

【平成21年（第4回）22-2】【令和2年24-4】

問題21 貸金業者が、債務者等から帳簿の謄写を請求された場合において、貸金業者の営業所内の複写機等を使用させたときに、その使用に係る適正かつ適切な対価を請求することは、貸金業法第19条の2（帳簿の閲覧）の規定には違反しない。 【平成21年（第4回）22-1】【平成26年24-3】

1-8 標識・貸付条件等の掲示

❶ 標識の掲示

問題1 貸金業者は、営業所又は事務所（以下、「営業所等」という）ごとに、公衆の見やすい場所に、内閣府令で定める様式の標識を掲示しなければならない。

【平成21年（第1回）17-4】【平成21年（第3回）8-4】【令和4年11-3】

問題2 貸金業者であるAの営業所等が他の貸金業者であるBの代理店である場合、登録標識にBの商号、名称又は氏名のみを表示すればよく、代理人であるAの氏名は一切表示する必要がない。 【平成21年（第3回）8-2】

債務者の法定代理人も帳簿の閲覧請求をすることができ、**相当の理由がないのに正当な帳簿の閲覧請求を拒絶した場合**には、**刑事罰を科される**ことがあります。

 極度方式基本契約を締結した場合には、その極度方式基本契約およびその極度方式基本契約に基づくすべての極度方式貸付けについての帳簿を、**契約解除の日、または最終の返済期日のうち最後のもの（債権が弁済等で消滅した場合には、債権消滅の日）**のうち、いずれか遅い日から少なくとも **10年間**保存しなければならないとされています。そのため、極度方式基本契約が解除されない限り、帳簿の保存期間の起算はされず、帳簿を保存し続けなければなりません。

 複写機（コピー機）を使用させた場合に、適正かつ適切な対価を請求することは、帳簿の閲覧の規定に違反しません。

 営業所等ごとに、公衆の見やすい場所に、標識を掲示しなければなりません。

○×問題

 営業所等が他の貸金業者の代理店である場合、標識に**代理人の氏名**も表示する必要があります。

問題 3　貸金業者である A は、登録標識の掲示の規定に違反した場合、業務改善命令等の行政処分の対象となるが、刑事罰の対象とはならない。

【平成 21 年（第 3 回）8-3】

❷ 貸付条件等の掲示

問題 4　貸金業者は、内閣府令で定めるところにより、営業所等ごとに、顧客の見やすい場所に、当該営業所又は事務所の業務を統括する者の氏名を掲示しなければならない。

【平成 21 年（第 1 回）17-1】

問題 5　貸金業者は、内閣府令で定めるところにより、営業所等ごとに、顧客の見やすい場所に、貸付けの利率を掲示する場合、その年率を百分率で少なくとも小数点以下 2 位まで表示する方法により掲示しなければならない。

【平成 21 年（第 1 回）17-2】【平成 21 年（第 4 回）4-2】【平成 28 年 8-3】【令和 2 年 11-c】

問題 6　貸金業者は、営業所等が現金自動設備であり、その現金自動設備があらかじめ定める条件により継続して貸付けを行う契約（包括契約）に基づく金銭の交付又は回収のみを行う場合は、貸付けの利率や返済の方式等の貸付条件等を掲示する必要はない。

【平成 21 年（第 1 回）17-3】【平成 21 年（第 4 回）4-3】
【平成 24 年 7-b】【平成 28 年 8-4】【令和 2 年 11-d】

1-9 ｜ 貸金業務取扱主任者の意義・設置

❷ 貸金業務取扱主任者の設置

問題 1　貸金業者である A 社は、その営業所である甲営業所において、30 名の従業者を貸金業の業務に従事させ、貸金業務取扱主任者として B を置いている。A 社は、甲営業所の従業者を増員して 60 名とし、そのうち 15 名を、人事、労務、経理又はシステム管理等の、貸金業の業務ではない業務に従事させる場合、甲営業所に設置すべき貸金業務取扱主任者は、B のみで足りる。

【平成 23 年 18-4】

【平成 26 年 19-1】【平成 28 年 4-1】【平成 30 年 5-1】【令和 3 年 17-1】【令和 4 年 6-b】

標識の掲示義務に違反した場合、行政処分（登録取消処分や業務停止処分、業務改善命令等のこと）の対象となるだけでなく、刑事罰の対象となります。

貸金業者は、**営業所等ごと**に、**顧客の見やすい場所**に、貸付条件等を掲示しなければなりません。しかし、業務を統括する者の氏名は掲示すべき事項ではありません。

貸付けの利率は、その年率を**百分率で少なくとも小数点以下1位**まで表示しなければなりません。

営業所等が現金自動設備であって、あらかじめ定める条件により継続して貸付けを行う契約（**包括契約**）**に基づく金銭の交付または回収のみ**を行う場合には、その営業所等に**貸付条件等を掲示する必要はない**とされています。

貸金業者は、営業所等ごとに、**貸金業の業務に従事する者50人に対して1人以上**の貸金業務取扱主任者を置かなければならないとされています。

　本問では、甲営業所で貸金業の業務に従事する者は45人（全従業者60人から貸金業の業務に従事しない者15人を差し引いた人数）であるのであるから、1人の貸金業務取扱主任者を置けば足ります。

問題 **2** 貸金業者は、既に営業所又は事務所の貸金業務取扱主任者として貸金業者登録簿に登録されている者であれば、当該営業所又は事務所に常時勤務させたまま、他の営業所又は事務所（自動契約受付機もしくは現金自動設備のみにより貸付けに関する業務を行う営業所等及び代理店を除く）における貸金業務取扱主任者として届け出ることができる。　【平成21年（第3回）6-a】【平成26年19-3】

問題 **3** 貸金業者向けの総合的な監督指針によれば、貸金業務取扱主任者が営業所又は事務所（以下、本問において「営業所等」という。）に常時勤務する者と認められるには、社会通念に照らし、常時勤務していると認められるだけの実態が必要であり、当該営業所等の営業時間内に当該営業所等に常時駐在している必要があるとされている。　【平成21年（第1回）2-3】【平成24年19-2】【平成27年19-3】
【平成29年19-2】【令和元年3-a】【令和3年17-2】

問題 **4** 貸金業者であるA社のB営業所における唯一の貸金業務取扱主任者であるDが、定年退職によりB営業所の常勤者でなくなった場合において、貸金業者A社がB営業所で貸金業の業務を継続するときは、A社は、Dが定年退職した日から2週間以内に、新たに貸金業務取扱主任者をB営業所に置かなければならない。　【平成21年（第2回）3-3】【平成24年19-1】【平成27年19-4】
【平成28年4-4】【平成30年5-3】【令和元年3-c】【令和2年5-4】【令和4年6-a】

問題 **5** 貸金業者A社が、B営業所に、Eを唯一の貸金業務取扱主任者として置いていた場合において、貸金業の業務を行うに当たり資金需要者であるFからの請求があったときは、A社は、FにEの氏名を明らかにしなければならない。
【平成21年（第1回）2-4】【平成21年（第2回）3-4】【平成29年19-4】【令和3年17-4】

営業所等に置く貸金業務取扱主任者は、①**その営業所等において常時勤務する者**でなければならず、②**他の営業所等の貸金業務取扱主任者として貸金業者登録簿に登録されている者であってはならない**とされています。そのため、貸金業者は、すでに営業所等の貸金業務取扱主任者として貸金業者登録簿に登録されている者を常時勤務させたまま、他の営業所等の貸金業務取扱主任者として届け出ることはできません。

貸金業者が営業所等に貸金業務取扱主任者を置くときは、その貸金業務取扱主任者は、その営業所等において「常時勤務」する者でなければなりません。貸金業務取扱主任者が営業所等に常時勤務していると認められるには、単に所属する営業所等が1つに決まっていることだけでは足りず、社会通念に照らし、常時勤務していると認められるだけの実態が必要ですが、営業時間内に営業所等に**常時駐在することまでは求められていません**。

貸金業者は、**予見し難い事由**により、営業所等における貸金業務取扱主任者の数が、従事者50人につき1人を下回ることになった場合、**2週間以内**に必要な措置をとらなければならないとされています。

　本問では、「B営業所における唯一の貸金業務取扱主任者Dが定年退職によりB営業所の常勤者でなくなった」とあり、**定年退職は予見し難い事由とはいえない**ので、Dの**定年退職前**に新たな貸金業務取扱主任者を置かなければなりません。

貸金業者は、貸金業の業務を行うに当たり、**資金需要者等からの請求があったときは**、その業務を行う営業所等の**貸金業務取扱主任者の氏名**を明らかにしなければなりません。

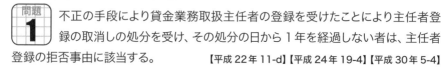

1-10 貸金業務取扱主任者登録の申請・更新

❷ 主任者登録の更新

問題1 貸金業務取扱主任者の登録は、5年ごとにその更新を受けなければ、その期間の経過によって、その効力を失う。　【平成21年（第3回）6-b】【平成25年11-1】

1-11 貸金業務取扱主任者登録の拒否

❷ 登録拒否事由（欠格事由）

問題1 不正の手段により貸金業務取扱主任者の登録を受けたことにより主任者登録の取消しの処分を受け、その処分の日から1年を経過しない者は、主任者登録の拒否事由に該当する。　【平成22年11-d】【平成24年19-4】【平成30年5-4】

問題2 A社が貸金業法第24条の6の4（監督上の処分）第1項の規定により貸金業の登録を取り消された場合において、A社の取締役であったCが、当該取消しに係る聴聞の期日及び場所の公示の日の90日前の日に取締役を退任していたときは、当該貸金業の登録の取消しの日から5年を経過していない日に、Cが貸金業務取扱主任者の登録を申請したとしても、内閣総理大臣は、Cの貸金業務取扱主任者の登録を拒否しなければならない。　【平成28年4-2】【平成29年19-3】

問題3 出資の受入れ、預り金及び金利等の取締りに関する法律に違反し、懲役3年の刑に処せられ、その刑の執行を終わった日から3年を経過しない者は、貸金業務取扱主任者の登録の拒否事由に該当する。　【平成22年11-b】

主任者登録は、**3年ごとに**その更新を受けなければ、その期間の経過によって、その効力を失います。

 貸金業法は、「**主任者登録の取消しの処分**を受け、その処分の日から**5年を経過しない者**」を、登録拒否事由としています。そのため、取消し処分の日から1年を経過していない者は、登録拒否事由に該当します。

 法人が貸金業の登録を取り消された場合において、その取消しに係る聴聞の期日および場所の「公示の日前60日以内にその法人の役員であった者」でその取消しの日から5年を経過しない者は、登録を拒否されるとされています。公示の日の90日前の日に取締役を退任した者は、「公示の日前の60日以内にその法人の役員であった者」ではないため、登録は拒否されません。

 貸金業法は、「**禁錮以上の刑**に処せられ、その刑の執行を終わり、または刑の執行を受けることがなくなった日から**5年を経過しない者**」を、登録拒否事由としています。そのため、懲役の刑に処せられ、その刑の執行を終わった日から3年を経過しない者は、登録拒否事由に該当します。

　なお、「禁錮以上の刑」には、懲役の刑も含まれます。

道路交通法の規定に違反し、罰金の刑に処せられ、その刑の執行を終わった日から1年を経過しない者は、貸金業法第24条の27第1項各号に規定する貸金業務取扱主任者の登録の拒否事由に該当する。

【平成22年11-d】【平成25年11-2】

1-12 貸金業務取扱主任者登録簿、死亡等の届出

❶ 主任者登録簿

貸金業務取扱主任者登録簿の記載事項には、貸金業務取扱主任者の氏名、生年月日、住所、登録番号及び登録年月日のほか、貸金業者の業務に従事する者にあっては、当該貸金業者の商号、名称又は氏名及び登録番号が含まれる。

【平成21年（第3回）6-c】【平成25年11-4】【平成30年5-2】

❸ 死亡等の届出

貸金業者であるA社のB営業所における唯一の貸金業務取扱主任者であるCが死亡した場合、A社は、Cが死亡したことを知った日から30日以内に、その旨を届け出なければならない。

【平成21年（第2回）3-2】

貸金業法は、「**貸金業法や出資法など特定の法律**の規定に違反する罪を犯し、**罰金の刑**に処せられ、その刑の執行を終わり、または刑の執行を受けることがなくなった日から**5年を経過しない者**」を、登録拒否事由としています。

道路交通法の規定に違反した場合には、罰金の刑に処せられたときであっても、登録拒否事由には該当しません。

●罰金刑で登録拒否事由となる場合

・**貸金業法、出資法**、旧貸金業者の自主規制の助長に関する法律、**暴力団員による不当な行為の防止等に関する法律**の規定に違反したとき

・貸付けの契約の締結または当該契約に基づく**債権の取立て**に当たり、物価統制令第12条の規定に違反し、または**刑法**もしくは**暴力行為等処罰に関する法律**の罪を犯したとき

　本問の通りです。

●主任者登録簿の記載事項

① 貸金業務取扱主任者の**氏名、生年月日、住所、本籍、性別**

② 資格試験の**合格年月日**および**合格証書番号**

③ **登録番号**および**登録年月日**

④ 貸金業者の業務に従事する者は、その**貸金業者の商号・名称・氏名**および**登録番号**

　貸金業務取扱主任者が死亡した場合、その貸金業務取扱主任者の**相続人**は、**その死亡を知った日**から**30日以内**に届け出なければならないとされています。

よって、貸金業者であるA社ではなく、死亡した貸金業務取扱主任者Cの相続人が、Cが死亡した旨を届け出る必要があります。

1-13 業務運営措置・禁止行為

❶ 業務運営に関する措置

問題 1
貸金業者は、その取り扱う個人である資金需要者等に関する情報の漏えい、滅失又はき損の防止を図るために、自ら必要かつ適切な措置を講じなければならず、当該情報の取扱いを第三者に委託してはならない。

【平成21年（第2回）1-1】【平成22年4-a】

問題 2
貸金業者は、個人である債務者又は保証人に関する情報について、当該情報の漏えい、滅失又はき損の防止を図るために必要かつ適切な措置を講じなければならないが、保証人となろうとする者に関する情報についてはかかる措置を講じる必要はない。

【平成21年（第3回）3-1】

問題 3
貸金業者は、信用情報機関から提供を受けた、個人である資金需要者等の借入金返済能力に関する情報を、当該資金需要者等の返済能力の調査以外の目的のために利用しないことを確保するための措置を講じなければならないが、貸金業者向けの総合的な監督指針では、途上与信を行うために取得した個人信用情報を勧誘に二次利用することは返済能力の調査以外の目的使用には該当しないとされている。

【平成21年（第2回）1-3】【平成21年（第3回）3-2】【平成22年4-c】

問題 4
貸金業者は、信用情報に関する機関から提供を受けた情報であって個人又は法人である資金需要者等の借入金返済能力に関するものを、資金需要者等の返済能力の調査以外の目的のために利用しないことを確保するための措置を講じることが義務付けられている。

【平成21年（第1回）14-4】

貸金業者は、その取り扱う**個人である資金需要者等に関する情報**の安全管理、従業者の監督および当該情報の取扱いを委託する場合には、委託先の監督について、情報の漏えい、滅失またはき損の防止を図るために必要かつ適切な措置を講じなければならないとされています。これは、**個人である資金需要者等に関する情報の取扱いを第三者に委託できる**ことを前提に、貸金業者に対して、委託先の監督について必要かつ適切な措置をとることを求めたものです。

 個人である資金需要者等に関する情報については、情報の漏えい、滅失またはき損の防止を図るために必要かつ適切な措置を講じる必要があります。
　「資金需要者等」には、保証人となろうとする人も含まれるので、保証人となろうとする者に関する情報についても、同様の措置を講じる必要があります。

 貸金業者は、信用情報に関する機関から提供を受けた情報のうち、**個人である資金需要者等の借入金返済能力**に関するものを、資金需要者等の**返済能力の調査以外の目的のために利用しない**ことを確保するための措置を講じなければなりません。よって、本問の前半部分は正しい内容です。
　監督指針では、**途上与信を行うために取得した個人信用情報を勧誘に二次利用した場合**には、**返済能力の調査以外の目的使用に該当する**とされています。よって、本問の後半部分の記述は誤りです。

 目的外使用を防止するための措置を講ずることが求められているのは、**資金需要者等が個人である場合のみ**です。本問は、法人を含めている点で誤りです。

問題 5

貸金業者は、その取り扱う個人である資金需要者等に関する人種、信条、門地、本籍地、保健医療又は犯罪経歴についての情報その他の特別の非公開情報（その業務上知り得た公開されていない情報をいう）を、社内で一切利用しないための措置を講じなければならない。

【平成21年（第1回）13-3】【平成21年（第2回）1-2】【平成21年（第3回）3-2】【平成22年4-b】

問題 6

貸金業者は、資金需要者等の知識、経験及び財産の状況を踏まえた重要な事項を資金需要者等に説明するための措置を除き、健全かつ適切な業務の運営を確保するための措置に関する社内規則その他これに準ずるものを定め、当該社内規則等に基づいて業務が運営されるための十分な体制を整備しなければならない。

【平成21年（第1回）14-3】【平成21年（第2回）1-4】【平成22年4-d】

❸ 禁止行為（貸金業法第12条の6）

問題 7

貸金業者は、その貸金業の業務に関し、資金需要者等に対し、虚偽のことを告げる行為をしてはならない。これに違反する行為は、貸金業法上、行政処分の対象となるが、刑事罰の対象とはならない。

【平成21年（第3回）16-3】【平成21年（第2回）21-3】【平成21年（第4回）12-a】
【平成23年5-a】【平成24年3-b】【令和元年4-3】【令和4年7-d】

問題 8

監督指針によれば、例えば、資金需要者等から契約の内容について問合せがあったにもかかわらず、当該内容について回答せず、資金需要者等に不利益を与えることは、貸金業法第12条の6（禁止行為）第1号に規定する「貸付けの契約の内容のうち重要な事項を告げない」行為に該当するおそれが大きいことに留意する必要があるとされている。

【平成27年4-a】【平成29年20-2】【令和2年6-c】

貸金業者は、その取り扱う**個人である資金需要者等**に関する人種、信条、門地、本籍地、保健医療または犯罪経歴についての情報、その他の「特別の非公開情報」（その業務上知り得た公表されていない情報をいう）を、適切な業務の運営の確保、その他**必要と認められる目的以外の目的のために利用しない**ことを確保するための措置を講じなければならないとされています。

　そのため、特別の非公開情報を目的外で利用しないための確保措置が求められていますが、一切利用しないための措置までは求められていません。

 貸金業者は、その営む業務の内容および方法に応じ、**資金需要者等の知識、経験および財産の状況を踏まえた重要な事項の資金需要者等に対する説明**、その他の健全かつ適切な業務の運営を確保するための措置（書面の交付、その他の適切な方法による商品または取引の内容の説明ならびに犯罪を防止するための措置を含む）に関する社内規則、その他これに準ずるものを定めるとともに、従業者に対する研修、その他の当該社内規則等に基づいて業務が運営されるための、十分な体制を整備しなければならないとされています。

　本問は、「資金需要者等の知識、経験及び財産の状況を踏まえた重要な事項を資金需要者等に説明するための措置を除き」となっている部分が誤りです。

 貸金業者は、その貸金業の業務に関し、資金需要者等（顧客等または債務者等）に対して**虚偽のことを告げた場合**、行政処分（登録取消処分や業務停止処分、業務改善命令等のこと）の対象となるだけでなく、**刑事罰を科される**ことがあります。

 監督指針によれば、資金需要者等から契約の内容について問合せがあったにもかかわらず、その内容について**回答せず、資金需要者等に不利益を与える**ことは、貸金業法第12条の6（禁止行為）第1号に規定する「貸付けの契約の内容のうち**重要な事項**を告げない行為」に該当するおそれが大きいことに留意する必要があるとされています。

問題 9　監督指針では、貸金業者が、資金需要者等が契約の内容について誤解していること又はその蓋然性が高いことを認識しつつ正確な内容を告げず、資金需要者等の適正な判断を妨げることは、貸金業法第 12 条の 6 第 1 号に規定する「貸付けの契約の内容のうち重要な事項を告げない」行為に該当するおそれが大きいとされている。　　　　　　　　　　　　　　　　　　　　　　　【平成 26 年 4-a】【平成 29 年 20-3】

問題 10　自主規制基本規則によれば、協会員は、貸付けの契約の内容のうち、「重要な事項」については、資金需要者等の利益に配慮した取扱いを行うものとし、特に、貸付けの利率の引上げ及び引下げ、配偶者の同意、並びに取立て行為を第三者に委託することについては、その取扱いに留意するものとされている。

【平成 24 年 3-d】【平成 27 年 4-c】

問題 11　監督指針によれば、貸金業法第 12 条の 6 第 1 号から第 3 号に定める虚偽のこと等を「告げる」又は貸付けの契約の内容のうち重要な事項を「告げない」行為とは、口頭によるものに限られるとされている。　　　　　　　　【平成 25 年 5-d】

監督指針では、貸金業者が、**資金需要者等が契約の内容について誤解して**いることまたはその蓋然性が高いことを**認識しつつ正確な内容を告げず**、資金需要者等の適正な判断を妨げることは、貸金業法第 12 条の 6 第 1 号に規定する「貸付けの契約の内容のうち重要な事項を告げない」行為に該当するおそれが大きいとされています。

 自主規制基本規則によれば、協会員は、貸付けの契約の内容のうち、「重要な事項」については、資金需要者等の利益に配慮した取扱いを行うものとし、特に、次の事由については、その取扱いに留意するものとするとされています。

① 貸付けの利率の**引上げ**

② 返済の方式の変更

③ 賠償額の予定額の**引上げ**

④ 債務者が負担すべき手数料等（貸付けの契約に基づいて負担する債務の元本額および利息を除く。）の**引上げ**

⑤ 銀行振込みによる支払方法その他の返済の方法の変更および返済を受けるべき営業所その他の返済を受けるべき場所の変更

⑥ 繰上げ弁済の可否およびその条件の変更

⑦ 期限の利益の喪失の定めがあるときはその旨およびその内容の変更

　本問では、貸付けの利率の引下げ、配偶者の同意、取立て行為を第三者に委託することについての取扱いに留意するとしている点で誤りです。

 「貸金業法第 12 条の 6 第 1 号から第 3 号に定める虚偽のこと等を「告げる」または貸付けの契約の内容のうち重要な事項を「告げない」行為とは、口頭によるものに限られません。

問題 12

貸金業者向けの総合的な監督指針（以下、「監督指針」という）では、貸金業法第12条の6第4号に規定する「偽りその他不正又は著しく不当な行為」にいう「不当な」行為とは、違法な行為をいい、「不正な」行為とは、客観的に見て実質的に妥当性を欠く又は適当でない行為で、不当（違法）な程度にまで達していない行為をいうとされている。

【平成21年（第2回）21-1】【平成23年5-d】
【平成25年5-c】【平成26年4-b】【平成29年20-4】【令和元年4-2】【令和2年6-d】

- -

問題 13

貸金業者は、その貸金業の業務に関し、資金需要者等に対し、不確実な事項について断定的な判断を提供したり、又は確実であると誤認させるおそれのあることを告げる行為をしてはならない。これに違反する行為は、貸金業法上、行政処分の対象となるが、刑事罰の対象とはならない。

【平成23年5-b】【平成24年3-a】【平成27年4-d】【令和元年4-4】【令和2年6-b】

- -

問題 14

貸金業者は、その貸金業の業務に関し、保証人となろうとする者に対し、主たる債務者が弁済することが確実であると誤解させるおそれのあることを告げる行為をしてはならない。これに違反する行為は、貸金業法上、行政処分の対象となるが、刑事罰の対象とはならない。

【平成21年（第2回）21-4】【平成23年5-c】【平成29年20-1】【令和2年6-a】

- -

問題 15

監督指針では、貸金業者が、契約の締結又は変更に際して、白紙委任状及びこれに類する書面を徴求することは、貸金業法第12条の6（禁止行為）第4号の規定に該当するおそれが大きいとされている。　【平成25年5-a】【平成30年6-c】

「不正な行為」とは、**違法な行為**をいい、「不当な行為」とは、**客観的に見て、実質的に妥当性を欠くまたは適当でない行為で、不正（違法）な程度にまで達していない行為**をいいます。本問は、「不正な」行為と「不当な」行為が逆になっているため、誤りです。

貸金業者は、その貸金業の業務に関し、資金需要者等に対して**不確実な事項について断定的な判断を提供したり、または確実であると誤認させるおそれのあることを告げる行為**は禁止されています。これに違反する行為は、行政処分の対象となりますが、刑事罰の対象とはなりません。

保証人となろうとする者に対し、**主たる債務者が弁済することが確実であると誤解されるおそれのあることを告げる行為**は、禁止されています。これに違反する行為は、行政処分の対象となりますが、刑事罰の対象とはなりません。

●刑事罰の対象とはならない行為①（p.80、p.83参照）

> 　次の行為は禁止されていますが、これらに違反しても刑事罰が科されることはありません。
> ① 資金需要者等に対し、貸付けの契約の内容のうち重要な事項を告げない行為
> ② 資金需要者等に対し、不確実な事項について断定的判断を提供し、または確実であると誤認させるおそれのあることを告げる行為
> ③ 保証人となろうとする者に対し、主たる債務者が弁済することが確実であると誤解させるおそれのあることを告げる行為
> ④ 偽りその他の不正、または著しく不当な行為

監督指針では、貸金業者が、契約の締結または変更に際して、**白紙委任状**およびこれに類する書面を徴求することは、貸金業法第12条の6第4号の規定に該当するおそれが大きいとされています。

71

問題16 監督指針では、貸金業者が、契約の締結又は変更に際して、印鑑登録証明書の写し、運転免許証の写し又は健康保険証の写しを徴求することは、貸金業法第12条の6第4号に規定する「偽りその他不正又は著しく不当な行為」に該当するおそれが大きいとされている。

【平成21年（第1回）28-4】

．．．

問題17 監督指針では、貸金業者が契約の締結又は変更に際して貸付金額に比し、合理的な理由がないのに、過大な担保又は保証人を徴求することは、貸金業法第12条の6第4号に規定する「偽りその他不正又は著しく不当な行為」に該当するおそれが大きいとされている。

【平成21年（第3回）16-2】【平成30年6-a】【令和3年6-a】

．．．

問題18 監督指針では、貸金業者が、契約の締結又は変更に際して、クレジットカードを担保として徴求することは、貸金業法第12条の6第4号に規定する「偽りその他不正又は著しく不当な行為」に該当するおそれが大きいとされている。

【平成21年（第1回）28-1】【平成30年6- d】

．．．

問題19 監督指針では、貸金業者が、資金需要者等に対し、借入申込書等に年収、資金使途、家計状況等の重要な事項について虚偽の内容を記入するなど虚偽申告を勧めることは、貸金業法第12条の6第4号に規定する「偽りその他不正又は著しく不当な行為」に該当するおそれが大きいとされている。

【平成26年4-c】【平成28年5-a】【平成30年6-b】

．．．

問題20 監督指針では、貸金業者が、顧客の債務整理に際して、帳簿に記載されている内容と異なった貸付けの金額や貸付日などを基に残存債務の額を水増しし、和解契約を締結することは、貸金業法第12条の6第4号の規定に該当するおそれが大きいとされている。

【平成25年5-b】【平成28年5-b】

．．．

問題21 監督指針では、貸金業者が、架空名義もしくは借名で金融機関等に口座を開設し又は金融機関等の口座を譲り受け、債務の弁済に際して当該口座に振込みを行うよう要求することは、貸金業法第12条の6第4号に規定する「偽りその他不正又は著しく不当な行為」に該当するおそれが大きいとされている。

【平成21年（第1回）28-2】

監督指針では、貸金業者が、契約の締結または変更に際して、**運転免許証等を徴収する**ことは、「偽りその他不正又は著しく不当な行為」に該当するおそれが大きいとされています。しかし、運転免許証等の**写し**を徴収することは、「偽りその他不正又は著しく不当な行為」に該当しません。

 監督指針では、貸金業者が、契約の締結または変更に際して、貸付金額に比し、合理的な理由がないのに、**過大な担保または保証人を徴求**することは、「偽りその他不正又は著しく不当な行為」に該当するおそれが大きいとされています。

 監督指針では、貸金業者が、契約の締結または変更に際して、**クレジットカードを担保として徴求する**ことは、「偽りその他不正又は著しく不当な行為」に該当するおそれが大きいとされています。

 監督指針では、貸金業者が、資金需要者等に対し、借入申込書等に、重要な事項について虚偽の内容を記入するなど**虚偽申告を勧める**ことは、「偽りその他不正又は著しく不当な行為」に該当するおそれが大きいとされています。

 監督指針では、貸金業者が、顧客の債務整理に際して、帳簿に記載されている内容と異なった貸付けの金額や貸付日などを基に**残存債務の額を水増し**し、和解契約を締結することは、貸金業法第12条の6第4号の規定に該当するおそれが大きいとされています。

○×問題

監督指針では、貸金業者が、**架空名義もしくは借名で金融機関等に口座を開設し、または金融機関等の口座を譲り受け、債務の弁済に際して当該口座に振込みを行うよう要求する**ことは、「偽りその他不正又は著しく不当な行為」に該当するおそれが大きいとされています。

問題22 監督指針では、貸金業者が、資金需要者等が身体的・精神的な障害等により契約の内容が理解困難なことを認識しながら、契約を締結することは、貸金業法第12条の6第4号に規定する「偽りその他不正又は著しく不当な行為」に該当するおそれが大きいとされている。

【平成21年（第1回）28-3】【平成21年（第2回）21-2】【平成26年4-d】【令和3年6-b】

問題23 監督指針によれば、貸金業者が、資金逼迫状況にある資金需要者等の弱みにつけ込み、資金需要者等に一方的に不利となる契約の締結を強要することは、貸金業法第12条の6第4号で禁止される「偽りその他不正又は著しく不当な行為」に該当するおそれが大きいとされている。

【平成24年3-c】

問題24 監督指針によれば、資金需要者等が障害者である場合であって、その家族や介助者等のコミュニケーションを支援する者が存在する場合に、貸金業者が、当該支援者を通じて資金需要者等に契約内容を理解してもらう等の努力をすることなく、単に障害があることを理由として契約締結を拒否することは、貸金業法第12条の6（禁止行為）第4号に規定する「偽りその他不正又は著しく不当な行為」に該当するおそれが大きいとされている。

【令和3年6-c】

問題25 監督指針によれば、貸金業者が、資金逼迫状況にある資金需要者等の弱みにつけ込み、貸付けの契約の締結と併せて自己又は関連会社等の商品又はサービスの購入を強制することは、貸金業法第12条の6第4号で禁止される「偽りその他不正又は著しく不当な行為」に該当するおそれが大きいとされている。

【平成28年5-c】

問題26 監督指針によれば、貸金業者が、確定判決において消費者契約法第8条から第10条までの規定に該当し無効であると評価され、当該判決確定の事実が消費者庁、独立行政法人国民生活センター又は同法に規定する適格消費者団体によって公表されている条項と、内容が同一である条項を含む貸付けに係る契約（消費者契約に限る。）を締結することは、貸金業法第12条の6第4号の規定に該当するおそれが大きいことに留意する必要があるとされている。

【平成27年4-b】【平成28年5-d】【令和3年6-d】

監督指針では、貸金業者が、**資金需要者等が身体的・精神的な障害等により契約の内容が理解困難なことを認識しながら、契約を締結する**ことは、「偽りその他不正又は著しく不当な行為」に該当するおそれが大きいとされています。

 監督指針によれば、貸金業者が、資金逼迫状況にある資金需要者等の弱みにつけ込み、**資金需要者等に一方的に不利となる契約の締結を強要する**ことは、「偽りその他不正又は著しく不当な行為」に該当するおそれが大きいとされています。

 監督指針によれば、資金需要者等が障害者である場合であって、その家族や介助者等のコミュニケーションを支援する者が存在する場合に、貸金業者が、当該支援者を通じて資金需要者等に契約内容を理解してもらう等の努力をすることなく、**単に障害があることを理由として契約締結を拒否する**ことは、貸金業法第12条の6第4号に規定する「偽りその他不正又は著しく不当な行為」に該当するおそれが大きいとされています。

 監督指針では、貸金業者が、資金逼迫状況にある資金需要者等の弱みにつけ込み、**貸付けの契約の締結と併せて自己または関連会社等の商品・サービスの購入を強制する**ことは、「偽りその他不正又は著しく不当な行為」に該当するおそれが大きいとされています。

 監督指針によれば、貸金業者が、確定判決において**消費者契約法第8条から第10条までの規定に該当し無効**であると評価され、当該**判決確定の事実**が消費者庁、独立行政法人国民生活センターまたは同法に規定する適格消費者団体によって**公表**されている条項と、内容が同一である条項を含む貸付けに係る契約（消費者契約に限る。）を締結することは、貸金業法第12条の6第4号の規定「偽りその他不正又は著しく不当な行為」に該当するおそれが大きいことに留意する必要があるとされています。

○
×
問
題

1-14 貸付条件の広告等

❶ 貸付条件の広告等

問題 1
貸金業者向けの総合的な監督指針では、貸金業法第 15 条第 1 項に規定する「貸付けの条件について広告をする」とは、貸金業法第 15 条第 1 項第 2 号及び第 3 号に掲げる事項並びに貸付限度額その他の貸付けの条件の具体的内容をすべて表示した広告をすることのみをいうとされている。

【平成 21 年（第 3 回）15-1】【令和元年 24-1】

問題 2
貸金業者は、貸付けの条件について広告をする場合において、「賠償額の予定に関する定めをする場合における当該賠償額の元本に対する割合」を表示するときは、その年率を、百分率で少なくとも小数点以下二位まで表示しなければならない。

【平成 21 年（第 2 回）44-a】【平成 27 年 7-3】

問題 3
貸金業者が金銭の貸付けの条件について広告をするときは、返済の方式並びに返済期間及び返済回数について表示しなければならない。

【平成 25 年 19-1】【平成 29 年 9-1】

問題 4
貸金業者は、貸付けの条件について広告をする場合、「期限の利益の喪失の定めがあるときは、その旨及びその内容」を表示しなければならない。

【平成 25 年 19-4】【平成 27 年 7-2】【平成 29 年 9-2】【令和元年 24-3】

問題 5
貸金業者 A 社が、ダイレクトメールを送付して貸付けに係る契約の締結を勧誘しようとしている場合において、常時連絡が可能な電話番号であれば、貸金業者登録簿に登録されていない電話番号であっても顧客等に送付するダイレクトメールに表示することができる。

【平成 21 年（第 1 回）45-1】【平成 21 年（第 3 回）15-4】【令和元年 24-4】

監督指針では、「貸付けの条件について広告をする」とは、法第15条第1項第2号、第3号、施行規則第12条第1項第1号および第2号に掲げる事項または貸付限度額、その他の**貸付けの条件の具体的内容を1つでも表示した広告**をすることをいうとされています。本問は、「すべて表示した広告することのみ」としている部分が誤りです。

貸金業において、「貸付けの利率」や「賠償額の元本に対する割合」を表示する場合、その年率を、百分率で少なくとも**小数点以下1位**まで表示しなければなりません。

貸金業者が金銭の貸付けの条件について広告をするときは、**返済の方式ならびに返済期間および返済回数**について表示しなければなりません。

貸金業者が金銭の貸付けの条件について広告をするときに、期限の利益の喪失の定めの有無およびその内容について表示する必要はありません。

貸付けの条件について広告をし、または書面（これに代わる電磁的記録も含む）を送付して勧誘（広告に準ずるものに限る。ダイレクトメールや電子メールなど）をする場合で、電話番号・ホームページアドレス・電子メールアドレスを表示するときには、**貸金業者登録簿に登録されたもの**を表示しなければならないとされています。そのため、勧誘する場合に、貸金業者登録簿に登録されていない電話番号を表示することはできません。

問題6 貸金業者であるＡ社は、インターネット上の自社のホームページにおいて金銭の貸付けに係る商品を紹介するメインのページを作成しようとしている。Ａ社は、当該ページに、貸金業者登録簿に登録された固定電話、又は携帯電話の番号のいずれかを表示しなければならない。 【平成21年（第2回）44-d】【平成25年19-3】

問題7 貸金業者は、貸付けの条件について広告をする場合において、貸金業者登録簿に登録されたホームページアドレス又は電子メールアドレスを表示するときは、貸金業者登録簿に登録された電話番号を併せて表示しなければならない。

【平成25年19-2】【平成27年7-1】【令和元年24-2】【令和3年10-1】

❷ 過剰貸付けの防止に配慮した広告・勧誘、その他の広告規制

問題8 貸金業者は、その貸金業の業務に関して広告又は勧誘をするときは、資金需要者等の返済能力を超える貸付けの防止に配慮するとともに、その広告又は勧誘が過度にわたることがないように努めなければならないが、これに違反したとしても行政処分の対象とはならない。 【平成21年（第3回）14-1】【平成21年（第4回）46-3】

【平成28年45-2】

問題9 自主規制基本規則では、協会員は、新聞、雑誌又は電話帳へ個人向け貸付けの契約に係る広告を出稿するに当たり、過剰借入れへの注意喚起を目的とし、貸付条件の確認並びに使い過ぎ及び借り過ぎへの注意並びに計画的な借入れについての事項につき啓発文言を入れなければならないとされている。

【平成21年（第1回）29-4】【平成21年（第2回）44-c】【平成21年（第3回）28-4】【平成23年27-4】

当該商品紹介ページには、**貸金業者登録簿に登録された固定電話の番号**を表示しなければならず、携帯電話の番号を表示することはできません。そもそも携帯電話の番号を、貸金業者登録簿に登録することはできません。

 貸金業者は、貸付けの条件について広告をする場合において、貸金業者登録簿に登録されたホームページアドレスまたは電子メールアドレスを表示するときは、貸金業者登録簿に登録された電話番号を併せて表示しなければなりません。

 設問の前半部分は正しい記述です。この努力義務に違反した場合には、業務改善命令（行政処分のひとつ）が出されることがあり得るので、本問は「これに違反したとしても行政処分の対象とはならない」としている部分が誤りです。

 広告をする場合には、過剰借入れへの注意喚起を目的とし、次の事項について「啓発文言」を入れなければならないとされています。
① 貸付条件の確認
② 使い過ぎ、借り過ぎへの注意
③ 計画的な借入れ

○
×
問
題

1-15 誇大広告等の禁止

❶ 誇大広告等の禁止

問題 1
貸金業者が、その貸金業の業務に関して広告又は勧誘をする場合において、貸付けの利率その他の貸付けの条件について、実際のものよりも著しく有利であると人を誤認させるような表示又は説明をしたときは、刑事罰の対象となる。

【平成22年7-1】【平成24年24-4】【平成28年45-4】

問題 2
貸金業者が、その貸金業の業務に関して広告又は勧誘をする場合において、資金需要者等を誘引することを目的とした特定の商品を当該貸金業者の中心的な商品であると誤解させるような表示又は説明をしたときは、刑事罰の対象となる。

【平成21年（第2回）5-1】【平成22年7-2】【平成24年24-3】

問題 3
貸金業者が、その貸金業の業務に関して広告又は勧誘をするに際し、他の貸金業者の利用者又は返済能力がない者を対象として勧誘する旨の表示又は説明をした場合、当該貸金業者は、貸金業法違反を理由として刑事罰を科されることがある。

【平成21年（第2回）5-2】【平成21年（第3回）14-3】【平成21年（第4回）46-1】【平成28年45-3】

問題 4
貸金業者A社は、自社の顧客等にいわゆるダイレクトメールを送付して、貸付けに係る契約の締結を勧誘しようとしている。Aは、顧客等に送付するダイレクトメールに、借入れが容易であることを過度に強調することにより、ダイレクトメールを受け取った顧客等の借入意欲をそそるような表示をしてはならない。

【平成21年（第1回）45-2】

●刑事罰の対象とはならない行為②（p.71、p.83参照）

> 貸金業の業務に関して広告や勧誘をするときに、次のような表示・説明をすることは禁止されていますが、これらに違反しても刑事罰が科されることはありません。
>
> ① 資金需要者等を誘引することを目的とした特定の商品を当該貸金業者の中心的な商品であると誤解させるような表示・説明
>
> ② 広告・勧誘の際に、他の貸金業者の利用者または返済能力がない者を対象として勧誘する旨の表示・説明

貸金業者は、その貸金業の業務に関して広告・勧誘をするときは、貸付けの条件について、**著しく事実に相違する**表示・説明をし、または**実際のものよりも著しく有利であると人を誤認させるような**表示・説明をしてはなりません。これに違反した場合には、刑事罰を科されることがあります。

 貸金業者は、その貸金業の業務に関して広告・勧誘をするときは、**資金需要者等を誘引することを目的とした特定の商品を当該貸金業者の中心的な商品であると誤解させる**ような表示・説明をしてはなりません。しかし、これに違反した場合であっても、刑事罰の対象とはなりません。

 貸金業者は、その貸金業の業務に関して広告・勧誘をするときは、**他の貸金業者の利用者**または**返済能力がない者**を対象として勧誘する旨の表示・説明をしてはなりません。しかし、これに違反した場合であっても、刑事罰を科されることはありません。

 貸金業者は、その貸金業の業務に関して広告・勧誘をするときは、**借入れが容易であることを過度に強調する**ことにより、資金需要者等の借入意欲をそそるような表示・説明をしてはなりません。

○×問題

③ 広告・勧誘の際に、借入れが容易であることを過度に強調することにより、資金需要者等の借入意欲をそそるような表示・説明
④ 広告・勧誘の際に、公的な年金、手当等の受給者の借入意欲をそそるような表示・説明
⑤ 広告・勧誘の際に、貸付けの利率以外の利率を貸付けの利率と誤解させるような表示・説明

❷ 適合性の原則

問題 5
貸金業者が、貸金業の業務を行うに当たり、資金需要者等の知識、経験、財産の状況及び貸付けの契約の締結の目的に照らして不適当と認められる勧誘を行って資金需要者等の利益の保護に欠けることとなるおそれを生じさせたときは、刑事罰の対象となる。　【平成21年（第4回）46-4】【平成22年7-3】【平成24年24-2】

【平成28年45-1】

❸ 再勧誘の禁止

問題 6
貸金業者が、貸付けの契約の締結を勧誘した場合において、当該勧誘を受けた資金需要者等から当該貸付けの契約を締結しない旨の意思（当該勧誘を引き続き受けることを希望しない旨の意思を含む）が表示されたにもかかわらず、当該勧誘を引き続き行ったときは、刑事罰の対象となる。

【平成21年（第3回）14-4】【平成21年（第4回）46-2】【平成22年7-4】【平成24年24-1】

問題 7
協会員であるA社は、自社の顧客等にいわゆるダイレクトメールを送付して、貸付けに係る契約の締結を勧誘しようとしている。A社が送付したダイレクトメールを受領したBが、A社に対し、「今後一切の連絡を断る」旨の意思を明示的に表示した場合について、自主規制規則では、A社は、当該意思の表示があった日から最低3年間は、一切の勧誘をしてはならないが、当該期間経過後は、何らの制限もなくBに勧誘することができるとされている。

【平成21年（第1回）45-4】【平成28年21-1】【令和3年47-1】

82

貸金業者は、資金需要者等の知識、経験、財産の状況および貸付けの契約の締結の目的に照らして不適当と認められる勧誘を行って、資金需要者等の利益の保護に欠け、または欠けることとなるおそれがないように、貸金業の業務を行わなければなりません。しかし、これに違反した場合であっても、刑事罰の対象とはなりません。

貸金業者は、勧誘をした場合において、その勧誘を受けた資金需要者等から**貸付けの契約を締結しない旨の意思（勧誘を引き続き受けることを希望しない**旨の意思を含む）が表示されたときは、勧誘を引き続き行ってはなりません。しかし、これに違反した場合であっても、刑事罰の対象とはなりません。

●刑事罰の対象とはならない行為③（p.71、p.80参照）

> 次の行為を行っても刑事罰が科されることはありません。
> ① 適合性の原則に反する行為
> ② 再勧誘の禁止に反する行為

資金需要者等が、協会員からの**勧誘を一切拒否する旨の強い意思表示**を行った場合（例えば、資金需要者等から協会員に対して**「今後一切の連絡を断る」**旨の意思の表示が明示的にあった場合等、協会員は、当該意思の表示のあった日から**最低1年間**は一切の勧誘を見合わせるものとし、**当該期間経過後も**架電、ファックス、電子メールもしくはダイレクトメール等の送信または訪問等、当該資金需要者等の私生活や業務に与える影響が大きい方法による勧誘は行わないことを目処として対応しなければなりません。本問は、「何ら制限なくBに勧誘することができる」としている点が誤りです。

問題 8　協会員は、資金需要者等が、協会員が勧誘を行った取引に係る勧誘を引き続き受けることを希望しない旨の明確な意思の表示を行った場合、当該意思表示のあった日から最低 6 か月間は当該勧誘に係る取引及びこれと類似する取引の勧誘を見合わせることを目処として対応しなければならない。

【平成 21 年（第 1 回）45-3】【平成 25 年 20-1】【平成 28 年 21-2】【平成 30 年 45-3】【令和 3 年 47-2】

❹　広告に関するその他の事項

問題 9　貸金業者が行う貸付けの条件の広告には、不当景品類及び不当表示防止法その他の法令が適用されることはなく、貸金業法のみが適用される。

【平成 21 年（第 3 回）14-2】【平成 27 年 7-4】

問題 10　貸金業の業務運営に関する自主規制基本規則によれば、協会員は、個人向け貸付けの契約に係る広告たるラジオ CM を行うにあたっては、その表現内容に関し、電話番号を告知する際、「申込み」という表現をとらないことに留意しなければならない。

【平成 23 年 27-3】【平成 26 年 8-3】

資金需要者等が、協会員が勧誘を行った取引に係る**勧誘を引き続き受けることを希望しない旨の明確な意思の表示**を行った場合（例えば、当該勧誘対象者から協会員に対して、勧誘に係る取引について「今はいらない。」「当面は不要である。」等の**一定の期間当該取引に係る勧誘を拒否する**旨の意思を明示的に表示した場合等）、協会員は、当該意思表示のあった日から **最低 6 か月間**は当該勧誘に係る取引およびこれと類似する取引の勧誘を見合わせることを目処として対応しなければなりません。

 貸金業者が行う貸付けの条件の広告には、貸金業法や同法施行規則だけではなく、不当景品類及び不当表示防止法、屋外広告物法第 3 条第 1 項の規定に基づく都道府県の条例**その他の法令も適用**されます。

 自主規制基本規則によれば、協会員は、個人向け貸付けの契約に係る広告たるラジオ CM を行うにあたっては、その表現内容に関し、次の事項等に留意しなければなりません。

・安易な借入れを助長する表現またはその疑いのある表現を排除すること
・ホームページアドレスを告知する場合、そのホームページに定められる啓発文言の表示があること。また、返済シミュレーションを備えること
・電話番号を告知する際、「**申込み**」という表現をとらないこと

1-16 過剰貸付け等の禁止、総量規制

❶ 過剰貸付け等の禁止

問題 1　貸金業者であるA社は、個人顧客であるBとの間で貸付けに係る契約を締結するに当たり、本件貸付契約につき、個人であるCとの間で保証契約を締結しようとしている。A社は、Cとの間で本件保証契約を締結しようとする場合で、本件保証契約がCの返済能力を超える保証契約と認められるときは、Cとの間で本件保証契約を締結してはならない。

【平成21年（第1回）22-3】【平成21年（第4回）19-2】【平成24年6-c】

❷ 総量規制（個人過剰貸付契約）

問題 2　個人顧客との間で締結しようとする貸付けに係る契約が個人過剰貸付契約に該当するか否かを調査する場合における当該個人顧客に係る基準額は、当該個人顧客の年間の給与の金額、年間の年金の金額、年間の恩給の金額、年間の定期的に受領する不動産の賃貸収入（事業として行う場合を除く）の金額及び年間の事業所得の金額（過去の事業所得の状況に照らして安定的と認められるものに限る）を合算した額に3分の1を乗じて得た額である。　【平成22年20-1】【平成23年19-1】

問題 3　①年間の年金の金額、②年間の投資信託の分配金（事業として行う場合を除く。）の金額、③年間の定期的に受領する不動産の賃貸収入（事業として行う場合を除く。）の金額、④年間の事業所得の金額（過去の事業所得の状況に照らして安定的と認められるものに限る。）は、貸金業法第13条の2第2項に規定する年間の給与及びこれに類する定期的な収入の金額として内閣府令で定めるものに該当する。

【令和3年7-a～d】

貸金業者は、**貸付けの契約**を締結しようとする場合において、返済能力の調査により、その貸付けの契約が**顧客等の返済能力を超える貸付け**の契約と認められるときは、契約を締結してはなりません。

　「貸付けの契約」には保証契約も含まれるので、保証人となろうとする者との間で、その者の返済能力を超える保証契約を締結することはできません。

 貸付けに係る契約が個人過剰貸付契約に該当するか否かを調査する場合における「当該個人顧客に係る基準額」は、以下を合算した額に**3分の1**を乗じて得た額です。

- **給与**の金額　　・**年金**の金額　　・**恩給**の金額
- **定期的に受領する不動産の賃貸収入**（事業として行う場合を除く）の金額
- **事業所得の金額**（過去の事業所得の状況に照らして安定的と認められるものに限る）

　※簡単にいえば、「当該個人顧客に係る基準額」は、年収の3分の1の額です。

●個人過剰貸付契約

 問題文の金額のうち、①③④は「年間の給与及びこれに類する定期的な収入の金額として内閣府令で定めるもの」に該当しますが、②年間の投資信託の分配金（事業として行う場合を除く。）の金額は、「年間の給与及びこれに類する定期的な収入の金額として内閣府令で定めるもの」に該当しません。

問題 **4** 貸金業者であるA社は、Bとの間で貸付けに係る契約（以下、「本件貸付契約」という）を締結するに当たり、本件貸付契約につき、Bの知人であるCとの間で保証契約（以下、「本件保証契約」という）を締結しようとしている。Cが、貸金業者であるD社との間で貸付けに係る契約を締結している場合において、CのD社に対する借入残高とA社とBとの間の本件貸付契約に係る貸付けの金額の合計額がBの年間の給与及びこれに類する定期的な収入の金額として内閣府令で定めるものを合算した額に3分の1を乗じて得た額を超えることとなるときは、A社は、Cとの間で本件保証契約を締結することができない。　　　　【平成21年(第1回) 22-2】

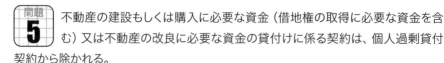

❸ 総量規制の除外

問題 **5** 不動産の建設もしくは購入に必要な資金（借地権の取得に必要な資金を含む）又は不動産の改良に必要な資金の貸付けに係る契約は、個人過剰貸付契約から除かれる。

【平成21年(第1回) 21-2】【平成21年(第3回) 21-2】【平成21年(第4回) 46-c】
【平成23年 45-a】【平成24年 22-1】【平成29年 7-a】【令和元年 9-b】【令和3年 8-a】

問題 **6** 不動産の建設もしくは購入に必要な資金又は不動産の改良に必要な資金の貸付けが行われるまでのつなぎとして行う貸付けに係る契約は、個人過剰貸付契約に当たらない。

【平成21年(第3回) 21-3】【平成25年 47-4】【平成29年 7-b】【令和3年 8-b】

問題 **7** 自動車の購入に必要な資金の貸付けに係る契約であって、その貸付けの金額が当該自動車の購入額を下回るが、当該自動車の所有権を貸金業者が取得せず、かつ当該自動車が譲渡により担保の目的となっていないものは、貸金業法施行規則第10条の21（個人過剰貸付契約から除かれる契約）に規定する契約に該当する。　　　【平成21年(第1回) 21-3】【平成21年(第3回) 21-1】【平成21年(第4回) 6-d】

【平成22年 20-2】【平成25年 47-2】【平成26年 6-d】【平成28年 7-1】【平成30年 21-2】
【令和2年 21-2】【令和3年 8-d】【令和4年 10-1】

個人顧客に対する**貸付けに係る契約**で、貸金業者からの総借入残高がその**年収の3分の1を超える**ことになる貸付けは、原則として禁止されています。これを**総量規制**といいます。**「貸付けに係る契約」には保証契約は含まれない**ので、年収の3分の1を超えるときであっても、保証契約を締結することができます。

●総量規制でのポイント

・個人過剰貸付契約（年収の3分の1を超える貸付け）は、禁止されています

・顧客が法人である場合には、総量規制を受けません

・保証契約の締結の場合には、総量規制を受けません

不動産の建設もしくは購入に必要な資金（借地権の取得に必要な資金を含む）、または**不動産の改良**に必要な資金の貸付けに係る契約は、総量規制の除外（個人過剰貸付契約から除かれる契約）に該当します。このことは、当該不動産を担保としない場合でも同じです。

不動産の建設もしくは購入に必要な資金、または**不動産の改良**に必要な資金の貸付けが行われるまでの**つなぎとして行う貸付け**に係る契約は、総量規制の除外（個人過剰貸付契約から除かれる契約）に該当しますので、個人過剰貸付契約には該当しません。このことは、不動産購入等による貸付けが金融機関でない者によって行われる場合などでも、同じです。

自動車の購入に必要な資金の貸付けに係る契約で、その**自動車の所有権を貸金業者が取得**し、またはその**自動車が担保の目的となっている**ものは、総量規制の除外（個人過剰貸付契約から除かれる契約）に該当するとされています。

しかし、当該自動車の所有権を貸金業者が取得せず、かつ当該自動車が譲渡により担保の目的となっていないものは、総量規制の除外に該当しません。

○×問題

問題 8
自動車の購入に必要な資金の貸付けに係る契約のうち、当該自動車の所有権を貸金業者が取得し、又は当該自動車が譲渡により担保の目的となっているものに係る貸付けの残高は、貸金業法第13条の2第2項に規定する「当該個人顧客に係る個人顧客合算額」に含まれる。 【平成21年（第4回）6-d】【平成23年19-4】
【平成28年19-4】【平成29年7-d】

問題 9
貸金業者が、個人顧客との間で締結する、当該顧客の親族で生計を一にする者の高額療養費（健康保険法所定のもの）を支払うために必要な資金の貸付けに係る契約は、貸金業法第13条の2第2項に規定する住宅資金貸付契約その他の内閣府令で定める契約に該当するが、同項に規定する個人顧客の利益の保護に支障を生ずることがない契約として内閣府令で定めるものには該当しない。

【平成21年（第1回）21-4】【平成21年（第2回）9-3】
【平成21年（第3回）21-4】【平成21年（第4回）44-3】【平成24年22-3】
【平成25年47-3】【平成26年6-b】【平成27年46-4】【平成28年7-1】【令和2年21-1】

問題 10
手形の割引を内容とする契約であって、割引の対象となる手形が融通手形ではないものは、「個人過剰貸付契約から除かれる契約」に該当する。

【平成26年6-a】【平成28年19-1】【平成30年21-3】【令和2年21-4】

問題 11
貸金業者を債権者とする金銭の貸借の媒介に係る契約は、個人過剰貸付契約から除かれる契約に該当する。 【平成23年45-b】【平成27年46-1】
【平成29年7-c】

問題 12
金融商品取引法第2条第1項に規定する有価証券を担保として行う貸付けに係る契約であって、その貸付けの金額が、当該貸付けに係る契約の締結時における当該有価証券の時価を超えるが、1,000万円以下であるものは、「個人過剰貸付契約から除かれる契約」に該当する。

【平成26年6-c】【平成28年19-3】【平成30年21-1】

「**住宅資金貸付契約等**」に係る契約の残高は、「**個人顧客合算額**」に含まれ**ない**とされています。

　自動車の購入に必要な資金の貸付けに係る契約のうち、その自動車の所有権を貸金業者が取得し、またはその自動車が譲渡により担保の目的となっているものは、「住宅資金貸付契約等」に該当するため、その契約の残高は「個人顧客合算額」に含まれません。

個人顧客、またはその親族で生計を一にする者の**高額療養費を支払うために必要な資金の貸付け**に係る契約は、「住宅資金貸付契約その他の内閣府令で定める契約（住宅資金貸付契約等）」（総量規制の除外）に該当しますが、「個人顧客の利益の保護に支障を生ずることがない契約」（総量規制の例外）には該当しません。

●問題文を読むポイント

> 　総量規制の除外に該当する契約は、試験問題では「住宅資金貸付契約その他の内閣府令で定める契約（住宅資金貸付契約等）」または「個人過剰貸付契約から除かれる契約」、「除外契約」と表現されます。一方、総量規制の例外に該当する契約は、試験問題では「個人顧客の利益の保護に支障を生ずることがない契約」と表現されます。除外の場合と例外の場合を混同しないように注意しながら、問題文を読みましょう。

手形（融通手形を除く）の割引を内容とする契約は、「個人過剰貸付契約から除かれる契約」に該当します。

貸金業者を債権者とする金銭の貸借の媒介に係る契約は、総量規制の除外（個人過剰貸付契約から除かれる契約）に該当します。

金融商品取引法の規定する有価証券を担保とする貸付けに係る契約は、原則として、「個人過剰貸付契約から除かれる契約」に該当します。ただし、その**貸付けの金額が貸付け時におけるその有価証券の時価の範囲内**でなければなりません。

91

個人顧客との間で締結しようとする、当該個人顧客の親族の居宅を担保とする貸付けに係る契約であって、当該個人顧客の返済能力を超えないと認められるもの（貸付けの金額が当該貸付けに係る契約の締結時における当該不動産の価格の範囲内であるものに限る）は、個人過剰貸付契約から除かれる契約に該当する。

【平成21年（第2回）9-2】【平成21年（第3回）43-d】【平成21年（第4回）44-2】【平成22年20-3】

【平成25年47-1】【平成27年46-3】【令和元年9-c】【令和元年9-d】【令和2年21-3】

 売却を予定している個人顧客の不動産（借地権を含む）の売却代金により弁済される貸付けに係る契約であって、当該個人顧客の返済能力を超えないと認められるもの（貸付けの金額が当該貸付けに係る契約の締結時における当該不動産の価格の範囲内であるものに限り、当該不動産を売却した後に当該個人顧客の生活に支障を来すと認められるもの）は、個人過剰貸付契約から除かれる。

【平成21年（第3回）43-c】【平成21年（第4回）6-a】【平成22年20-4】【平成23年19-3】

【平成24年22-2】【平成27年46-2】【平成27年46-2】【平成28年19-2】

【平成30年21-4】【令和元年9-a】【令和3年8-c】

 貸金業者は、貸金業法施行規則第10条の21（個人過剰貸付契約から除かれる契約）第1項第1号に規定する不動産の建設又は不動産の改良に必要な資金の貸付けに係る契約を締結した場合には、不動産の建設工事の請負契約書その他の締結した契約が当該規定に掲げる契約に該当することを証明する書面又はそれらの写しを、当該貸付けに係る契約を締結した日から少なくとも5年間保存しなければならない。　【平成27年9-d】【平成28年11-b】【平成30年12-b】【令和2年24-2】

❹ 総量規制の例外

 個人顧客を相手方とする貸付けに係る契約（住宅資金貸付契約その他の内閣府令で定める契約及び極度方式貸付けに係る契約を除く。以下、「本件貸付契約」という）が、貸金業法第13条の2第2項に規定する個人顧客の利益の保護に支障を生ずることがない契約として内閣府令で定めるものに該当する場合、本件貸付契約に係る貸付けの残高は、貸金業法第13条の2第2項に規定する個人顧客合算額に加算されない。　【平成21年（第3回）22-1】【令和3年20-1】

不動産を担保とする貸付けに係る契約であって、当該個人顧客の返済能力を超えないと認められるものは、原則として総量規制の除外（個人過剰貸付契約から除かれる契約）に該当します。しかし、**個人顧客や担保提供者の「居宅」、生計維持に不可欠なものを担保とする場合**には、不動産担保貸付けであっても総量規制の除外には該当しないとされています。

 売却予定の不動産（借地権を含む）の売却代金により弁済される貸付けに係る契約であって、**当該個人顧客の返済能力を超えないと認められるもの**は、原則として総量規制の除外（個人過剰貸付契約から除かれる契約）に該当します。

　ただし、**貸付けの金額がその契約の締結時における不動産の価格の範囲外である場合**や、**不動産を売却することにより個人顧客の生活に支障を来すと認められる場合**は、個人過剰貸付契約から除外されないとされています。

 「個人過剰貸付契約から除かれる契約」（総量規制の除外）を締結した場合、総量規制の除外に該当することを証明する書面等を、その貸付けに係る契約に定められた**最終の返済期日**（契約に基づく債権が弁済等により消滅したときは、**その債権の消滅日**）までの間保存しなければならないとされています。

　総量規制の除外の一つである、「不動産の建設、購入、または改良に必要な資金の貸付け」に係る契約を締結した場合、不動産の建設工事の請負契約書などを保存する必要があります。

 「個人顧客の利益の保護に支障を生ずることがない契約」の貸付けの残高は、**個人顧客合算額に加算されます。**

問題 **17** 貸金業者が、個人顧客との間で、当該顧客が既に負担している債務（以下、「既存債務」という）を弁済するために必要な資金の貸付けに係る契約を締結する場合、当該個人顧客が当該契約に基づき将来支払うべき返済金額の合計額が既存債務について将来支払うべき返済金額の合計額を上回らないときは、当該契約の1か月の負担が既存債務に係る1か月の負担を上回るものであっても、当該契約は「個人顧客の利益の保護に支障を生ずることがない契約」に該当する。

【平成21年（第1回）21-1】【平成21年（第2回）9-4】【平成21年（第3回）43-b】【平成22年46-a】
【平成23年16-a】【平成26年44-1】【平成27年22-3】【平成28年7-4】【平成30年8-4】
【令和3年20-3】【令和4年10-4】

問題 **18** 個人顧客又は当該個人顧客の親族で当該個人顧客と生計を一にする者の緊急に必要と認められる医療費を支払うために必要な資金の貸付けに係る契約（高額療養費に係る契約を除く）であって、当該個人顧客の返済能力を超えないと認められるもの（当該個人顧客が現に当該貸付けに係る契約を締結していない場合に限る）は、「個人顧客の利益の保護に支障を生ずることがない契約」に該当する。

【平成22年46-d】【平成23年19-2】【平成25年18-4】【令和元年22-1】【令和4年10-3】

問題 **19** 現に事業を営んでいない個人顧客に対する新たな事業を行うために必要な資金の貸付けに係る契約であって、事業計画、収支計画及び資金計画の確認により確実に当該事業の用に供するための資金の貸付けであると認められること、又は、当該個人顧客の事業計画、収支計画及び資金計画に照らし、当該個人顧客の返済能力を超えない貸付けに係る契約であると認められること、いずれかの要件に該当するものは、「個人顧客の利益の保護に支障を生ずることがない契約」に該当する。

【平成25年18-1】【平成27年22-4】【平成28年7-2】【平成29年2-2】【令和元年22-2】

問題 **20** 貸金業者が事業を営む個人顧客との間で貸付けに係る契約を締結するに当たり、実地調査、当該顧客の直近の確定申告書の確認その他の方法により当該事業の実態が確認されている場合には、当該貸付けに係る契約が当該顧客の返済能力を超える契約であると認められるときであっても、当該契約は「個人顧客の利益の保護に支障を生ずることがない契約」に該当する。

【平成21年（第2回）9-1】【平成21年（第3回）43-a】【平成21年（第4回）6-b】【平成22年46-c】
【平成29年22-1】【平成30年8-2】

個人顧客に**一方的に有利となる借換え**の契約は、「個人顧客の利益の保護に支障を生ずることがない契約」（総量規制の例外）に該当します。そして、個人顧客に一方的に有利といえるためには、借換えの契約の内容が、**毎月の返済額や総返済額が減少し、追加の担保や保証がない**などとなっていなければなりません。本問のように、毎月の返済額が増加する場合（**1か月の負担が、既存債務の1か月の負担を上回る場合**）には、総量規制の例外に該当しません。

個人顧客、またはその親族で生計を一にする者の、**緊急に必要と認められる医療費を支払うために**必要な資金の貸付けに係る契約（高額療養費に係る契約を除く）であって、当該個人顧客の返済能力を超えないと認められるものは、「個人顧客の利益の保護に支障を生ずることがない契約」（総量規制の例外）に該当します。

新たな事業を行うために必要な資金の貸付けは、確実に事業の用に供するための資金の貸付けであって、「かつ」、個人顧客の返済能力を超えない貸付けに限り、総量規制の例外に該当します。よって、本問は、「又は」「いずれかの要件に該当する」となっているため、総量規制の例外に該当しません。

個人事業主に対する貸付けに係る契約が総量規制の例外に該当するためには、**事業の実態が確認され**、かつ、**事業主の返済能力を超えない**場合でなければならないとされています。そのため、個人事業主に対する貸付けであっても、顧客の返済能力を超える契約であると認められるときは、総量規制の例外に該当しません。

1

貸金業法および関係法令

○×問題

問題 21 個人顧客が特定費用を支払うために必要な資金の貸付けに係る契約（極度方式基本契約ではないものとする。）として当該個人顧客と貸金業者との間に締結される契約であって、当該契約が当該個人顧客の返済能力を超えない貸付けに係る契約であると認められ、当該契約の貸付けの金額が30万円を超えず（当該個人顧客は、当該契約以外の貸付けに係る契約を一切締結していないものとする。）、返済期間が6か月を超えないものは、「個人顧客の利益の保護に支障を生ずることがない契約」に該当する。　【平成29年22-4】【平成30年8-1】【令和元年22-4】【令和3年20-4】

問題 22 個人顧客を相手方とする貸付けに係る契約であって、当該個人顧客に係る個人顧客合算額（貸金業法第13条の2第2項に規定する個人顧客合算額をいう。）と当該個人顧客の配偶者に係る個人顧客合算額を合算した額が、当該個人顧客に係る基準額（同法第13条の2第2項に規定する当該個人顧客に係る基準額をいう。）と当該個人顧客の配偶者に係る基準額（当該個人顧客の配偶者を当該個人顧客とみなして同法第13条の2第2項の規定を適用した場合における同項に規定する当該個人顧客に係る基準額をいう。）を合算した額を超えないもので、かつ当該貸付けに係る契約を締結することについて当該個人顧客の配偶者の同意があるものは、「個人顧客の利益の保護に支障を生ずることがない契約」に該当する。　【平成28年7-3】

問題 23 金融機関（預金保険法第2条第1項に規定する金融機関をいう）からの貸付けが行われるまでのつなぎとして行う貸付けに係る契約（極度方式基本契約を除く）であって、返済期間が1か月を超えるものは、「個人顧客の利益の保護に支障を生ずることがない契約」に該当する。　【平成25年18-3】【平成26年44-4】【平成27年22-1】【平成29年22-3】【平成30年8-3】【令和元年22-3】【令和3年20-2】【令和4年10-2】

問題 24 貸金業者は、貸金業法施行規則第10条の23（個人顧客の利益の保護に支障を生ずることがない契約等）第1項第2号に規定する契約（個人顧客の緊急に必要と認められる医療費を支払うために必要な資金の貸付けに係る契約）に該当する契約を締結した場合には、同条第2項第2号に規定する書面（医療機関からの医療費の請求書又は見積書）もしくはその写し又はこれらに記載された情報の内容を記録した電磁的記録を、当該貸付けに係る契約に定められた最終の返済期日（当該貸付けに係る契約に基づく債権が弁済その他の事由により消滅したときにあっては、当該債権の消滅した日）までの間保存しなければならない。　【平成27年9-d】【平成28年11-b】

個人顧客が**特定費用を支払う**ために必要な資金の貸付けに係る契約（特定緊急貸付契約）であって、個人顧客の返済能力を超えないものと認められ、**貸付けの金額が 10 万円を超えず**、かつ**返済期間が 3 か月を超えない**ものは、総量規制の例外に該当します。

　本問は、「貸付けの金額が 30 万円を超えず」「返済期間が 6 か月を超えない」となっている部分が誤りです。

 配偶者のものも含めた個人顧客合算額が、基準額（配偶者とあわせた年収の 3 分の 1）を超えないもので、かつ配偶者の同意があるものは、総量規制の例外に該当します。

 金融機関からの貸付けが行われるまでのつなぎとして行う貸付けに係る契約（極度方式基本契約を除く）は、総量規制の例外の対象です。ただし、正規貸付けが行われることが確実で、**返済期間が 1 か月を超えないこと**が必要です。本問のように、返済期間が 1 か月を超える場合には、総量規制の例外に該当しません。

 「個人顧客の利益の保護に支障を生ずることがない契約等」（総量規制の例外）を締結した場合、総量規制の例外に該当することを証明する書面等を、その貸付けに係る契約に定められた**最終の返済期日**（契約に基づく債権が弁済等により消滅したときは、**その債権の消滅日**）までの間保存しなければならないとされています。

　総量規制の例外の一つである、「個人顧客の緊急に必要と認められる医療費を支払うために必要な資金の貸付け」に係る契約を締結した場合、医療機関からの医療費の請求書または見積書を保存する必要があります。

1-17 返済能力の調査

❶ 返済能力の調査義務

問題 1
貸金業者が、法人である顧客との間で貸付けに係る契約を締結しようとする場合、貸金業者は、当該貸付けに係る契約が当該顧客の返済能力を超える契約であるか否かを調査する義務を負わない。 【平成21年（第1回）20-3】

【平成24年5-a】【平成25年16-1】【平成26年5-1】【平成29年21-1】【平成30年20-1】

【令和2年8-2】【令和4年9-3】

問題 2
貸金業者は、資金需要者である個人顧客との間で貸付けに係る契約を締結するに際し、当該契約につき保証人となろうとする個人との間で保証契約を締結しようとする場合、貸付けに係る契約を締結しようとする個人顧客の返済能力に関する事項の調査は行わなければならないが、保証人となろうとする個人の返済能力に関する調査は行う必要がない。

【平成21年（第2回）8-1】【平成22年18-1】【平成29年21-2】

問題 3
貸金業者は、貸金業法第13条第1項に規定する顧客の返済能力の調査義務に違反した場合、1年以内の期間を定めて、その業務の全部もしくは一部の停止を命じられることはあるが、貸金業の登録を取り消されることはない。

【平成21年（第2回）8-4】【平成21年（第3回）9-4】

問題 4
貸金業者は、貸金業法第13条第1項に規定する顧客の返済能力の調査義務に違反した場合、その登録をした内閣総理大臣又は都道府県知事により、業務の方法の変更その他業務の運営の改善に必要な措置を命じられることがあるが、その業務の全部もしくは一部の停止を命じられることはない。 【平成21年（第4回）18-4】

貸金業者は、**貸付け（金銭の貸借の媒介を含む）の契約**を締結しようとする場合には、顧客等の収入または収益その他の資力、信用、借入れの状況、返済計画その他の返済能力に関する事項を調査しなければなりません。返済能力の調査は個人顧客等に限定していないため、**顧客等（資金需要者である顧客または保証人となろうとする者）が法人である場合にも返済能力の調査は必要**です。

 貸金業者は、**貸付けの契約**を締結しようとする場合には、顧客等の返済能力を調査しなければなりません。**「貸付けの契約」には保証契約も含まれる**ので、保証契約を締結しようとする場合にも返済能力の調査が必要です。

 貸金業者が返済能力の調査義務に違反した場合には、貸金業の業務に関して法令に違反したことになるため、業務の停止を命じられるだけでなく、登録を取り消されることもあります。

 貸金業者が、**貸金業の業務に関して法令に違反した場合**には、その登録をした登録行政庁は、当該貸金業者に対し**登録を取り消し**、または**1年以内の期間を定めて、その業務の全部もしくは一部の停止を命ずる**ことができるとされています。貸金業者が返済能力の調査義務に違反した場合、貸金業の業務に関して法令に違反したことになるため、その業務の全部または一部の停止を命じられることがあります。

❷ 指定信用情報機関の利用

問題 5　貸金業者は、個人である顧客等と貸付けの契約（極度方式貸付けに係る契約その他の内閣府令で定める貸付けの契約を除く）を締結しようとする場合には、返済能力の調査を行うに際し、指定信用情報機関が保有する信用情報を使用しなければならない。

【平成21年（第2回）28-1】

問題 6　貸金業者は、法人との間で貸付けの契約を締結しようとする場合、指定信用情報機関が保有する信用情報を使用して当該法人の返済能力に関する事項を調査しなければならず、その結果、当該貸付けの契約が当該法人の返済能力を超える貸付けの契約と認められるときは、当該貸付けの契約を締結してはならない。

【平成21年（第4回）44-4】【令和3年18-1】

問題 7　貸金業者は、貸付けに係る契約につき、保証人となろうとする者（個人）との間で保証契約を締結しようとする場合、当該保証人となろうとする者の収入又は収益その他の資力、信用、借入れの状況、返済計画その他の返済能力に関する事項の調査を行うに際し、指定信用情報機関が保有する信用情報を使用しなければならない。

【平成21年（第1回）22-1】【平成21年（第3回）22-2】【平成21年（第4回）19-1】
【平成22年16-2】【平成24年20-1】【平成25年17-3】【平成28年6-b】【平成29年21-4】
【令和元年6-b】【令和2年20-2】【令和3年18-2】【令和4年9-4】

問題 8　貸金業者が、貸付けに係る契約につき、保証人となろうとする者（個人）との間で保証契約を締結しようとする場合において、当該保証人となろうとする者の返済能力の調査を行うに際し、指定信用情報機関が保有する信用情報を使用せずに、当該保証人となろうとする者との間で本件保証契約を締結したときは、当該貸金業者は刑事罰を科されることがある。

【平成21年（第3回）22-4】【平成22年18-3】
【平成28年6-a】【平成30年20-4】

貸金業法および関係法令

 貸金業者は、**個人である顧客等と貸付けの契約（極度方式貸付けに係る契約等を除く）**を締結しようとする場合には、返済能力の調査を行う際に、指定信用情報機関が保有する信用情報を使用しなければなりません。

 返済能力の調査を行うに際し、指定信用情報機関が保有する信用情報の使用が義務づけられるのは、**「個人である顧客等」**と貸付けの契約をする場合です。法人との間では利用する必要はありません。本問は「指定信用情報機関が保有する信用情報を使用して」となっている部分が誤りです。

 貸金業者は、**個人である顧客等**と**貸付けの契約**（極度方式貸付けに係る契約等を除く）を締結しようとする場合には、返済能力の調査を行う際に、**指定信用情報機関が保有する信用情報を使用しなければなりません。**「貸付けの契約」には保証契約も含まれるので、個人である顧客等と保証契約を締結しようとする場合にも、指定信用情報機関が保有する信用情報を使用した返済能力の調査が必要です。

 個人である顧客等と保証契約を締結しようとする場合にも、**指定信用情報機関が保有する信用情報を使用した返済能力の調査が必要**であり、**指定信用情報機関を利用しないで保証契約を締結したときは、刑事罰を科される**ことがあります。

○×問題

問題 9
貸金業者は、個人顧客との間で締結した極度方式基本契約に基づいて極度方式貸付けに係る契約を締結するときは、その都度、指定信用情報機関が保有する信用情報を使用して、当該顧客の収入又は収益その他の資力、信用、借入れの状況、返済計画その他の返済能力に関する事項を調査しなければならない。

【平成 24 年 5-b】【平成 27 年 20-1】【平成 29 年 21-3】【平成 30 年 20-3】
【令和元年 6-a】【令和 3 年 18-4】

問題 10
貸金業者は、個人顧客との間で手形（融通手形を除く。）の割引を内容とする契約を締結しようとする場合、返済能力の調査を行うに際し、指定信用情報機関が保有する信用情報を使用しなければならない。　　　　　　　　【令和元年 6-c】

問題 11
貸金業者は、個人である顧客との間で、他の貸金業者を債権者とする金銭の貸借の媒介に係る契約を締結しようとする場合、当該顧客の返済能力の調査を行うに際し、指定信用情報機関が保有する信用情報を使用しなければならない。

【平成 23 年 7-4】【平成 25 年 16-4】【平成 26 年 5-2】【平成 30 年 20-2】
【令和元年 6-d】【令和 2 年 8-1】【令和 3 年 18-3】【令和 4 年 8-1】

❸ 資力を明らかにする書面等の徴収

問題 12

貸金業者である A 社は、個人である C との間で保証契約を締結しようとする場合には、C から、貸金業法第 13 条第 3 項に規定する書面等（源泉徴収票等の資力を明らかにする事項を記載した書面等）の提出又は提供を受けなければならない。　　【平成 21 年（第 4 回）19-3】【平成 22 年 18-2】【平成 24 年 6-b】【平成 25 年 17-2】

【平成 27 年 20-2】【平成 29 年 6-b】【令和 2 年 20-3】【令和 4 年 9-1】

問題 13

貸金業者は、貸付残高が 20 万円である個人顧客との間で、新たに貸付けの金額が 30 万円である貸付けに係る契約を締結しようとする場合において、指定信用情報機関が保有する信用情報を使用して返済能力の調査を行った結果、当該顧客の他の貸金業者に対する借入れがないことが判明したときは、当該顧客から、資力を明らかにする書面等の提出又は提供を受けなければならない。

【平成 21 年（第 1 回）4-1-ア】【平成 24 年 5-c】【平成 26 年 5-3】【平成 29 年 6-a】
【令和元年 7-2】【令和 4 年 8-2】

個人顧客に対する貸付けであっても、**極度方式貸付けに係る契約**を締結しようとするときは、返済能力の調査の際に、**指定信用情報機関が保有する信用情報を使用する必要はありません。**本問は、「その都度、指定信用情報機関が保有する信用情報を使用して」となっている部分が誤りです。

個人顧客との間で**手形（融通手形を除く。）の割引**を内容とする契約を締結しようとする場合、返済能力の調査を行うに際し、指定信用情報機関が保有する信用情報を使用する必要はありません。

他の貸金業者を債権者とする金銭の貸借の媒介に係る契約を締結する場合、返済能力の調査の際に、**指定信用情報機関が保有する信用情報を使用する必要はありません。**

貸金業者は、一定の額を超えるときは、**資金需要者である顧客**の資力を明らかにする事項を記載・記録した書面等の提出・提供を受けなければならないとされています。「資金需要者」には保証人になろうとする者は含まれないので、**保証契約を締結しようとする場合**に、保証人になろうとする者から**資力を明らかにする書面等の提出・提供を受ける必要はありません。**

個人顧客から顧客の資力を明らかにする書面等の提出・提供を受けなければならないのは、**「当該貸金業者合算額」が 50 万円を超える**とき、または「個人顧客合算額」が 100 万円を超えるときです。本問において「当該貸金業者合算額」は 50 万円（新たな貸付けの金額 30 万円＋別の貸付けの残高 20 万円）であり、これは 50 万円を超えないため、資力を明らかにする書面等の提出・提供を受ける必要はありません。

○×問題

問題14 貸金業者であるＡが、個人顧客であるＢとの間で本件契約貸付けに係る契約（極度方式基本契約及び極度方式貸付けに係る契約ではないものとする。）を締結し金銭をＢに貸し付けることにより、ＢのＡに対する借入額が40万円となる場合において、Ｂの他の貸金業者からの借入額の総残高が60万円であるときは、Ａは、Ｂから資力を明らかにする書面等の提出又は提供を受けなければならない。

【平成21年（第1回）4-1-イ】【平成24年5-d】【平成26年5-4】【平成29年6-c】【令和2年8-3】

問題15 貸金業者は、個人顧客との間で、貸付けの金額が80万円の貸付けに係る契約を締結しようとする場合、その2年前に当該顧客との間で貸付けに係る契約を締結するに当たり当該顧客からその資力を明らかにする書面等として源泉徴収票の提出を受けていたときであっても、改めて、当該顧客からその資力を明らかにする書面等の提出又は提供を受けなければならない。

【平成21年（第4回）18-1】【平成28年18-2】【平成29年6-d】【令和元年7-1】【令和3年19-1】

❹ 調査に関する記録の作成・保存

問題16 貸金業者は、顧客等と貸付けの契約を締結した場合には、顧客等ごとに、契約年月日、顧客等から貸金業法施行規則第10条の17第1項に規定する書面等（資力を明らかにする事項を記載した書面等）の提出又は提供を受けた年月日、顧客等の資力に関する調査の結果等の記録を作成し、これを保存しなければならない。

【平成21年（第1回）20-4】【平成21年（第2回）8-3】【平成21年（第3回）22-3】
【平成22年16-4】【平成29年13-c】【令和2年8-4】【令和3年12-b】【令和4年8-4】

問題17 貸金業者は、個人顧客との間で極度方式基本契約を締結した場合、返済能力の調査に関する記録を作成し、当該極度方式基本契約の解除の日又は当該極度方式基本契約に基づくすべての極度方式貸付けに係る契約に定められた最終の返済期日のうち最後のもの（これらの契約に基づく債権のすべてが弁済その他の事由により消滅したときにあっては、その消滅した日）のうちいずれか遅い日まで保存しなければならない。

【平成21年（第4回）18-2】【平成26年20-4】

貸金業者は、個人である顧客と貸付けに係る契約を締結しようとする場合で、当該貸金業者合算額が 50 万円を超えるとき、または**個人顧客合算額が 100 万円を超える**ときには、返済能力の調査を行うに際し、資金需要者である個人顧客から資力を明らかにする書面等の提出・提供を受けなければならないとされています。本問では、当該貸金業者合算額は 40 万円であり、個人顧客合算額が 100 万円であるため、顧客の資力を明らかにする書面等の提出・提供を受ける必要はありません。

 貸金業者合算額が 50 万円を超えるとき、または個人顧客合算額が 100 万円を超えるときには、資力を明らかにする書面等の提出・提供を受けなければならないとされています。本問では 80 万円の貸付けであるため、資力を明らかにする書面等の提出・提供を受ける必要があります。

　すでに「資力を明らかにする書面等」の提出・提供を受けているときは、改めて資力を明らかにする書面等の提出・提供を受ける必要はないとされています。

　しかし、源泉徴収票が「資力を明らかにする書面等」に該当するためには、一般的に発行される**直近の期間**に係るものであることが必要です。毎年発行される源泉徴収票の場合、2 年前の源泉徴収票では足りず、改めて資力を明らかにする書面等の提出・提供を受けなければなりません。

 貸金業者は、顧客等と**貸付けの契約**を締結した場合には、返済能力の調査に関する記録を作成し、これを一定期間保存しなければなりません。

●記録を保存すべき期間（通常の貸付けに係る契約の場合）

> 貸付けに係る契約に定められた**最終の返済期日**（債権が弁済等により消滅した場合は、債権消滅の日）まで。

 返済能力の調査に関する記録について、**極度方式基本契約の場合**は、その**契約の解除の日**、またはその契約に基づくすべての極度方式貸付けに係る契約に定められた**最終の返済期日のうち最後のもの**（債権が弁済等により消滅した場合は、債権消滅の日）のうち、**いずれか遅い日まで**保存しなければならないとされています。

問題 18 貸金業者である A 社は、C と保証契約を締結した場合には、内閣府令で定めるところにより、C の返済能力の調査に関する記録を作成し、本件貸付契約に定められた最終の返済期日（本件貸付契約に基づく債権が弁済その他の事由により消滅したときにあっては、当該債権の消滅した日）又は本件保証契約に基づく債務が消滅した日のうちいずれか早い日までの間、これを保存しなければならない。

【平成21年（第1回）22-4】【平成21年（第4回）19-4】【平成22年18-4】【平成24年6-d】
【平成25年17-4】【令和元年12-a】【令和2年20-4】

問題 19 返済能力の調査に関する記録には、貸金業法第16条の2に規定する書面（契約締結前の書面）又はその写しについて記録しなければならない。

【平成21年（第3回）50-1】

❺ 極度方式基本契約の極度額を増額する場合

問題 20 貸金業者である A 社は、個人顧客である B との間で極度額を 30 万円とする極度方式基本契約を締結した。A 社は、B との間の合意に基づき、極度額を 50 万円に増額しようとする場合、B の収入又は収益その他の資力、信用、借入れの状況、返済計画その他の返済能力に関する事項の調査を行うに際し、指定信用情報機関が保有する信用情報を使用しなければならない。

【平成21年（第4回）20-1】【平成22年19-1】【平成30年7-a】【令和2年9-b】

貸金業者は、顧客等と**貸付けの契約**を締結した場合には、返済能力の調査に関する記録を作成し、これを一定期間保存しなければなりません。「貸付けの契約」には保証契約も含まれるので、保証契約の場合にも返済能力の調査に関する記録の作成・保存が必要です。

　保証契約の場合は、**貸付けに係る契約に定められた最終の返済期日**（債権が弁済等により消滅した場合は、債権消滅の日）、または**保証契約に基づく債務が消滅した日**のうち、**いずれか早い日まで**保存しなければならないとされています。

 契約締結前の書面またはその写しは、返済能力の調査に関する記録事項ではありません。

●返済能力の調査に関する記録事項

---

① **契約年月日**
② 顧客等から、**顧客等の資力を明らかにする事項を記載した書面等の提出・提供を受けた年月日**
③ **顧客等の資力に関する調査の結果**
④ **顧客等の借入れの状況に関する調査の結果**（指定信用情報機関が保有する信用情報を使用して行った調査の結果を含む）
⑤ その他貸金業法第13条第1項の規定による調査（**返済能力の調査**）に使用した**書面又はその写し**（当該書面の作成に代えて電磁的記録の作成がされている場合における当該電磁的記録を含む）

 極度額（元本の残高の上限として極度額を下回る額を提示している場合にあっては、当該下回る額）を増額する場合にも、原則として、**返済能力の調査が必要**であり、**個人顧客との間の契約であれば、指定信用情報機関が保有する信用情報を使用しなければならない**とされています。

　本問において、Bは個人顧客であるから、返済能力の調査の際に、調査指定信用情報機関が保有する信用情報を使用しなければなりません。

問題 21 貸金業者が、極度方式基本契約の相手方である個人顧客に対して当該極度方式基本契約に基づく極度方式貸付けの元本の残高の上限として極度額を下回る額を提示している場合において、当該下回る額を増額するときであっても、当該個人顧客の利益の保護に支障を生ずることがない場合として内閣府令で定めるものに該当するときは、当該貸金業者は、当該個人顧客の返済能力を調査する義務を負わない。　【平成21年(第1回) 20-2】【平成21年(第3回) 20-2】【平成27年 21-1】【平成30年 7-d】

問題 22 貸金業者であるA社は、個人顧客であるBとの間で極度額を30万円とする極度方式基本契約を締結した。A社は、Bに返済能力の低下は認められないが、長期海外出張に出たBと連絡を取ることができないことを理由に極度額を一時的に10万円に減額した後、Bと連絡を取ることができたことにより、極度額を、当該極度方式基本契約を締結した当初の30万円に戻そうとする場合、Bの返済能力の調査を行う必要はない。　【平成21年(第4回) 20-4】【平成22年 19-2】【平成24年 21-1】
【平成26年 20-1】【平成27年 21-3】【平成30年 7-b】【令和3年 19-3】

問題 23 貸金業者であるA社は、個人顧客であるBとの間で極度額を30万円とする極度方式基本契約を締結した。A社は、Bに返済能力の低下が認められたことを理由に極度額を一時的に10万円に減額した後、Bとの間の合意に基づき、極度額を、当該極度方式基本契約を締結した当初の30万円に戻そうとする場合、Bの返済能力の調査を行う必要はない。　【平成22年 19-3】【平成24年 21-2】
【平成26年 20-3】【平成27年 21-2】【平成30年 7-c】【令和2年 9-a】【令和3年 19-2】

問題 24 貸金業者であるA社は、個人顧客であるBとの間で極度額を30万円とする極度方式基本契約を締結した。A社は、Bとの間の合意に基づき、極度額を50万円に増額した場合、内閣府令で定めるところにより、極度額を増額した年月日、Bの資力に関する調査の結果等、調査に関する記録を作成し、これを保存しなければならない。　【平成22年 19-4】【平成27年 21-4】【令和3年 19-4】

極度額（元本の残高の上限として極度額を下回る額を提示している場合にあっては、当該下回る額）を増額する場合にも、原則として返済能力の調査が必要です。

　ただし、「個人顧客の利益の保護に支障を生ずることがない場合として内閣府令で定めるもの」に該当するときには、返済能力の調査が不要となります。

●「個人顧客の利益の保護に支障を生ずることがない場合」とは

> 　相手方と連絡することができないことにより、極度額を一時的に減額していた場合（その相手方の返済能力の低下による場合を除く）で、その相手方と連絡することができたことにより、極度額をその減額の前の額まで増額するとき。

 相手方と連絡できないことにより、極度額を一時的に減額していた場合（その相手方の返済能力の低下による場合を除く）で、その後、その相手方と連絡できたことにより**極度額をその減額の前の額まで増額するとき**は、返済能力の調査は必要ないとされています。

 相手方の返済能力の低下により極度額を減額していた場合には、その後、極度額をその減額の前の額まで戻すだけであっても、返済能力の調査は必要です。

 返済能力の調査に関しては、その記録の作成・保存が必要です。このことは、極度額を増額する場合も同じです。

●「返済能力の調査に関する記録の作成・保存」が必要となる場面

> 　「返済能力の調査」と「返済能力の調査に関する記録の作成・保存」はセットです。返済能力の調査が必要となる場面では、返済能力の調査に関する記録の作成・保存も必要になります。

1-18 「基準額超過極度方式基本契約」該当性の調査

❶ 「基準額超過極度方式基本契約」該当性の調査

問題 1
貸金業者Aは、極度方式基本契約の契約期間を本件基本契約の締結日から同日以後1か月以内の一定の期日までの期間及び当該一定の期日の翌日以後1か月ごとの期間に区分したそれぞれの期間（以下、本問において「所定の期間」という。）において、直近の「所定の期間」内にAが行った本件基本契約に基づく極度方式貸付けの金額の合計額が5万円で、当該「所定の期間」の末日における本件基本契約に基づく極度方式貸付けの残高の合計額が10万円であった場合、本件基本契約が基準額超過極度方式基本契約に該当するかどうかの調査を行わなければならない

【平成24年21-3】【平成27年6-b】【平成29年8-1】【令和2年10-a】
【令和3年9-1】【令和4年20-1】

問題 2
貸金業者は、極度方式基本契約を締結している個人顧客に対し、当該契約に基づく新たな極度方式貸付けを停止する措置を講じている場合において、その措置を解除しようとするときは、指定信用情報機関の保有する当該個人顧客に係る信用情報を使用して、当該契約が基準額超過極度方式基本契約に該当するかどうかを調査しなければならない。

【平成21年（第2回）24-2】
【平成21年（第3回）9-2】【平成24年23-2】【令和2年10-b】【令和3年9-4】

問題 3
貸金業者が個人顧客との間で極度方式基本契約を締結している場合において、内閣府令で定める期間の末日において、当該極度方式基本契約に基づく新たな極度方式貸付けを停止する措置が講じられているときは、基準額超過極度方式基本契約に該当するかどうかを調査する必要がある。

【平成21年（第4回）7-4】
【平成23年9-c】【平成26年27-1】【平成28年20-2】【平成30年9-3】【令和元年23-1】

「所定の期間」（極度方式基本契約の締結日から同日以後1か月以内の一定の期日までの期間および当該一定の期日の翌日以後1か月ごとの期間に区分したそれぞれの期間）内に行った極度方式基本契約に基づく**極度方式貸付けの金額の合計額が5万円を超え、かつ、当該「所定の期間」の末日における極度方式貸付けの残高の合計額が10万円を超えるとき**には，当該極度方式基本契約が基準額超過極度方式基本契約に該当するかどうかの調査を行わなければなりません。

　本問では、当該所定の期間内に行った本件基本契約に基づく極度方式貸付けの金額の合計額が5万円を超えておらず、また、当該所定の期間の末日における極度方式貸付けの残高の合計額が10万円を超えていないため、基準額超過極度方式基本契約に該当するかどうかの調査は不要です。

貸金業者は、**新たな極度方式貸付けを停止する措置を解除しようとするときは、指定信用情報機関の保有する当該個人顧客に係る信用情報を使用し**て、その契約が「基準額超過極度方式基本契約」に該当するかどうかを調査しなければなりません。解除前に調査が必要です。

新たな極度方式貸付けを「停止」する措置が講じられているときは、「基準額超過極度方式基本契約」に該当するかどうかについての調査は不要です。

問題 4 貸金業者は、個人顧客と極度方式基本契約を締結している場合、3か月ごとに、指定信用情報機関が保有する当該個人顧客に係る信用情報を使用して、当該極度方式基本契約が基準額超過極度方式基本契約に該当するかどうかを調査しなければならないが、調査対象期間の末日における当該極度方式基本契約に基づく極度方式貸付けの残高が10万円以下である場合は、当該貸金業者が当該個人顧客との間で締結している他の極度方式基本契約に基づく極度方式貸付けの残高にかかわらず、基準額超過極度方式基本契約に該当するかどうかを調査する義務を負わない。

【平成21年（第2回）24-3】【平成22年6-b】【平成24年23-1】【平成25年6-b】
【平成26年7-b】【平成27年6-a】【平成30年9-1】【令和元年23-2】【令和4年20-2】

問題 5 貸金業者が個人顧客との間で極度方式基本契約を締結している場合において、当該極度方式基本契約が貸金業者を債権者とする金銭の貸借の媒介に係る契約であるときは、基準額超過極度方式基本契約に該当するかどうかを調査する必要がある。

【平成21年（第4回）7-3】【平成26年21-3】

問題 6 貸金業者は、当該極度方式基本契約が基準額超過極度方式基本契約に該当するかどうかの調査をしなければならない場合、所定の期間の末日から3週間を経過する日までに、指定信用情報機関に当該個人顧客の個人信用情報の提供の依頼をしなければならない。

【平成26年7-c】【平成27年6-c】【平成30年9-4】【令和元年23-3】【令和2年10-c】

❷ 基準額超過極度方式基本契約

問題 7 基準額超過極度方式基本契約とは、個人顧客を相手方とする極度方式基本契約で、当該極度方式基本契約が締結されていることにより、当該個人顧客に係る極度方式個人顧客合算額が当該個人顧客に係る基準額（その年間の給与及びこれに類する定期的な収入の金額として内閣府令で定めるものを合算した額に3分の1を乗じて得た額をいう）を超えることとなるもの（当該個人顧客の利益の保護に支障を生ずることがない極度方式基本契約として内閣府令で定めるものを除く）をいう。

【平成21年（第2回）24-1】【平成22年6-a】【平成26年7-a】

貸金業者は、3か月ごとに、指定信用情報機関を利用して、その極度方式基本契約が「基準額超過極度方式基本契約」に該当するかどうかを調査しなければなりません。ただし、**極度方式貸付けの「残高」の合計額が10万円以下**の場合には、**その調査は必要ない**とされています。この残高には、当該極度方式基本契約以外の極度方式基本契約に基づく極度方式貸付けの残高も含まれるため、ある極度方式貸付けの残高が10万円以下であっても、他の極度方式貸付けの残高と合計した額が10万円を超えるときは、調査が必要になります。本問は、「他の極度方式基本契約に基づく極度方式貸付けの残高にかかわらず」としている点が誤りです。

当該極度方式基本契約が**貸金業者を債権者とする金銭の貸借の媒介に係る契約**であるときは、「基準額超過極度方式基本契約」に該当するかどうかについての調査は不要です。

　なお、貸金業者を債権者とする金銭の貸借の媒介に係る契約は、総量規制の除外に該当する契約です。

貸金業者は、基準額超過極度方式基本契約に該当するかどうかの調査をしなければならない場合、所定の期間の末日から**3週間**を経過する日までに、指定信用情報機関に当該個人顧客の個人信用情報の提供の依頼をしなければなりません。

「基準額超過極度方式基本契約」とは、個人顧客を相手方とする極度方式基本契約で、当該極度方式基本契約が締結されていることにより、その個人顧客についての**極度方式個人顧客合算額が基準額（年収の3分の1）を超える**こととなるものをいいます。

問題 8 貸金業者は、当該極度方式基本契約が基準額超過極度方式基本契約に該当するかどうかの調査をしなければならない場合において、当該個人顧客に係る極度方式個人顧客合算額が 100 万円であるときは、当該調査を行うに際し、既に当該個人顧客から源泉徴収票その他の当該個人顧客の収入又は収益その他の資力を明らかにする事項を記載し、又は記録した書面又は電磁的記録として内閣府令で定めるものの提出又は提供を受けていても、改めてその提出又は提供を受けなければならない。 【平成 22 年 6-c】【平成 24 年 23-4】【平成 25 年 6-a】【平成 26 年 7-d】【平成 28 年 20-4】

【平成 29 年 8-3】【令和元年 7-3】【令和 2 年 10-d】【令和 3 年 9-2】【令和 4 年 20-3】

問題 9 貸金業者は、個人顧客との間で締結した極度方式基本契約が基準額超過極度方式基本契約に該当するかどうかの調査をした場合、内閣府令で定めるところにより、当該調査に関する記録を作成し、当該記録をその作成後 3 年間保存しなければならない。なお、貸金業者は、貸金業法施行規則第 10 条の 26 第 1 項に規定する書面等（極度方式基本契約に係る定期的な調査等における資力を明らかにする事項を記載した書面等）をその発行後 3 年を超えて用いるときは、当該書面等をその発行後 5 年間保存しなければならない。

【平成 21 年 (第 3 回) 20-4】【平成 22 年 6-d】【平成 23 年 9-b】【平成 24 年 23-3】【平成 25 年 6-c】

【平成 28 年 11-a】【平成 30 年 12-c】【令和元年 12-d】【令和 2 年 24-3】

❸ 基準額超過極度方式基本契約に該当する場合

問題 10 貸金業者である A 社は、個人顧客である B との間で「極度方式基本契約」（以下、「本件基本契約」という）を締結した。A 社が、指定信用情報機関が保有する個人顧客 B に係る信用情報を使用して、本件基本契約が基準額超過極度方式基本契約に該当するかどうかを調査した結果、本件基本契約が基準額超過極度方式基本契約に該当すると認められるときは、A 社は、本件基本契約の条項に基づく極度額の減額その他の本件基本契約に関して極度方式貸付けを抑制するために必要な措置として内閣府令で定めるものを講じなければならない。 【平成 21 年 (第 2 回) 24-4】

【平成 21 年 (第 3 回) 20-3】【平成 23 年 9-a】【平成 25 年 6-d】【令和元年 23-4】

極度方式個人顧客合算額が **100万円を超えるとき**は、「基準額超過極度方式基本契約」該当性の調査を行うに際し、個人顧客から顧客の資力を明らかにする事項を記載した書面等の提出・提供を受けなければならないとされています。

そのため、極度方式個人顧客合算額が 100万円であるときは、資力を明らかにする事項を記載した書面等の提出・提供を受ける必要はありません。

また、すでに**資力を明らかにする書面等**（過去 3 年以内に発行されたものであり、発行後に資力に変更がない場合に限る。）の提出・提供を受けているときは、改めてその**提出・提供を受ける必要はない**とされています。

 極度方式基本契約が「基準額超過極度方式基本契約」に該当するかどうかの調査をした場合、**調査記録**を作成し、**その作成後 3 年間保存**しなければなりません。なお、**資力を明らかにする事項を記載した書面等**をその発行後 3 年を超えて用いるときは、当該書面等を**その発行後 5 年間保存**しなければなりません。

 貸金業者は、個人顧客との間で締結している極度方式基本契約が「基準額超過極度方式基本契約」に該当すると認められるときは、極度方式貸付けを抑制するために必要な措置（当該極度方式基本契約が基準額超過極度方式基本契約に該当しないようにするため必要な**極度額の減額**、または当該極度方式基本契約に基づく**新たな極度方式貸付けの停止**）を講じなければなりません。

問題

1 貸金業法上の用語等

貸金業法上の用語の定義等に関する次の a ～ d の記述のうち、その内容が適切なものの個数を①～④の中から 1 つだけ選び、解答欄にその番号をマークしなさい。

a 貸金業とは、金銭の貸付け又は金銭の貸借の媒介で営利の目的をもって行うものをいう。

b 個人信用情報とは、個人を相手方とする貸付けに係る契約（極度方式基本契約その他の内閣府令で定めるものを除く。）に係る貸金業法第 41 条の 35（個人信用情報の提供）第 1 項各号に掲げる事項をいうが、個人信用情報には、個人顧客の氏名、住所、生年月日のほか、当該個人顧客が運転免許証等 ^(注) の交付を受けている場合における運転免許証等の番号も含まれる。

c 住宅資金貸付契約とは、住宅の建設又は購入に必要な資金（住宅の用に供する土地又は借地権の取得に必要な資金を含む。）の貸付けに係る契約をいい、住宅の改良に必要な資金の貸付けに係る契約は、住宅資金貸付契約に含まれない。

d 紛争解決手続とは、貸金業務関連紛争（貸金業務に関する紛争で当事者が和解をすることができるものをいう。）について裁判上の和解により解決を図る手続をいう。

(注) 運転免許証等とは、道路交通法第 92 条第 1 項に規定する運転免許証又は同法第 104 条の 4 第 5 項に規定する運転経歴証明書をいう。

① 1 個　　　② 2 個　　　③ 3 個　　　④ 4 個

解説

a　✕（適切でない）

　「貸金業」とは、金銭の貸付けまたは金銭の貸借の媒介（手形の割引、売渡担保その他これらに類する方法によってする金銭の交付または当該方法によってする金銭の授受の媒介を含む。）で**業として行う**ものをいいます。そして、「業として行う」とは、反復継続し、社会通念上、事業の遂行とみることができる程度のものをいい、必ずしも**営利の目的である必要はありません。**

b　○（適切である）

　「個人信用情報」とは、個人を相手方とする貸付けに係る契約（極度方式基本契約その他の内閣府令で定めるものを除く。）に係る貸金業法**第41条の35（個人信用情報の提供）第1項各号に掲げる事項**をいいます。そして、個人信用情報には、個人顧客の氏名、住所、生年月日のほか、当該個人顧客が運転免許証等の交付を受けている場合における運転免許証等の番号も含まれます。

c　✕（適切でない）

　「住宅資金貸付契約」とは、住宅の建設もしくは購入に必要な資金（住宅の用に供する土地又は借地権の取得に必要な資金を含む。）または**住宅の改良に必要な資金**の貸付けに係る契約をいいます。

　よって、c は、「住宅の改良に必要な資金の貸付けに係る契約は、住宅資金貸付契約に含まれない」としている点が誤りです。

d　✕（適切でない）

　「紛争解決手続」とは、貸金業務関連紛争（貸金業務に関する紛争で**当事者が和解をすることができるもの**をいう。）について**訴訟手続によらずに**解決を図る手続をいいます。

　よって、d は、「裁判上の和解により解決を図る」としている点が誤りです。

解答➡①

問題

2 貸金業者の登録拒否事由

　株式会社であるAが貸金業の登録の申請をした。この場合に関する次の①〜④の記述のうち、その内容が<u>適切でない</u>ものを1つだけ選び、解答欄にその番号をマークしなさい。

① Aの取締役の中に、刑法の罪を犯し、懲役の刑の言渡しを受けその刑の全部の執行を猶予され、当該執行猶予の言渡しを取り消されることなくその猶予の期間を経過したが、その日から5年を経過しない者がいる場合、貸金業法第6条（登録の拒否）に規定する登録の拒否事由（以下、本問において「登録拒否事由」という。）に該当する。

② Aの常務に従事する役員は取締役3人であり、その全員が、貸付けの業務に従事した経験をまったく有しない場合、登録拒否事由に該当する。

③ Aの取締役の中に、道路交通法の規定に違反し、懲役の刑に処せられ、その刑の執行を終わり、又は刑の執行を受けることがなくなった日から5年を経過しない者がいる場合、登録拒否事由に該当する。

④ Aが、再生手続開始の決定又は更生手続開始の決定のいずれも受けておらず、その純資産額が3,000万円である場合、登録拒否事由に該当する。

解説

① ✕（適切でない）

　執行猶予の言渡しを取り消されることなくその**猶予の期間を経過した場合、直ちに登録を受けることができます。**5年の経過を待つ必要はありません。

　したがって、役員（取締役等）の中に、執行猶予期間が経過した日から5年を経過しない者がいることは、登録拒否事由に該当しません。

② ◯（適切である）

　法人が貸金業の登録を受けようとする場合、**常務に従事する役員**の中に、貸付けの業務に**3年以上**従事した経験を有する者がいないことは、貸金業の登録拒否事由に該当します。

したがって、常務に従事する役員のうち少なくとも1人は、貸付けの業務に3年以上従事した経験を有する者でなければならず、常務に従事する役員全員が業務経験をまったく有しない場合、貸金業の登録拒否事由に該当します。

③ ○（適切である）

法人で、その役員の中に、「**禁錮以上**の刑に処せられ、その刑の執行を終わり、または刑の執行を受けることがなくなった日から**5年を経過しない者**」がいることは、貸金業の登録拒否事由に該当します。

④ ○（適切である）

純資産額が5,000万円に満たない場合、原則として貸金業の登録拒否事由に該当します。

なお、再生手続開始の決定または更生手続開始の決定を受けた場合（その決定に係る再生手続または更生手続が終了している場合を除く。）には、純資産額が5,000万円に満たないときでも、貸金業の登録拒否事由に該当しないとされています。

解答➡①

---

3 変更の届出

貸金業法第8条（変更の届出）に関する次の①〜④の記述のうち、その内容が<u>適切でないもの</u>を1つだけ選び、解答欄にその番号をマークしなさい。

① 貸金業者は、その商号、名称又は氏名に変更があった場合、その日から2週間以内に、その旨を貸金業の登録を受けた内閣総理大臣又は都道府県知事（以下、本問において「登録行政庁」という。）に届け出なければならない。

② 株式会社である貸金業者は、その取締役の氏名に変更があったときは、その日から2週間以内に、その旨を登録行政庁に届け出なければならない。

③ 貸金業者は、営業所又は事務所に置いた貸金業務取扱主任者がその登録の更新を受けたときは、その日から2週間以内に、その旨を登録行政庁に届け出なければならない。

④ 貸金業者は、その業務に関して広告又は勧誘をする際に表示等をする営業所又は事務所のホームページアドレスを変更しようとするときは、あらかじめ、その旨を登録行政庁に届け出なければならない。

① ○（適切である）

　　貸金業者の商号、名称または氏名に変更があった場合、その日から**2週間以内**に、登録行政庁に届け出なければなりません。

② ○（適切である）

　　取締役の氏名に変更があった場合、**2週間以内**に届出が必要です。

③ ✕（適切でない）

　　貸金業務取扱主任者の氏名・登録番号は、貸金業者登録簿に記載されるため、それらを変更した場合には、変更の届出が必要です。しかし、**貸金業務取扱主任者の登録を更新**しても登録番号に変更はないため、**変更の届出は不要**です。

④ ○（適切である）

　　広告または勧誘をする際に表示等をする営業所または事務所の**電話番号**その他の連絡先（**ホームページアドレス、電子メールアドレス**）を変更しようとする場合には、**あらかじめ（変更前に）**、その旨を登録行政庁に届け出る必要があります。

●登録申請書の記載事項と届出時期

> 　営業所等の名称・所在地や電話番号等の連絡先が変更になる場合、その変更で営業所等へ書類を送ることができなくなったり、営業所等と連絡がとれなくなったりしては困るので、変更をする前に届け出る必要があります。その他の事項の変更の場合は、変更の日から2週間以内でよい、と覚えましょう。

解答➡③

問題　　　　　　　　　　　　　　　令和2年問題24

4 記録等の保存期間

　貸金業者が貸金業法に基づき保存すべきものに関する次の①〜④の記述のうち、その内容が適切でないものを1つだけ選び、解答欄にその番号をマークしなさい。

① 貸金業者は、貸金業法第12条の4（証明書の携帯等）第2項に規定する従業者名簿を、最終の記載をした日から10年間保存しなければならない。

② 貸金業者は、貸金業法施行規則第10条の21（個人過剰貸付契約から除かれる契約）第1項第1号に規定する不動産の建設又は不動産の改良に必要な資金の貸付けに係る契約（極度方式基本契約及び極度方式貸付けに係る契約ではないものとする。）を締結した場合には、不動産の建設工事の請負契約書その他の締結した契約が当該規定に掲げる契約に該当することを証明する書面又はそれらの写しを、当該貸付けに係る契約に定められた最終の返済期日（当該貸付けに係る契約に基づく債権が弁済その他の事由により消滅したときにあっては、当該債権の消滅した日）までの間保存しなければならない。

③ 貸金業者は、個人顧客との間で締結した極度方式基本契約が基準額超過極度方式基本契約に該当するかどうかの調査をした場合、内閣府令で定めるところにより、当該調査に関する記録を作成し、これを当該極度方式基本契約に基づくすべての極度方式貸付けに係る契約に定められた最終の返済期日のうち最後のものが到来する日（これらの契約に基づく債権のすべてが弁済その他の事由により消滅したときは、その消滅した日）までの間保存しなければならない。

④ 貸金業者は、極度方式基本契約を締結した場合には、貸金業法第19条に規定する帳簿を、当該極度方式基本契約及び当該極度方式基本契約に基づくすべての極度方式貸付けに係る契約について、当該極度方式基本契約の解除の日又はこれらの契約に定められた最終の返済期日のうち最後のもの（これらの契約に基づく債権のすべてが弁済その他の事由により消滅したときにあっては、その消滅した日）のうちいずれか遅い日から少なくとも10年間保存しなければならない。

① 〇（適切である）

　貸金業者は、従業者名簿を、**最終の記載をした日**から **10年間**保存しなければなりません。

② 〇（適切である）

　「個人過剰貸付契約から除かれる契約」（総量規制の除外）の1つである、「不動産の建設、購入、または改良に必要な資金の貸付け」に係る契約を締結した場合には、不動産の建設工事の請負契約書など、総量規制の除外に該当することを証明する書面等を、その貸付けに係る**契約に定められた最終の返済期日**（契約に基づく債権が弁済等により消滅したときは、その債権の消滅日）**までの間**保存しなければなりません。

③ ✕（適切でない）

　「基準額超過極度方式基本契約」に該当するかどうかの調査をした場合、その調査に関する記録を作成し、その記録をその作成後 **3年間**保存しなければなりません。

④ 〇（適切である）

　極度方式基本契約を締結した場合には、帳簿を、その極度方式基本契約およびその極度方式基本契約に基づくすべての極度方式貸付けに係る契約について、その**極度方式基本契約の解除の日またはこれらの契約に定められた最終の返済期日のうち最後のもの**（これらの契約に基づく債権のすべてが弁済その他の事由により消滅したときは、その消滅した日）**のうちいずれか遅い日**から少なくとも **10年間**保存しなければなりません。

解答➡③

----

5 登録行政庁への届出

　貸金業者である A の登録行政庁 ^(注) への届出に関する次の①〜④の記述のうち、その内容が適切なものを 1 つだけ選び、解答欄にその番号をマークしなさい。

① Aは、営業所の所在地を変更した場合、その日から2週間以内に、その旨を登録行政庁に届け出なければならない。

② Aは、その業務の種類を変更し新たに極度方式貸付けを行おうとする場合、あらかじめその旨を登録行政庁に届け出なければならない。

③ Aは、貸金業を廃止した場合、その日から2週間以内に、その旨を登録行政庁に届け出なければならない。

④ Aは、その役員に貸金業の業務に関し法令に違反する行為があったことを知った場合、その日から2週間以内に、その旨を登録行政庁に届け出なければならない。

（注）登録行政庁とは、貸金業者が貸金業の登録をした内閣総理大臣又は都道府県知事をいう。

解説

① **×（適切でない）**

　　営業所または事務所の名称または所在地を変更しようとするときは、「**あらかじめ（変更前に）**」、その旨を登録行政庁に届け出なければなりません（変更の届出）。本肢は、「2週間以内に」となっている部分が誤りです。

② **×（適切でない）**

　　業務の種類または方法を変更した場合、その日から「**2週間以内**」に、登録行政庁に届け出なければなりません（変更の届出）。本肢は、「あらかじめ」となっている部分が誤りです。

③ **×（適切でない）**

　　貸金業を廃止した場合、貸金業者であった個人または法人の代表役員は、その日から「**30日以内**」に、その旨を登録行政庁に届け出なければなりません（廃業等の届出）。本肢は、「2週間以内に」となっている部分が誤りです。

④ **○（適切である）**

　　役員または使用人に貸金業の業務に関し法令に違反する行為または貸金業の業務の適正な運営に支障を来す行為があったことを知った場合、その日から**2週間以内**に、その旨を登録行政庁に届け出なければなりません（開始等の届出）。

解答➡④

6 廃業等の届出

　貸金業法第10条（廃業等の届出）に関する次の①〜④の記述のうち、その内容が適切なものを1つだけ選び、解答欄にその番号をマークしなさい。

① 株式会社である貸金業者がその株主総会における解散決議により解散した場合、当該株式会社の貸金業の登録は、その清算人がその旨をその登録をした内閣総理大臣又は都道府県知事（以下、本問において「登録行政庁」という。）に届け出た時に、その効力を失う。

② 株式会社である貸金業者が合併により消滅した場合、合併による存続会社又は新設会社を代表する役員は、その日から30日以内に、その旨を登録行政庁に届け出なければならない。

③ 個人である貸金業者について破産手続開始の決定があった場合、当該個人は、その日から30日以内に、その旨を登録行政庁に届け出なければならない。

④ 個人である貸金業者が死亡した場合においては、相続人（相続人が2人以上ある場合において、その全員の同意により事業を承継すべき相続人を選定したときは、その者）は、被相続人の死亡後60日間（当該期間内に貸金業法第6条第1項の規定による登録の拒否の処分があったときは、その日までの間）は、引き続き貸金業を営むことができる。

解説

① ✕（適切でない）

　解散したことは、廃業等の届出事由の1つです。そして、廃業等の届出事由に該当するに至ったときは、登録はその効力を失うとされています。そのため、株主総会における解散決議により解散すれば、その時点で登録の効力は失われます。

　よって、本肢は「届け出た時に、その効力を失う」としている点が誤りです。

② ✕（適切でない）

　廃業等の届出事由（貸金業者の死亡、合併による消滅、破産、法人の解散、貸金業の廃止）が生じた場合には、届出義務者はその日から**30日以内**（貸金業者の死

亡の場合は、その**死亡の事実を知った日から 30 日以内**）に、その旨を登録行政庁に届け出なければならないとされています。

　法人が合併により消滅した場合、「消滅した法人」の代表役員が届け出なければなりません。よって、本肢は「合併による存続会社又は新設会社」となっている部分が誤りです。

●廃業等の届出における届出義務者

届出事由	届出義務者
① 貸金業者の死亡	相続人
② 法人の合併による消滅	消滅した法人の代表役員
③ 貸金業者の破産（※）	破産管財人
④ 法人の解散（②③は除く）	清算人
⑤ 貸金業の廃止	貸金業者が個人の場合：その者 貸金業者が法人の場合：その法人の代表役員

※ 破産の場合、破産手続開始の決定があったときに届出が必要になります。

③ ✕（適切でない）

　破産手続開始の決定があった場合、その「破産管財人」が届け出なければなりません。よって、本肢は、「当該個人」となっている部分が誤りです。

④ ○（適切である）

　個人である貸金業者が死亡した場合、その相続人（相続人が 2 人以上ある場合において、その全員の同意により事業を承継すべき相続人を選定したときは、その者）は、被相続人の**死亡後 60 日間**（その期間内に貸金業法第 6 条第 1 項の規定による登録の拒否の処分があったときは、その日までの間）は、引き続き貸金業を営むことができます。

●本問の解答方法

> 　本問の選択肢④は、過去の試験問題（平成 30 年問題 3 の選択肢④）と同じような内容であるため、過去問を解いていれば容易に解答できる問題です。

解答➡④

7 帳簿

貸金業法第19条に規定する帳簿（以下、本問において「帳簿」という。）に関する次のa～dの記述のうち、その内容が適切なものの組み合わせを①～④の中から1つだけ選び、解答欄にその番号をマークしなさい。

a 貸金業者は、その主たる営業所にのみ、帳簿を備え、債務者ごとに貸付けの契約について契約年月日、貸付けの金額、受領金額その他内閣府令で定める事項を記載し、これを保存すれば足りる。

b 貸金業者は、帳簿を、債務者ごとに、債務者との全ての取引が終了した日から少なくとも10年間保存しなければならない。

c 貸金業者向けの総合的な監督指針（以下、本問において「監督指針」という。）によれば、貸金業法施行規則第16条（帳簿の備付け）第1項第7号に規定する「交渉の経過の記録」（以下、本問において「交渉の経過の記録」という。）とは、債権の回収に関する記録、貸付けの契約（保証契約を含む。）の条件の変更（当該条件の変更に至らなかったものを除く。）に関する記録等、貸付けの契約の締結以降における貸付けの契約に基づく債権に関する交渉の経過の記録であるとされている。

d 監督指針によれば、「交渉の経過の記録」として記録される事項である交渉内容には、催告書等の書面の内容を含むとされている。

① ab ② ac ③ bd ④ cd

解説

a ✕（適切でない）

貸金業者は、内閣府令で定めるところにより、**その営業所または事務所ごとに**、その業務に関する帳簿を備え、債務者ごとに貸付けの契約について契約年月日、貸付けの金額、受領金額その他内閣府令で定める事項を記載し、これを保存しなければなりません。よって、本肢は「その主たる営業所にのみ」となっている部分が誤りです。

b ✕（適切でない）

　貸金業者は、帳簿を、**貸付けの契約ごと**に、当該契約に定められた**最終の返済期日**（当該契約に基づく債権が弁済その他の事由により消滅したときにあっては、当該**債権の消滅した日**）から少なくとも10年間保存しなければなりません。よって、本肢は「債務者ごとに、債務者との全ての取引が終了した日から」となっている部分が誤りです。

c ○（適切である）

　貸金業者は、帳簿に、貸付けの契約に基づく債権に関する債務者等その他の者との交渉の経過の記録を記載しなければなりません。監督指針によれば、「交渉の経過の記録」とは、債権の回収に関する記録、貸付けの契約（保証契約を含む。）の条件の変更（当該条件の変更に至らなかったものを除く。）に関する記録等、**「貸付けの契約の締結以降」における貸付けの契約に基づく債権に関する交渉の経過の記録**であるとされています。

d ○（適切である）

　「交渉の経過の記録」として記録される事項は、次の通りです。

・交渉の相手方（債務者、保証人等の別）

・交渉日時、場所および手法（電話、訪問、電子メールおよび書面発送等の別）

・交渉担当者（同席者等を含む）

・交渉内容（**催告書等の書面の内容を含む**）

・極度方式基本契約に基づく新たな極度方式貸付けの停止に係る措置を講じている場合、当該措置を講じた旨、年月日およびその理由

◉本問の解答方法

　過去問を解いていれば、aとbの内容は適切でないと判断できると思います。消去法により自信をもって選択肢④をマークしましょう。

解答➡④

8　貸付条件等の掲示、標識の掲示

　貸金業法第14条（貸付条件等の掲示）及び同法第23条（標識の掲示）に関する次の①～④の記述のうち、その内容が適切なものを1つだけ選び、解答欄にその番号をマークしなさい。

① 貸金業者が、貸付条件等の掲示として、営業所又は事務所（以下、本問において「営業所等」という。）ごとに掲示しなければならない事項には、当該貸金業者の商号、名称又は氏名及び登録番号が含まれる。

② 貸金業者が、貸付条件等の掲示として、営業所等ごとに掲示しなければならない事項には、金銭の貸付けにあっては、「主な返済の例」が含まれる。

③ 貸金業者は、営業所等ごとに、顧客の見やすい場所に、内閣府令で定める様式の標識（以下、本問において「標識」という。）を掲示すれば足りる。

④ 貸金業者は、その営業所等のうち現金自動設備については、標識を掲示する必要はない。

解説

① **×**（適切でない）

　貸金業者が、貸付条件等の掲示として、営業所等ごとに掲示しなければならない事項に、「当該貸金業者の商号、名称又は氏名及び登録番号」は含まれません。よって、本肢は誤りです。

② **○**（適切である）

　貸金業者が、貸付条件等の掲示として、営業所等ごとに掲示しなければならない事項には、金銭の貸付けにあっては、**「主な返済の例」**が含まれます。

③ **×**（適切でない）

　貸金業者は、**営業所等ごとに**、**「公衆」**の見やすい場所に、標識を掲示しなければなりません。よって、本肢は「顧客」となっている部分が誤りです。

④ **×**（適切でない）

　現金自動設備であっても、「営業所等」に該当すれば標識を掲示しなければなりま

せん。よって、本肢は誤りです。

解答➡②

9　貸金業務取扱主任者

　貸金業者 A は、甲及び乙の 2 か所の営業所を設置して貸金業を営んでいるが、甲営業所において 50 人の従業者を貸金業の業務に従事させており、乙営業所では 40 人の従業者を貸金業の業務に従事させている。この場合に関する次の a ～ d の記述のうち、その内容が適切なものの個数を①～④の中から 1 つだけ選び、解答欄にその番号をマークしなさい。

a　A は、甲営業所における唯一の貸金業務取扱主任者 B が定年退職したため甲営業所において常時勤務する者でなくなった場合、甲営業所で引き続き貸金業の業務を継続するときは、2 週間以内に、新たな貸金業務取扱主任者を甲営業所に置かなければならない。

b　A は、甲営業所において、従業者の数を 60 人増員して 110 人とし、全員を貸金業の業務に従事させる場合、貸金業務取扱主任者を甲営業所に 3 人以上置かなければならない。

c　A は、乙営業所における唯一の貸金業務取扱主任者 C が急に失踪し常時勤務する者でなくなった場合、乙営業所で貸金業の業務を継続するときは、30 日以内の期間で、新たな貸金業務取扱主任者を乙営業所に置くまでの間、甲営業所の貸金業務取扱主任者 D を甲営業所と乙営業所の両方の貸金業務取扱主任者として兼務させることができる。

d　A は、新たに乙営業所の同一敷地内に現金自動設備を設置する場合、乙営業所に少なくとも 2 人以上の貸金業務取扱主任者を置かなければならない。

①　1 個　　　　　②　2 個　　　　　③　3 個　　　　　④　4 個

a ✕（適切でない）

　「予見し難い事由」により、営業所等における貸金業務取扱主任者の数が貸金業務取扱主任者の設置義務の数を下回るに至ったときは、2週間以内に、「必要な措置」（営業所等への主任者の設置または当該営業所等の廃止など）をとらなければなりません。監督指針では、「予見し難い事由」とは、個別具体的に判断されるが、急な死亡や失踪など限定的に解釈されるべきであり、**会社の都合や定年による退職など会社として予見できると思われるものは含まれない**としています。

　そのため、営業所等における唯一の貸金業務取扱主任者が定年退職する予定であれば、その退職前までに、当該営業所等に新たな貸金業務取扱主任者を置くなどの措置をとらなければなりません。

b ○（適切である）

　貸金業者は、営業所等ごとに、**貸金業の業務に従事する者50人に1人の割合**で貸金業務取扱主任者を置かなければなりません。そのため、甲営業所の従業者全員110人を貸金業の業務に従事させる場合、貸金業務取扱主任者を甲営業所に3人以上置かなければなりません。

c ✕（適切でない）

　「予見し難い事由」により、営業所等における貸金業務取扱主任者の数が貸金業務取扱主任者の設置義務の数を下回るに至ったときは、**2週間以内**に、必要な措置をとらなければなりません。よって、本肢は「30日以内」となっている部分が誤りです。

d ✕（適切でない）

　「営業所等」とは、貸金業者またはその代理人が一定の場所で貸付けに関する業務の全部または一部を継続して営む施設または設備をいい、自動契約受付機や現金自動設備も営業所等に含まれます。ただし、**営業所等（現金自動設備を除く。）の同一敷地内（隣接地を含む）に設置された「現金自動設備」は、営業所等には該当しない**とされています。そのため、貸金業者が既存の営業所等の同一敷地内に現金自動設備を新たに設置する場合、貸金業務取扱主任者を増員する必要はありません。

　本問において、乙営業所で貸金業の業務に従事する者は40人ですから、乙営業所に1人以上の貸金業務取扱主任者を置けば足ります。

解答➡①

10 禁止行為等

貸金業法上の禁止行為等に関する次のa〜dの記述のうち、その内容が適切なものの組み合わせを①〜④の中から1つだけ選び、解答欄にその番号をマークしなさい。

a 貸金業者は、暴力団員等をその業務に従事させ、又はその業務の補助者として使用してはならない。

b 貸金業者は、貸付けに係る契約について、保証業者と保証契約を締結した場合、遅滞なく、当該保証業者への照会その他の方法により、当該保証業者と当該貸付けに係る契約の相手方との間における保証料に係る契約の締結の有無、及び当該保証料に係る契約を締結した場合における保証料の額を確認しなければならない。

c 貸金業者は、住宅資金貸付契約の相手方又は相手方となろうとする者の死亡によって保険金の支払を受けることとなる保険契約を締結しようとする場合には、当該保険契約において、自殺による死亡を保険事故としてはならない。

d 貸金業者が、その貸金業の業務に関し、資金需要者等に対し、虚偽のことを告げる行為をした場合、当該行為は刑事罰の対象となる。

① ab ② ad ③ bc ④ cd

解説

a ○（適切である）

貸金業者は、**暴力団員等**をその業務に従事させ、またはその業務の補助者として使用してはなりません。

b ✕（適切でない）

貸金業者は、貸付けに係る契約について、保証業者と保証契約を締結しようとするときは、**あらかじめ、当該保証契約を締結するまでに**、当該保証業者への照会その他の方法により「当該保証業者と当該貸付けに係る契約の相手方または相手方

となろうとする者との間における保証料に係る契約の締結の有無」および「当該保証料に係る契約を締結する場合には当該保証料の額」を確認しなければなりません。そのため、この確認は保証業者と保証契約を締結する前に行う必要があります。よって、本肢は「保証契約を締結した場合、遅滞なく」となっている部分が誤りです。

c ✕（適切でない）

貸金業者は、貸付けの契約（**住宅資金貸付契約などを除く。**）の相手方または相手方となろうとする者の死亡によって保険金の支払を受けることとなる保険契約を締結しようとする場合には、当該保険契約において、自殺による死亡を保険事故としてはならないとされています。したがって、**住宅資金貸付契約**の相手方または相手方となろうとする者の死亡によって保険金の支払を受けることとなる保険契約を締結しようとする場合は、当該保険契約において**自殺による死亡を保険事故とすることができます。**よって、本肢は誤りです。

d ○（適切である）

貸金業者が、その貸金業の業務に関し、資金需要者等に対し、**虚偽のことを告げる行為**をした場合、当該行為は**刑事罰の対象**となります。

解答➡②

------

11 貸付条件の広告等

貸付条件の広告等に関する次の①〜④の記述のうち、その内容が<u>適切でないもの</u>を1つだけ選び、解答欄にその番号をマークしなさい。

① 貸金業者向けの総合的な監督指針によれば、貸金業法第15条（貸付条件の広告等）第1項に規定する「貸付けの条件について広告をする」とは、同法第15条第1項第2号、同法施行規則第12条（貸付条件の広告等）第1項第1号及び第2号に掲げる事項（担保の内容が貸付けの種類名となっている場合にあっては、同法施行規則第11条（貸付条件の掲示）第3項第1号ロの「担保に関する事項」

には当たらない。）又は貸付限度額、その他の貸付けの条件の具体的内容を1つで
も表示した広告をすることをいう。

② 貸金業者は、貸付けの条件について広告をする場合において、貸金業者登録簿に
登録されたホームページアドレス又は電子メールアドレスを表示するときは、貸金
業者登録簿に登録された電話番号を併せて表示しなければならない。

③ 貸金業者が貸付けの条件について広告をするときは、「期限の利益の喪失の定め
があるときは、その旨及びその内容」を表示しなければならない。

④ 貸金業者が、多数の者に対して同様の内容でダイレクトメールを送付して貸付け
の契約の締結について勧誘をする場合において、そのダイレクトメールに電話番号
を表示するときは、貸金業者登録簿に登録された電話番号以外のものを表示して
はならない。

解説

① ○（適切である）

「貸付けの条件について広告をする」とは、法第15条第1項第2号、施行規則第
12条第1項第1号および第2号に掲げる事項（担保の内容が貸付けの種類名とな
っている場合にあっては、施行規則第11条第3項第1号ロの「担保に関する事項」
には当たらない。）または貸付限度額、その他の**貸付けの条件の具体的内容を1つ
でも表示した広告**をすることをいいます。

なお、本肢の記述とは異なり、今後の出題で「貸付けの条件の具体的内容をすべ
て表示した広告」となっていた場合（平成21年度第3回試験の選択肢①）、それは
適切でない記述です。

② ○（適切である）

貸付けの条件について広告をする場合、貸金業者登録簿に登録されたホームペー
ジアドレスまたは電子メールアドレスを表示するときは、**貸金業者登録簿に登録
された電話番号を併せて表示**しなければなりません。

③ ✕（適切でない）

期限の利益の喪失の定めは、貸付条件の広告等に表示すべき事項ではありませ
ん。

④ ○（適切である）

多数の者に対して同様の内容でダイレクトメールを送付して金銭の貸付けの契

約の締結について勧誘をする場合において、そのダイレクトメールに電話番号を表示するときは、**貸金業者登録簿に登録された電話番号以外のものを表示してはなりません。**

●本問の解答方法

> 本問の選択肢③は、数年前の試験問題（平成29年・問題9の選択肢③）と同じような内容であるため、過去問題を解いていれば容易に解答できる問題です。

解答→③

---

12 誇大広告等の禁止

誇大広告の禁止等に関する次の①〜④の記述のうち、その内容が<u>適切でないもの</u>を1つだけ選び、解答欄にその番号をマークしなさい。

① 貸金業者は、貸付けの契約の締結を勧誘した場合において、当該勧誘を受けた資金需要者等から当該貸付けの契約を締結しない旨の意思（当該勧誘を引き続き受けることを希望しない旨の意思を含む。）が表示されたにもかかわらず、当該勧誘を引き続き行ったときは、貸金業法上、刑事罰の対象とならないが、行政処分の対象となる。

② 貸金業者は、資金需要者等の知識、経験、財産の状況及び貸付けの契約の締結の目的に照らして不適当と認められる勧誘を行って資金需要者等の利益の保護に欠け、又は欠けることとなるおそれがあるような貸金業の業務を行ったときは、貸金業法上、刑事罰の対象とならないが、行政処分の対象となる。

③ 貸金業者は、その貸金業の業務に関して広告又は勧誘をする場合において、資金需要者等を誘引することを目的とした特定の商品を当該貸金業者の中心的な商品であると誤解させるような表示又は説明をしたときは、貸金業法上、刑事罰の対象とならないが、行政処分の対象となる。

④ 貸金業者は、その貸金業の業務に関して広告又は勧誘をする場合において、貸付けの利率その他の貸付けの条件について、実際のものよりも著しく有利であると人を誤認させるような表示又は説明をしたときは、貸金業法上、刑事罰の対象とならないが、行政処分の対象となる。

解説

① ○（適切である）

貸金業者は、貸付けの契約の締結を勧誘した場合において、当該勧誘を受けた資金需要者等から当該貸付けの契約を締結しない旨の意思（当該勧誘を引き続き受けることを希望しない旨の意思を含む。）が表示されたときは、当該勧誘を引き続き行ってはなりません。これに違反する行為は、貸金業法上、刑事罰の対象となりませんが、行政処分（登録取消処分や業務停止処分など）の対象となります。

② ○（適切である）

貸金業者は、資金需要者等の知識、経験、財産の状況および貸付けの契約の締結の目的に照らして不適当と認められる勧誘を行って資金需要者等の利益の保護に欠け、または欠けることとなるおそれがないように、貸金業の業務を行わなければなりません。これに違反する行為は、貸金業法上、刑事罰の対象となりませんが、行政処分の対象となります。

③ ○（適切である）

貸金業者は、その貸金業の業務に関して広告・勧誘をするときは、資金需要者等を誘引することを目的とした特定の商品を当該貸金業者の中心的な商品であると誤解させるような表示・説明をしてはなりません。これに違反する行為は、貸金業法上、刑事罰の対象となりませんが、行政処分の対象となります。

④ ✕（適切でない）

貸金業者は、その貸金業の業務に関して広告または勧誘をするときは、貸付けの利率その他の貸付けの条件について、**著しく事実に相違する表示もしくは説明**をし、または**実際のものよりも著しく有利であると人を誤認させるような表示もしくは説明**をしてはなりません。これに違反する行為は、貸金業法上、行政処分の対象となるだけでなく、**刑事罰の対象となります**。

　貸金業法に違反した場合、行政処分を受けることがあります。ほとんどは刑事罰の対象になりますが、刑事罰の対象とはならない違反行為もあります。各選択肢の違反行為が刑事罰の対象となるのかに注意しながら、問題を解きましょう。

解答➡④

問題

13 総量規制の除外

　貸金業法第13条の2（過剰貸付け等の禁止）第2項に規定する個人過剰貸付契約から除かれる契約として貸金業法施行規則第10条の21に定める契約（以下、本問において「除外契約」という。）に関する次のa～dの記述のうち、その内容が適切なものの組み合わせを①～④の中から1つだけ選び、解答欄にその番号をマークしなさい。

a　不動産の改良に必要な資金の貸付けに係る契約は、当該不動産を担保としない場合であっても、除外契約に該当する。

b　不動産の購入に必要な資金の貸付けに係る契約に係る貸付け（以下「不動産購入に係る貸付け」という。）が行われるまでのつなぎとして行う貸付けに係る契約は、当該不動産購入に係る貸付けが金融機関（預金保険法第2条第1項に規定する金融機関をいう。）でない者によって行われる場合であっても、除外契約に該当する。

c　売却を予定している個人顧客の不動産の売却代金により弁済される貸付けに係る契約は、貸付けの金額が当該貸付けに係る契約の締結時における当該不動産の価格を超える場合であっても、除外契約に該当する。

d　自動車の購入に必要な資金の貸付けに係る契約は、当該自動車の所有権を貸金業者が取得せず、かつ、当該自動車が譲渡担保の目的となっていない場合であっても、除外契約に該当する。

①　ab　　　　②　ac　　　　③　bd　　　　④　cd

解説

a ○（適切である）

　不動産の建設もしくは購入に必要な資金または不動産の改良に必要な資金の貸付けに係る契約は、「個人過剰貸付契約から除かれる契約」（除外契約。総量規制の除外）に該当します。このことは、当該貸付けに係る契約が当該不動産を担保としない場合でも、同じです。

b ○（適切である）

　不動産の建設もしくは購入に必要な資金または不動産の改良に必要な資金の貸付けが行われるまでの「つなぎ」として行う貸付けに係る契約は、除外契約に該当します。このことは、当該不動産購入に係る貸付けが金融機関でない者によって行われる場合でも、同じです。

c ✕（適切でない）

　売却を予定している**個人顧客の不動産（借地権を含む。）の売却代金により弁済される貸付け**に係る契約であって、当該個人顧客の返済能力を超えないと認められるもの（**貸付けの金額が当該貸付けに係る契約の締結時における当該不動産の価格の範囲内である**ものに限り、当該不動産を売却することにより当該個人顧客の生活に支障を来すと認められる場合を除く。）は、除外契約に該当します。

　したがって、「売却を予定している個人顧客の不動産の売却代金により弁済される貸付け」に係る契約であっても、貸付けの金額が当該貸付けに係る契約の締結時における当該不動産の価格を超えるときは、除外契約に該当しません。

d ✕（適切でない）

　自動車の購入に必要な資金の貸付けに係る契約のうち、その**自動車の所有権を貸金業者が取得し、またはその自動車が譲渡により担保の目的となっている**ものは、除外契約に該当します。

　したがって、自動車の購入に必要な資金の貸付けに係る契約であっても、当該自動車の所有権を貸金業者が取得せず、かつ、当該自動車が譲渡担保の目的となっていない場合には、除外契約に該当しません。

解答➡①

14 総量規制の例外

　次の①〜④の記述のうち、貸金業法第13条の2（過剰貸付け等の禁止）第2項に規定する個人顧客の利益の保護に支障を生ずることがない契約として貸金業法施行規則第10条の23で定めるものに該当するものを1つだけ選び、解答欄にその番号をマークしなさい。

① 貸金業者が、個人顧客との間で締結する、自動車の購入に必要な資金の貸付けに係る契約のうち、当該自動車の所有権を貸金業者が取得し、又は当該自動車が譲渡により担保の目的となっているもの

② 貸金業者が、個人顧客との間で締結する、金融機関（預金保険法第2条第1項に規定する金融機関をいう。）からの貸付けが行われるまでのつなぎとして行う貸付けに係る契約であって、返済期間が1か月を超えるもの

③ 貸金業者が、個人顧客との間で締結する、個人顧客又は当該個人顧客の親族で当該個人顧客と生計を一にする者の緊急に必要と認められる医療費（所得税法第73条第2項に規定する医療費をいう。）を支払うために必要な資金の貸付けに係る契約（高額療養費に係る貸金業法施行規則第10条の21第1項第4号に掲げる契約を除く。）であって、当該個人顧客の返済能力を超えないと認められるもの（当該個人顧客が現に当該貸付けに係る契約を締結していない場合に限る。）

④ 貸金業者が、個人顧客との間で締結する、当該個人顧客が貸金業者でない者と締結した貸付けに係る契約に基づき既に負担している債務（以下、本問において「既存債務」という。）を弁済するために必要な資金の貸付けに係る契約であって、当該個人顧客が当該契約に基づき将来支払うべき返済金額の合計額が既存債務について将来支払うべき返済金額の合計額を上回るが、当該契約の1か月の負担が既存債務に係る1か月の負担を上回らないもの

解説

① ✕（該当しない）

自動車の購入に必要な資金の貸付けに係る契約のうち、その自動車の所有権を貸金業者が取得し、またはその自動車が譲渡により担保の目的となっているものは、総量規制の除外に該当するのであって、「個人顧客の利益の保護に支障を生ずることがない契約」（総量規制の例外）には該当しません。

② ✕（該当しない）

金融機関からの貸付け（正規貸付け）が行われるまでの**つなぎ**として行う貸付けに係る契約（極度方式基本契約を除く）であって、正規貸付けが行われることが確実であると認められ、かつ**返済期間が１か月を超えない**ものは、総量規制の例外に該当します。

本肢では、「返済期間が１か月を超えるもの」となっているため、総量規制の例外に該当しません。

③ ○（該当する）

貸金業者が、個人顧客との間で締結する、個人顧客または当該個人顧客の親族で当該個人顧客と生計を一にする者の緊急に必要と認められる**医療費を支払うために必要な資金の貸付け**に係る契約（高額療養費を支払うための契約を除く。）であって、当該個人顧客の返済能力を超えないと認められるもの（当該個人顧客が現に当該貸付けに係る契約を締結していない場合に限る。）は、総量規制の例外に該当します。

④ ✕（該当しない）

個人顧客に一方的に有利となる借換えの契約は、総量規制の例外に該当します。そして、個人顧客に一方的に有利といえるためには、借換えの契約の内容が、**毎月の返済額や総返済額が減少し、追加の担保や追加の保証がない**ものでなければなりません。

本肢のように、総返済額が増加する場合（将来支払うべき返済金額の合計額が既存債務について将来支払うべき返済金額の合計額を上回る場合）には、総量規制の例外に該当しません。

解答→③

15 返済能力の調査

　株式会社である貸金業者 A が行う個人顧客 B についての貸金業法第 13 条に規定する返済能力の調査に関する次の①～④の記述のうち、その内容が適切なものを 1 つだけ選び、解答欄にその番号をマークしなさい。

① A は、B との間で、他の貸金業者を債権者とする金銭の貸借の媒介に係る契約を締結しようとする場合、B の返済能力の調査を行うに際し、指定信用情報機関が保有する信用情報を使用しなければならない。

② A は、B が貸金業者から全く借入れをしていない場合において、B との間で、初めて、元本を 50 万円とする貸付けに係る契約を締結しようとするときは、B の返済能力の調査を行うに際し、B から、B の源泉徴収票その他の B の収入又は収益その他の資力を明らかにする事項を記載し、又は記録した書面又は電磁的記録として内閣府令で定めるもの（以下、本問において「資力を明らかにする書面等」という。）の提出又は提供を受けなければならない。

③ A は、B との間で、初めて、貸付けに係る契約を締結するに当たり、B の返済能力の調査を行うに際し、B の資力を明らかにする書面等の提出又は提供を受けなければならない場合において、B が、契約締結の前に転職により勤務先を変更していたため、変更後の勤務先では 1 か月分の給与の支払しか受けていなかったときは、B から、当該変更後の勤務先で発行された 1 か月分の給与の支払明細書の写しのみの提出又は提供を受ければ足りる。

④ A は、B との間で、貸付けに係る契約（極度方式基本契約及び極度方式貸付けに係る契約ではないものとする。）を締結した場合、返済能力の調査に関する記録を当該貸付けに係る契約に定められた最終の返済期日（当該貸付けに係る契約に基づく債権が弁済その他の事由により消滅したときは、当該債権の消滅した日）までの間保存しなければならない。

解説

① ×（適切でない）

　　金銭の貸借の媒介に係る契約を締結しようとする場合、返済能力の調査を行うに際し、指定信用情報機関が保有する**信用情報を使用する必要はありません**。

② ×（適切でない）

　　個人顧客から顧客の資力を明らかにする書面等の提出・提供を受けなければならないのは、「**当該貸金業者合算額**」が50万円を超えるとき、または「**個人顧客合算額**」が100万円を超えるときです。

　　本肢では、50万円のほかには貸金業者から全く借入れをしていないことから、「当該貸金業者合算額」および「個人顧客合算額」は、いずれも50万円です。そのため、資力を明らかにする書面等の提出・提供を受ける必要はありません。

③ ×（適切でない）

　　給与の支払明細書は、直近2か月分以上のものでなければ「資力を明らかにする書面等」として認められません。よって、本肢は「1か月分の給与の支払明細書の写しのみ」となっている部分が誤りです。

　　なお、個人顧客の勤務先に変更があった場合、原則として変更後の資力を明らかにする書面等の提出・提供を受けなければなりませんが、**変更後の勤務先が確認されており、かつ、変更後の勤務先で2か月分以上の給与の支払を受けていない場合には、変更前のものを用いることができる**とされています。この場合でも「給与の支払明細書は、直近2か月分以上のもの」であることが必要です。

④ ○（適切である）

　　貸金業者は、顧客等との間で、**貸付けに係る契約**を締結した場合、返済能力の調査に関する記録を作成し、これを当該貸付けに係る契約に定められた**最終の返済期日**（その貸付けに係る契約に基づく債権が弁済その他の事由により消滅したときにあっては、**その債権の消滅した日**）までの間保存しなければなりません。

　●本問の解答方法

> 　本問の選択肢④は、過去に何度も出題されている内容であるため、過去問を解いていれば容易に解答できる問題です。

解答➡④

16 基準額超過極度方式基本契約

　　株式会社である貸金業者 A が、貸金業法第 13 条の 3 に基づき、個人顧客 B との間で締結している極度方式基本契約（以下、本問において「本件基本契約」という。）について行う、本件基本契約が基準額超過極度方式基本契約に該当するかどうかの調査（以下、本問において「本件調査」という。）等に関する次の①〜④の記述のうち、その内容が<u>適切でない</u>ものを 1 つだけ選び、解答欄にその番号をマークしなさい。なお、A は、B との間で本件基本契約以外の極度方式基本契約を締結していないものとする。

① A は、本件基本契約の契約期間を本件基本契約の締結日から同日以後 1 か月以内の一定の期日までの期間及び当該一定の期日の翌日以後 1 か月ごとの期間に区分したそれぞれの期間（以下、本問において「所定の期間」という。）において、直近の所定の期間内に A が行った本件基本契約に基づく極度方式貸付けの金額の合計額が 15 万円である場合であっても、当該所定の期間の末日における本件基本契約に基づく極度方式貸付けの残高の合計額が 5 万円であるときは、本件調査を行う必要はない。

② A は、3 か月以内の一定の期間の末日における本件基本契約に基づく極度方式貸付けの残高の合計額が 30 万円である場合は、本件調査を行わなければならない。

③ A は、本件調査において、B が A 以外の貸金業者との間で締結した貸付けに係る契約の貸付残高が 60 万円、本件基本契約の極度額が 50 万円かつ本件基本契約に基づく極度方式貸付けの残高が 30 万円である場合は、B から、源泉徴収票その他の B の収入又は収益その他の資力を明らかにする事項を記載し、又は記録した書面又は電磁的記録として内閣府令で定めるものの提出又は提供を受けているときを除き、その提出又は提供を受けなければならない。

④ A は、3 か月以内の一定の期間の末日において、本件基本契約の極度額の減額の措置を講じている場合、当該極度額を減額の措置を講じる前の金額に増額するまでの間は、本件調査を行う必要はない。

解説

① ○（適切である）

貸金業者は、個人顧客と極度方式基本契約を締結している場合、極度方式基本契約の契約期間を当該基本契約を締結した日から同日以後1か月以内の一定の期日までの期間および当該一定の期日の翌日以後 **1か月ごと**の期間に区分したそれぞれの期間において、当該期間内に行った当該基本契約に基づく極度方式貸付けの「金額」の合計額が **5万円を超え**、かつ、当該期間の末日における当該基本契約に基づく極度方式貸付けの「残高」の合計額が **10万円を超える**ときは、「基準額超過極度方式基本契約」に該当するかどうかの調査が必要です。

本肢では、「残高」の合計額は 10万円を超えていないため、調査は不要です。

② ○（適切である）

貸金業者は、個人顧客と極度方式基本契約を締結している場合、**3か月以内ごとに**「基準額超過極度方式基本契約」に該当するかどうかの調査が必要です。ただし、3か月以内の一定の期間の末日における当該基本契約に基づく極度方式貸付けの残高の合計額が **10万円以下の場合、調査は不要**です。本肢では、残高の合計額が 10万円を超えるため、調査が必要です。

③ ○（適切である）

極度方式個人顧客合算額が 100万円を超えるときは、「基準額超過極度方式基本契約」に該当するかどうかの調査を行うに際し、個人顧客から顧客の資力を明らかにする書面等の提出・提供を受けなければなりません。そして、極度方式個人顧客合算額とは、「当該極度方式基本契約の極度額」と「当該貸金業者による別の貸付けの残高（極度方式基本契約であれば極度額）の合計額」と「他の貸金業者による貸付けの残高の合計額」を合算した額をいいます。

本肢では、極度方式個人顧客合算額が 140万円（50万円＋30万＋60万円）であるため、顧客の資力を明らかにする書面等の提出・提供を受けなければなりません。

④ ✕（適切でない）

新たな極度方式貸付けの停止措置が講じられているなどの場合は、3か月以内ごとに、「基準額超過極度方式基本契約」に該当するかどうかの調査は不要です。しかし、**極度額の減額の措置を講じている場合には調査が必要**です。

解答➡④

1-19 生命保険契約に関する制限

❶ 生命保険契約の締結に係る制限

問題 1
貸金業者は、住宅資金貸付契約その他の内閣府令で定める契約を除く貸付けの契約について生命保険契約を締結しようとする場合、当該生命保険契約において、自殺による死亡を保険事故としてはならない。 【平成21年(第4回)47-3】

問題 2
貸金業者は、居住の用に供する建物(その一部を事業の用に供するものを含む。以下、「住宅」という)の建設もしくは購入に必要な資金(住宅の用に供する土地又は借地権の取得に必要な資金を含む)又は住宅の改良に必要な資金の貸付けに係る契約の相手方又は相手方となろうとする者の死亡によって保険金額の支払いを受けることとなる保険契約を締結しようとする場合には、当該保険契約において、自殺による死亡を保険事故としてはならない。 【平成21年(第1回)23-2】
【平成21年(第3回)16-1】【平成21年(第4回)47-2】【令和元年13-1】【令和4年7-c】

問題 3
貸金業者は、貸金業法第12条の7に規定する制限(生命保険契約の締結に係る制限)に違反する行為を行った場合、刑事罰を科されることがある。
【平成21年(第1回)23-4】【平成21年(第4回)47-4】

貸金業者が、**貸付けの契約（保証契約も含む）の相手方、または相手方となろうとする者**の死亡によって、保険金額の支払いを受けることとなる保険契約を締結しようとする場合には、原則として、**自殺による死亡を保険事故とすることは禁止**されています。

　なお、「住宅資金貸付契約その他の内閣府令で定める契約」とは、後述する例外①～③に該当する契約のことです。

 生命保険契約において自殺による死亡を保険事故とすることは、原則として禁止されています。ただし例外的に、**住宅資金貸付契約**などを締結する場合には、**自殺による死亡を保険事故とすることができます**。本問はこの例外に該当します。

◉自殺を保険事故とすることができる場合（例外）

> 　次の場合には、例外的に、自殺による死亡を保険事故とすることができます。
> ① 居住の用に供する建物の建設もしくは購入に必要な資金（住宅の用に供する土地、または借地権の取得に必要な資金を含む）の貸付け
> ② 住宅の改良に必要な資金の貸付け
> ③ ①または②の貸付けが行われるまでのつなぎとして行う貸付け

　※ 住宅資金貸付契約とは、①または②に係る契約をいいます（p.27参照）。

 「生命保険契約の締結に係る制限」に違反した場合、刑事罰を科されることがあります。

○
×
問
題

❷ 生命保険契約に係る同意前の書面の交付

問題 4
貸金業者が、貸付けに係る契約について保証契約を締結するに当たり、当該保証人となろうとする者を被保険者とする生命保険契約を締結しようとする場合において、当該被保険者から保険法第38条または第67条第1項の規定による同意を得ようとするときは、あらかじめ、内閣府令で定めるところにより、貸金業法第16条の3第1項に規定する書面（生命保険契約に係る同意前の書面）を被保険者に交付しなければならない。

【平成21年（第1回）23-3】

1-20 特定公正証書に係る制限等

❶ 特定公正証書に係る制限

問題 1
貸金業者であるA社は、Bに対して貸付けに係る契約に基づく貸金債権を有している。A社は、Bとの間の貸付けに係る契約について、Bが貸金業法第20条第1項に規定する特定公正証書の作成を公証人に嘱託することを代理人に委任することを証する書面（委任状）をBから取得してはならない。

【平成21年（第1回）6-1】【平成21年（第3回）37-4】【令和元年13-3】

問題 2
貸金業者であるA社は、資金需要者であるBとの間で貸付けに係る契約を締結するに際し、特定公正証書を作成しようとしている。Bが特定公正証書の作成を公証人に嘱託することを代理人に委任する場合、A社は、Bのために適切な代理人を推薦しなければならない。

【平成21年（第1回）6-2】【令和元年13-4】

問題 3
貸金業者であるA社は、資金需要者であるBとの間で貸付けに係る契約を締結するに際し、特定公正証書を作成しようとしている。A社は、Bとの間で本件貸付契約を締結するに先立ち、Bに対し、特定公正証書について口頭で説明すれば、特定公正証書の作成を公証人に嘱託する旨を約する契約を締結することができる。

【平成21年（第1回）6-3】【平成21年（第1回）6-4】

貸金業者が、**貸付けの契約の相手方、または相手方となろうとする者**の死亡によって、保険金額の支払いを受けることとなる保険契約を締結しようとする場合には、これらの者から同意を得る必要があります。そして、この同意を得ようとするときは、あらかじめ、「生命保険契約に係る同意前の書面」をこれらの者に交付しなければなりません。

「貸付けの契約の相手方となろうとする者」には、「保証契約の保証人となろうとする者」も含まれますので、その者（被保険者）に当該書面を交付する必要があります。

 貸金業を営む者は、貸付けの契約について、債務者等から、その債務者等が「特定公正証書の作成」を公証人に嘱託することを代理人に委任する書面（委任状）を取得してはなりません。

なお特定公正証書とは、債務の不履行の場合に、直ちに強制執行に服する旨の陳述が記載された公正証書をいいます。

 貸金業を営む者は、貸付けの契約について、債務者等が「特定公正証書の作成」を公証人に嘱託することを代理人に委任する場合には、その**代理人の選任に関し、推薦その他これに類する関与をしてはなりません。**

 貸金業者は、貸付けの契約について、「特定公正証書の作成」を公証人に嘱託する場合には、あらかじめ、債務者等となるべき資金需要者等に対し、**書面を交付して、債務の不履行のときには、特定公正証書により直ちに強制執行に服することとなる旨**を説明するほか、**債務者等の法律上の利益に与える影響に関する事項**を説明しなければなりません。このように、特定公正証書の説明は**書面を交付して**行う必要があるため、口頭での説明では足りません。

❷ 公的給付に係る預金通帳等の保管等の制限

問題 4
公的給付とは、法令の規定に基づき国等がその給付に要する費用等の全部又は一部を負担することとされている給付であって、法令の規定により、差し押さえることは禁止されているが、第三者に譲り渡し、又は担保に供することができるものをいう。

【平成21年(第4回)21-1】

- -

問題 5
貸金業者は、貸付けの契約について、公的給付がその受給権者である債務者の預金又は貯金の口座(以下、「預金口座等」という)に払い込まれた場合に、当該預金口座等に係る資金(以下、「預金等」という)から当該貸付けの契約に基づく債権の弁済を受けることを目的として、預金通帳等の引渡しもしくは提供を求めてはならない。

【平成21年(第4回)21-2】

- -

問題 6
貸金業者は、貸付けの契約について、公的給付がその受給権者である債務者の親族の預金口座等に払い込まれた場合に、その預金等から当該貸付契約に基づく債権の弁済を受けることを目的として、当該債務者の親族に預金等の払出しとその払い出した金銭による当該債権の弁済をその預金等の口座のある金融機関に委託して行うことを求めてはならない。　【平成21年(第4回)21-3】【令和元年13-2】

- -

問題 7
公的給付に係る預金通帳等の保管等の制限に関する規制は、貸金業者だけでなく貸金業法第3条第1項の登録を受けずに貸金業を営む者にも適用される。

【平成21年(第4回)21-4】

「公的給付」とは、法令の規定に基づき、国または地方公共団体がその給付に要する費用、またはその給付の事業に関する事務に要する費用の全部、または一部を負担し、または補助することとされている給付（給与その他対価の性質を有するものを除く）であって、**法令の規定により譲り渡し、担保に供し、または差し押さえることができない**こととされているものをいいます。

貸金業を営む者は、貸付けの契約について、**公的給付が特定受給権者**（公的給付の受給権者である債務者等、または債務者等の親族その他の者）の預貯金の口座に払い込まれた場合に、**その預貯金の口座に係る資金から弁済を受けることを目的**として、特定受給権者の預金通帳等（年金等の公的給付が払い込まれる口座の通帳やカード、年金証書など）の**引渡し**、**提供を求め**、または**これらを保管する行為**をしてはなりません。

公的給付が払い込まれる口座からの口座振替による弁済を受けるために、**口座振替を金融機関に委託するよう求める行為**も、禁止されています。

公的給付に係る預金通帳等の保管等の制限に関する規制は、「貸金業を営む者」に適用されます。「貸金業を営む者」には、貸金業者のほか、登録を受けずに貸金業を営む者も含まれるので、この規制は登録を受けずに貸金業を営む者にも適用されます。

1-21 契約締結前の書面

❶ 貸付けに係る契約

問題 1
貸金業者 A 社が、個人顧客である B との間で貸付けに係る契約（極度方式基本契約及び極度方式貸付けに係る契約ではない）を締結しようとする場合、A 社は、「貸金業法第 16 条の 2 第 1 項に規定する書面」（契約締結前の書面）に、契約年月日、B の氏名及び住所等を記載し、当該契約を締結するまでに交付しなければならない。　【平成 21 年（第 1 回）46-1】【平成 21 年（第 3 回）18-2】【令和 2 年 12-a,c】
【令和 4 年 21-1】

問題 2
貸金業者である A 社が、個人顧客である B との間で他の貸金業者を債権者とする金銭の貸借の媒介の契約（極度方式基本契約及び極度方式貸付けに係る契約ではない）を締結しようとする場合、政令で定めるところによる B の承諾を得ていないときであっても、A 社は、貸金業法第 16 条の 2 第 1 項に規定する書面（契約締結前の書面）の交付に代えて、当該書面に記載すべき事項を電磁的方法により B に提供することができる。　【平成 21 年（第 4 回）16-1】【平成 22 年 8-d】【平成 23 年 11-4】
【平成 28 年 9-2】【平成 29 年 10-2】【令和 3 年 11-3】

問題 3
契約締結前の書面には、貸金業者の登録番号、債務者が負担すべき元本及び利息以外の金銭に関する事項、契約上返済期日前の返済ができるか否か及び返済ができるときはその内容、並びに、返済の方法及び返済を受ける場所等を記載しなければならない。　【平成 21 年（第 3 回）18-1】【平成 21 年（第 3 回）18-3】
【平成 21 年（第 3 回）18-4】【平成 22 年 8-b】【平成 25 年 21-1～4】【平成 28 年 9-2】【平成 29 年 10-2】

問題 4
貸金業者が顧客に交付すべき契約締結前の書面の記載事項には、「期限の利益の喪失の定めがあるときは、その旨及びその内容」が含まれる。

【平成 26 年 22-2】

貸金業者は、貸付け（手形の割引等を含む）に係る契約を締結しようとする場合には、契約を締結するまでに、契約締結前の書面を契約の相手方となろうとする者に交付しなければなりません。しかし、**契約年月日、契約の相手方となろうとする者の氏名および住所**は、契約締結前の書面に記載すべき事項ではないため、本問は誤りです。

 事前に書面または電磁的方法によって相手方の**承諾**を得た場合には、契約締結前の書面により明らかにすべきものとされる事項を、電磁的方法により提供することができます。相手方Bの承諾を得ていない場合には、電磁的方法により提供することはできません。

 貸金業者の登録番号、債務者が負担すべき元本および利息以外の金銭に関する事項、契約上返済期日前の返済ができるか否か、および返済ができるときはその内容、ならびに**返済の方法および返済を受ける場所**等は、契約締結前の書面に記載すべき事項です。

 契約締結前の書面の記載事項には、「期限の利益の喪失の定めがあるときは、その旨およびその内容」が含まれます。

問題 5

契約締結前の書面には、貸金業法第16条の2第1項の規定により明らかにすべきものとされる事項を日本産業規格に規定する8ポイント以上の大きさの文字及び数字を用いて明瞭かつ正確に記載しなければならない。

【平成21年（第1回）46-2】【平成22年8-c】【平成26年22-4】

問題 6

貸金業者は、顧客に交付すべき契約締結前の書面に、当該貸金業者の商号、名称又は氏名及び当該貸金業者の登録番号を記載することにより、当該書面に当該貸金業者の住所の記載を省略することができる。

【平成21年（第2回）7-1】【平成26年22-1】【令和2年12-b】

❷ 極度方式基本契約

問題 7

貸金業者であるA社が、個人顧客であるBとの間で極度方式基本契約を締結しようとする場合、A社は、「貸金業法第16条の2第2項に規定する書面」（極度方式基本契約における契約締結前の書面）に、A社の商号及び住所、極度額及び貸付けの利率等を記載し、当該契約を締結するまでに交付しなければならない。

【平成21年（第1回）46-3】【平成21年（第4回）15-1】【平成29年10-1】

問題 8

貸金業者は、極度方式基本契約を締結している顧客との間で極度方式貸付けに係る契約を締結しようとする場合には、当該契約を締結するまでに、内閣府令で定めるところにより、貸金業法第16条の2第1項に規定する書面（契約締結前の書面）を当該顧客に交付しなければならない。　　　　　　　【平成21年（第4回）15-2】

【平成26年10-1】【平成28年9-3】【平成30年22-1】【令和元年10-1】【令和3年11-4】

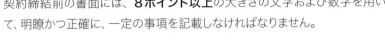

 契約締結前の書面には、**8ポイント以上**の大きさの文字および数字を用いて、明瞭かつ正確に、一定の事項を記載しなければなりません。

 契約締結前の書面において、**貸金業者の商号・名称・氏名、住所、登録番号**等を記載しなければなりません。貸金業者の商号・名称・氏名、登録番号を記載しても、住所の記載を省略することはできません。

 貸金業者は、顧客との間で極度方式基本契約を締結しようとする場合には、締結するまでに、極度方式基本契約における契約締結前の書面を交付しなければなりません。契約締結前の書面には、**貸金業者の商号および住所、極度額および貸付けの利率**等を記載する必要があります。

 極度方式貸付けに係る契約を締結しようとする場合は、契約締結前の書面を交付する必要はありません。

●ポイント

・極度方式基本契約を締結しようとする場合
　→契約締結前の書面の交付が**必要**
・極度方式貸付けに係る契約を締結しようとする場合
　→契約締結前の書面の交付は**不要**

※「極度方式貸付け」とは、極度方式基本契約に基づく貸付けをいいます。つまり、極度方式基本契約で定めた極度額の限度内において行われる個々の貸付けのことです。極度方式基本契約を締結して大枠を決めた後に、具体的な極度方式貸付けを行います。

1-22 契約締結時の書面

❶ 貸付けに係る契約

問題1
貸金業者であるＡが、Ｂとの間で本件貸付契約を締結するまでに、「貸金業法第16条の2第1項に規定する書面」（契約締結前の書面）をＢに交付していた場合、Ａは、Ｂとの間で本件貸付契約を締結したときに、「貸金業法第17条第1項に規定する書面」（契約締結時の書面）をＢに交付する必要はない。

【平成22年8-a】

問題2
貸金業者であるＡ社は、個人顧客であるＢとの間で極度方式基本契約を締結した場合において、政令で定めるところによりＢの承諾を得ていないときは、貸金業法第17条第2項（契約締結時の書面の交付）に規定する事項を電磁的方法によりＢに提供することはできない。　【平成21年（第4回）16-3】【平成25年8-3】

問題3
貸金業者が交付すべき契約締結時の書面には、当該貸金業者の商号もしくは名称、契約年月日、貸付けの金額及び貸付けの利率等を記載しなければならない。

【平成21年（第4回）14-1】

問題4
本件貸付契約が従前の貸付けの契約に基づく債務の残高を貸付金額とする貸付けに係る契約（借換えの契約）である場合、貸金業者は、契約締結時の書面に、従前の貸付けの契約に基づく債務の残高の内訳や従前の貸付けの契約を特定し得る事項等を記載しなければならない。　【平成21年（第4回）14-2】

問題5
貸金業者であるＡ社が、個人顧客であるＢとの間で貸付けに係る契約（極度方式基本契約ではない）を締結した場合において、貸金業法第17条第1項前段に規定する書面（契約締結時の書面）の交付に代えて、当該書面に記載すべき事項を電磁的方法によりＢに提供することについて、Ｂから、あらかじめ、電磁的方法による承諾を受けたときは、Ａ社は、Ｂに対し、当該承諾の内容を書面等により通知する必要はない。

【平成23年11-3】

貸金業者は、契約の相手方に対して、契約締結前に書面（**契約締結前の書面**）を交付し、さらに契約締結時にも書面（**契約締結時の書面**）を交付しなければなりません。

 事前に書面または電磁的方法によって契約の相手方の**承諾**を得た場合には、契約締結時の書面に記載すべき事項を電磁的方法により提供することができます。事前に承諾を得ていない場合には、電磁的方法により提供することはできません。

 貸金業者の商号・名称、契約年月日、貸付けの金額および**貸付けの利率**等は、契約締結時の書面の記載事項です。

 従前の貸付けの契約に基づく債務の残高を貸付金額とする貸付けに係る契約（借換えの契約）である場合、契約締結時の書面に、**従前の貸付けの契約に基づく債務の残高の内訳**や、**従前の貸付けの契約を特定**できる**事項**等を記載しなければなりません。

 電磁的方法による提供を受ける旨の承諾を受ける場合には、承諾をする者に対して、**承諾の内容を書面その他の適切な方法により通知**しなければなりません。

❷ 極度方式基本契約

問題 6

貸金業者である A 社が、B との間で極度方式基本契約を締結するまでに、契約締結前の書面を B に交付していた場合、本件極度方式基本契約を締結したときに契約締結時の書面を B に交付する必要はない。

【平成 21 年 (第 1 回) 18-1】【平成 21 年 (第 2 回) 7-4】

問題 7

貸金業者である A が極度方式基本契約における契約締結時の書面を B に交付する場合、A は、当該書面に A の商号、名称又は氏名及び住所、A の登録番号並びに B の商号、名称又は氏名及び住所等を記載しなければならない。

【平成 21 年 (第 1 回) 18-3】

問題 8

貸金業者である A 社は、個人顧客である B との間で極度方式基本契約を締結しようとしている。A 社が、B との間で、極度額を 50 万円とし貸付けの元本の残高の上限 (以下、「貸付限度額」という) を 30 万円として本件極度方式基本契約を締結した場合、A 社は、極度額である 50 万円及び貸付限度額である 30 万円が記載された「貸金業法第 17 条第 2 項前段に規定する書面」(契約締結時の書面) を B に交付しなければならない。 【平成 21 年 (第 2 回) 7-2】【平成 21 年 (第 4 回) 15-3】

❸ 極度方式貸付けに係る契約

問題 9

貸金業者である A 社は、B との間で極度方式貸付けに係る契約を締結するに当たり、B に交付すべき契約締結時の書面に B の商号、名称又は氏名及び住所、又はこれらに代えて本件極度方式貸付けに係る契約の契約番号その他を記載しなければならない。 【平成 21 年 (第 3 回) 19-3】

問題 10

貸金業者である A 社は、B との間で極度方式貸付けに係る契約を締結するに当たり、B からあらかじめ書面による承諾を得たときであっても、契約締結時の書面に記載すべき事項を電磁的方法により B に提供することはできない。

【平成 21 年 (第 3 回) 19-2】

貸金業者は、契約の相手方に対して、契約締結前に書面（**契約締結前の書面**）を交付し、さらに契約締結時にも書面（**契約締結時の書面**）を交付しなければなりません。これは、その契約が極度方式基本契約であっても同じです。

 貸金業者の商号・名称・氏名、住所、登録番号、ならびに**契約相手方の商号・名称・氏名、住所**等は、極度方式基本契約における契約締結時の書面の記載事項です。

 極度方式基本契約の契約締結時の書面には、**極度額（元本の残高の上限として極度額を下回る額を提示する場合には、その下回る額および極度額）**等を記載しなければなりません。

　本問では、元本の残高の上限（貸付限度額）を30万円としており、この額は極度額である50万円を下回るので、契約締結時の書面には、その貸付限度額30万円および極度額50万円を記載しなければなりません。

 契約の相手方の商号・名称・氏名、住所、または**これらに代えて本件極度方式貸付契約の契約番号**等は、契約締結時の書面の記載事項です。

 あらかじめ書面による承諾を得た場合には、契約締結時の書面の交付に代えて電磁的方法により提供することができます。

問題 11 貸金業者であるA社は、Bとの間で極度方式貸付けに係る契約を締結するに当たり、Bに交付すべき「貸金業法第17条第1項前段に規定する書面」（契約締結時の書面）においては、A社の登録番号の記載を省略することができる。

【平成21年（第3回）19-1】【令和4年22-1】

問題 12 貸金業者であるA社は、Bとの間で本件基本契約を締結するに際し、本件基本契約に基づく極度方式貸付けに係る契約の締結及び極度方式貸付けに係る契約に基づく債務の弁済について、Bの承諾を得て、「一定期間における貸付け及び弁済その他の取引の状況を記載した書面として内閣府令で定めるもの」（マンスリーステートメント）をBに交付することとした。その後、数か月にわたり、A社が、Bとの間で本件基本契約に基づく極度方式貸付けに係る契約を締結し、一定の期間ごとにBにマンスリーステートメントを交付していた場合、A社は、当該期間においては、契約年月日及び貸付けの金額等を記載した書面（簡素化書面）をBに交付する必要はない。

【平成21年（第2回）7-3】【平成21年（第4回）17-2】【平成28年22-1】

問題 13 貸金業者が、顧客との間で締結した極度方式基本契約に基づき極度方式貸付けに係る契約を締結する場合、当該貸金業者は、当該顧客に対し貸金業法第17条第6項に規定するマンスリーステートメント及び「貸金業法第17条第1項に規定する書面」（契約締結時の書面）をともに交付しなければならない。

【平成21年（第1回）5-1】【平成21年（第1回）5-3】【令和4年12-c】

問題 14 貸金業者が、顧客との間で極度方式貸付けに係る契約を締結した場合において、当該顧客の承諾を得て、内閣府令で定めるところにより、貸金業法第17条第6項に規定するマンスリーステートメントを交付するときは、当該貸金業者は、マンスリーステートメントに当該貸金業者の商号、名称又は氏名及び住所、当該極度方式基本契約の契約年月日等を記載しなければならない。

【平成21年（第4回）17-1】【平成22年10-1】

貸金業法および関係法令

1

 極度方式貸付けに係る契約の締結時の書面においては、**貸金業者の登録番号を省略する**ことができます。

 貸金業者が、顧客との間で**極度方式貸付け**に係る契約を締結した場合において、**当該顧客の承諾を得て**、マンスリーステートメントを交付するときは、当該貸金業者は契約締結時の書面の交付に代えて、**契約年月日および貸付けの金額等を記載した書面（簡素化書面）を当該債務者に交付する**ことができます。

　貸金業者であるA社が顧客Bに対してマンスリーステートメントを交付していた場合でも、簡素化書面の交付は必要です。

 極度方式貸付けに係る契約の締結の場合に、「マンスリーステートメント」および「契約締結時の書面」をともに交付しなければならないとする規定はありません。**マンスリーステートメントを交付するかどうかは貸金業者の判断に委ねられており**、マンスリーステートメントを交付した場合には、簡素化書面のみを交付すればよく、契約締結時の書面を交付する必要はありません。

●マンスリーステートメントとは

> 　マンスリーステートメントは、**極度方式貸付けに係る契約を締結したとき**、もしくは**極度方式貸付けに係る契約または極度方式保証契約に基づく債権の弁済を受けたとき**に、「契約締結時の書面」または「受取証書」の交付の代替手段として交付されるものです。

 貸金業者の商号・名称・氏名、住所、当該極度方式基本契約の**契約年月日**等は、マンスリーステートメントの記載事項です。

○×問題

問題 15
貸金業者が、顧客との間で極度方式基本契約を締結した場合において、マンスリーステートメントの交付に関しあらかじめ当該顧客の承諾を得ていなくても、事後に承諾を得れば、貸金業者は、貸金業法第 17 条第 6 項に規定するマンスリーステートメントに記載すべき事項を電磁的方法により提供することができる。

【平成 21 年（第 1 回）5-2】【平成 21 年（第 3 回）19-2】【平成 21 年（第 4 回）17-4】

❹ 重要事項を変更した場合（契約変更時の書面）

問題 16
貸金業者である A 社が B との間で貸付けに係る契約を締結した後、貸付けの利率を引き下げた場合、A 社は、「貸金業法第 17 条第 1 項後段に規定する書面」（契約変更時の書面）を B に交付しなければならない。

【平成 21 年（第 2 回）6-1】【平成 21 年（第 4 回）14-3】【平成 24 年 8-1】

【令和 2 年 23-1】【令和 3 年 21-3】

問題 17
貸金業者である A 社は、B との間で賠償額の予定に関する定めをして貸付けに係る契約（極度方式基本契約及び極度方式貸付けに係る契約ではない）を締結した後、B と合意の上で賠償額の予定に関する定めの内容を変更した。この場合、当該変更が B の利益となる変更に該当するときは、A 社は、変更後の賠償額の予定に関する定めの内容が記載された「貸金業法第 17 条第 1 項後段に規定する書面」（契約変更時の書面）を B に交付する必要がない。

【平成 22 年 21-1】【平成 24 年 8-3】【平成 27 年 8-1】

問題 18
貸金業者である A 社は、顧客である B に対して契約締結時の書面を交付した後、B と合意の上で、返済の方法及び返済を受ける場所を変更した。この場合において、当該変更が B の利益となるときは、A 社は、当該変更後の内容が記載された契約締結時の書面を B に再交付する必要はない。　　　【平成 21 年（第 4 回）14-4】

【平成 23 年 21-1】【平成 26 年 23-3】【平成 27 年 8-2】【平成 29 年 11-4】【平成 30 年 23-4】

【令和 2 年 23-2】【令和 3 年 21-4】【令和 4 年 23-2】

あらかじめ（事前に）相手方の承諾を得れば、マンスリーステートメントに記載すべき事項を電磁的方法により提供することができます。承諾を得なければ、電磁的方法により提供することはできません。

契約締結時の書面に記載した事項のうち、一定の重要な事項を変更した場合には、再度、契約変更時の書面の交付が必要になります。もっとも、**貸付けの利率**については、**相手方の利益となる変更**の場合には、契約変更時の書面の交付は**必要ない**とされています。貸付けの利率の引き下げは相手方の利益となるので、契約変更時の書面を交付する必要はありません。

賠償額の予定に関する定めの内容を変更した場合には、原則として契約変更時の書面の交付が必要です。ただし、**相手方（顧客）の利益となる変更のとき**は、契約変更時の書面の交付は**不要**です。

返済の方法および返済を受ける場所を変更した場合は、その**変更が相手方の利益となるとき**であっても、契約締結時の書面の再交付が**必要**です。

○
×
問題

問題19 貸金業者は、顧客との間で極度方式基本契約を締結した後、当該顧客との合意に基づき、当該極度方式基本契約について、当該顧客にとって不利益となる期限の利益喪失事由を新たに追加した。この場合、当該貸金業者は、新たに追加された期限の利益喪失事由が記載された貸金業法第17条第2項後段に規定する書面（極度方式基本契約における契約変更時の書面）を、遅滞なく、当該顧客に交付しなければならない。

【平成21年（第2回）6-2】【平成21年（第4回）15-4】
【平成28年10-2】【平成29年11-2】【令和元年11-d】【令和4年23-4】

問題20 貸金業者であるA社は、Bとの間で貸付けに係る契約（極度方式基本契約及び極度方式貸付けに係る契約ではない）を締結した後、Bと合意の上で当該貸付けに係る契約に基づく債権につきBに物的担保を供させることとした。この場合、A社は、当該担保の内容が記載された契約変更時の書面をBに交付する必要がない。

【平成22年21-2】

問題21 貸金業者であるAがBとの間で極度方式基本契約を締結した後、AとBとの間の合意により当該契約における極度額を引き下げる旨の変更をした場合、Aは、遅滞なく、内閣府令で定めるところにより、「貸金業法第17条第2項後段に規定する書面」（極度方式基本契約における契約変更時の書面）をBに交付しなければならない。

【平成21年（第1回）18-2】【令和3年21-1】

問題22 貸金業者であるA社は、Bとの間で極度方式基本契約を締結した後、Bと合意の上で、いったん極度額を引き下げた後に再び引き上げた。この場合において、引き上げ後の極度額が当該極度方式基本契約締結時に定めた極度額を超えないときは、A社は、変更後の極度額が記載された「貸金業法第17条第2項後段に規定する書面」（極度方式基本契約における契約変更時の書面）をBに交付する必要がない。

【平成21年（第2回）6-3】【平成22年21-4】【平成26年10-3】【平成28年22-2】
【平成29年24-2】【令和3年21-2】

期限の利益喪失事由は「契約締結時の書面」の記載事項であり、重要事項とされています。そのため、契約締結後に**顧客にとって不利益となる**期限の利益喪失事由を新たに追加した場合には、契約変更時の書面を交付する必要があります。

 契約締結後、**物的担保を供させることにした場合**には、その担保の内容が記載された契約変更時の書面を交付する必要があります。

 契約締結時の書面のうち、一定の重要事項を変更した場合、契約変更時の書面を交付しなければなりません。ただし、例外的に、契約の相手方の利益の保護に支障を生ずることがないとされるときには、契約変更時の書面の交付は不要です。**極度額を引き下げる旨の変更をした場合**はその例外に該当し、**契約変更時の書面の交付は不要**です。

 極度額を引き上げる場合には、原則として契約変更時の書面の交付が必要です。ただし、**極度額を引き下げた後に再び引き上げた場合**において、**引き上げ後の極度額がその基本契約締結時に定めた極度額を超えないとき**は、契約変更時の書面の交付は**必要ない**とされています。

問題 23 貸金業者である A 社は、B との間で極度方式基本契約を締結し当該極度方式基本契約に基づく極度方式貸付けに係る契約を締結した。その後、A 社が、B と合意の上で当該極度方式基本契約における貸付けの利率を引き上げ、変更後の貸付けの利率が記載された極度方式基本契約における契約変更時の書面を B に交付した場合、A 社は、当該極度方式貸付けに係る契約について契約変更時の書面を B に交付する必要がない。　　　　　　　　　　　　　　　　　　【平成 22 年 21-3】

1-23 保証契約に関する書面

❶ 保証契約締結前の書面

問題 1 貸金業者は、貸付けに係る契約について、保証人となろうとする者との間で保証契約を締結しようとする場合、貸金業法施行規則第 12 条の 2 第 6 項第 1 号に規定する書面（当該保証契約の概要を記載した書面）又は貸金業法施行規則第 12 条の 2 第 6 項第 2 号に規定する書面（当該保証契約の詳細を記載した書面）のいずれか一方を当該保証人となろうとする者に交付しなければならない。

【平成 21 年 (第 1 回) 19-1】【平成 21 年 (第 1 回) 46-4】【平成 21 年 (第 4 回) 5-1】【平成 30 年 11-1】

【令和 2 年 22-1】

問題 2 貸金業者 A 社が、個人顧客である B との間の貸付けに係る契約（極度方式基本契約ではない）について、個人である C との間で保証契約を締結しようとする場合において、貸金業法第 16 条の 2 第 3 項に規定する書面（保証契約における契約締結前の書面）の交付に代えて、当該書面に記載すべき事項を電磁的方法により C に提供するときは、A 社は、あらかじめ、書面ではなく電磁的方法による C の承諾を得なければならない。　　　　【平成 21 年 (第 4 回) 16-2】【平成 23 年 11-2】【平成 25 年 8-a】

変更の内容が極度方式基本契約についての契約変更時の書面に記載されている場合には、極度方式貸付けに係る契約について、契約変更時の書面を交付する必要はありません。

 貸金業者は、貸付けに係る契約について保証契約を締結しようとする場合には、「保証契約の概要を記載した書面」および「保証契約の詳細を記載した書面」の**双方を同時に**保証人となろうとする者に交付しなければなりません。本問は「いずれか一方を」となっている部分が誤りです。

 あらかじめ**書面または電磁的方法によって**保証人となろうとする者の承諾を得れば、保証契約における契約締結前の書面の交付に代えて、当該書面に記載すべき事項を電磁的方法により提供することができます。書面により承諾を得てもよいため、本問は誤りです。

○
×
問
題

❷ 保証契約締結時の書面

問題 3

貸金業者は、貸付けに係る契約について、保証人となろうとする者との間で保証契約を締結した場合、保証契約における契約締結時の書面及び貸金業法第17条第1項前段に規定する事項について貸付けに係る契約の内容を明らかにする書面を、遅滞なく、当該保証人に交付しなければならない。

【平成21年（第1回）19-2】【平成21年（第4回）5-4】【平成22年9-d】【平成24年25-3】

【平成28年22-4】【令和2年22-2】

問題 4

貸金業者は、貸付けに係る契約について連帯保証契約を締結した場合、遅滞なく、民法第454条（催告の抗弁権及び検索の抗弁権に係る連帯保証の場合の特則）の規定の趣旨その他の連帯保証債務の内容に関する事項として内閣府令で定めるもの等を記載した、「貸金業法第17条第3項前段に規定する書面」（以下、「保証契約における契約締結時の書面」という）を当該保証人に交付しなければならない。

【平成22年9-c】

問題 5

貸金業者は、貸付けに係る契約について保証契約を締結した後、当該保証契約における保証期間を変更する場合は、当該保証人の利益となる変更か否かにかかわらず、保証契約における契約変更時の書面を当該保証人に交付しなければならない。　　【平成21年（第1回）19-3】【平成22年9-b】【平成23年21-3】【令和2年22-4】

問題 6

貸金業者は、貸付契約について保証人との間で保証契約を締結しているが、保証人を追加することとし、当初の保証人以外の者との間で新たに保証契約を締結した場合、貸付契約の相手方に対しては、すべての保証人の商号、名称又は氏名及び住所を記載した契約締結時の書面を再交付しなければならない。

【平成24年8-4】【平成26年23-4】

保証契約を締結した場合、その保証人に対して「**保証契約における契約締結時の書面**」（保証契約書面）および「**貸付けに係る契約の内容を明らかにする書面**」（貸付契約書面）を交付しなければなりません。

 連帯保証契約を締結した場合には、**連帯保証債務の内容に関する事項（催告の抗弁権や検索の抗弁権がない旨）**等を記載した「保証契約における契約締結時の書面」（保証契約書面）を、保証人に交付しなければなりません。

 保証契約の内容を変更した場合には、契約変更時の書面の交付が必要になることがあります。保証期間の変更はそれに当てはまります。ただし、**保証期間を変更する場合**であっても、**相手方（保証人）の利益となる変更**を加えるときは、契約変更時の書面の交付は**不要**であるとされています。本問は「当該保証人の利益となる変更か否かにかかわらず」となっている部分が誤りです。

◉保証期間を変更する場合

保証期間を延長する旨の変更	契約変更時の書面の交付が**必要**
保証期間を短縮する旨の変更	相手方の利益となる変更であるため、契約変更時の書面の交付は**不要**

 保証人を追加した場合、**保証人の商号・名称・氏名、住所の部分が変更**することになるため、すべての保証人の商号・名称・氏名、住所を記載した契約締結時の書面を再交付する必要があります。

問題 7

貸金業者は、貸付けに係る契約について、連帯保証人となろうとする者との間で連帯保証契約を締結した。その後、連帯保証人に、当該連帯保証契約について物的担保を供させた場合、貸金業者は、当該連帯保証人に対し催告の抗弁及び検索の抗弁ができない旨を説明しなければならないが、当該連帯保証人から貸金業法第 17 条第 3 項後段に規定する書面（以下、「保証契約における契約変更時の書面」という）を交付すべき旨の請求があったときに限り、当該担保の内容についての記載を含む保証契約における契約変更時の書面を、当該連帯保証人に交付しなければならない。

【平成 21 年（第 4 回）5-3】

問題 8

貸金業者である A 社は、顧客である B との間で、保証の対象となる貸付けに係る契約を複数締結した場合には、保証人である C との間の保証の対象となるすべての貸付けに係る契約につき、「貸金業法第 17 条第 4 項に規定する書面」（契約締結時の書面）を 1 つの書面にまとめ、遅滞なく C に交付しなければならない。

【平成 21 年（第 1 回）19-4】【平成 24 年 25-4】【平成 26 年 9-b】【平成 30 年 11-3】

❸ 極度方式保証契約に関する書面

問題 9

貸金業者は、極度方式保証契約を締結しようとする場合には、当該極度方式保証契約を締結するまでに、内閣府令で定めるところにより、当該貸金業者の商号、名称又は氏名及び住所、保証期間等を記載した「貸金業法第 16 条の 2 第 3 項に規定する書面」（極度方式保証契約における契約締結前の書面で、当該保証契約の概要を記載した書面及び詳細を記載した書面の 2 種類の書面）を、当該極度方式保証契約の保証人となろうとする者に同時に交付しなければならない。

【平成 22 年 22-1】

保証人に物的担保を供させる場合は、その担保の内容を保証契約書面に記載しなければならず、保証契約締結後に物的担保を供させたときは、その担保の内容を記載した「契約変更時の書面」を交付しなければなりません。「契約変更時の書面」は、保証人からの請求がなくても交付が必要です。

 保証の対象となる貸付けに係る契約が複数ある場合には、**その契約ごとに各事項を記載した**契約締結時の書面の交付が必要です。1つの書面にまとめて交付することはできません。

○ 保証契約を締結しようとする場合には、当該保証契約を締結するまでに、「保証契約の概要を記載した書面」および「保証契約の詳細を記載した書面」の2種類の書面を、保証人となろうとする者に**同時**に交付しなければなりません。

●極度方式保証契約に関する問題のポイント

> 極度方式保証契約に関する問題も、基本的には、保証契約に関する問題と同様に考えて差し支えありません。

1-24 受取証書・債権証書

❶ 受取証書の交付

問題 1

貸金業者が、貸付けに係る契約に基づく債権の一部について、債務者等から当該貸金業者の営業所窓口で弁済を受けた場合、当該貸金業者は、弁済を受けた一部について、受取証書を当該弁済者に交付する必要はない。

【平成 21 年（第 1 回）9-1】【平成 23 年 22-1】【令和 2 年 13-1】【令和 4 年 24-1】

問題 2

貸金業者が、貸付けに係る契約に基づく債権の全部又は一部について、債務者ではなく、かつ保証人でもない第三者から、当該貸金業者の営業所窓口で弁済を受けた場合、当該貸金業者は、受取証書を当該債務者に交付しなければならない。

【平成 21 年（第 1 回）9-3】【平成 28 年 23-1】

問題 3

貸金業者は、あらかじめ債務者から口頭による承諾を得ていれば、受取証書の交付に代えて、受取証書に記載すべき事項を電磁的方法により債務者に提供することができる。

【平成 21 年（第 2 回）22-1】【平成 21 年（第 3 回）17-3】

【平成 21 年（第 4 回）16-4】【平成 25 年 8-d】

問題 4

貸金業者が、貸付けに係る契約に基づく債権の全部又は一部について債務者等から弁済を受け、受取証書を交付する場合、当該貸金業者は、受取証書に自己の商号及び住所、受領金額、受領年月日並びに弁済を受けた旨を示す文字を記載しなければならないが、契約年月日を記載する必要はない。

【平成 21 年（第 1 回）9-2】【平成 21 年（第 2 回）22-3】【平成 21 年（第 3 回）17-1】

【平成 25 年 23-2】【平成 29 年 12-a】

貸金業者は、貸付けの契約に基づく債権の**全部または一部に**ついて弁済を受けたときは、**そのつど直ちに**、受取証書を弁済者に交付しなければなりません。**債権の一部の弁済**を受けた場合であっても、弁済者に受取証書を交付する必要があります。

 受取証書は**弁済者**に交付しなければなりません。そのため、債務者以外の第三者が弁済した場合には、その第三者に受取証書を交付する必要があります。債務者に交付するわけではありません。

 あらかじめ**弁済者**から**書面または電磁的方法による承諾**を得ていれば、受取証書の交付に代えて、受取証書に記載すべき事項を、電磁的方法により**弁済者**に提供することができます。

　債務者が弁済者であるとは限らないため、本問の「債務者」となっている部分は誤りです。また、書面または電磁的方法による承諾が必要であるため、「口頭による承諾」を得ることだけで足りるとする本問は誤りです。

 受取証書には、当該**貸金業者の商号・名称・住所**、貸付けの金額、**受領金額**、**受領年月日**、**弁済を受けた旨を示す文字**、当該**貸金業者の登録番号**、弁済者の商号・名称・氏名および**弁済後の残存債務の額**等のほか、**契約年月日**も記載する必要があります。

問題 5　貸金業者が、貸付けに係る契約に基づく債権の全部又は一部について、債務者等から、預金又は貯金の口座に対する払込みにより弁済を受けた場合、当該貸金業者は、当該弁済をした者から請求を受けたときに限り、受取証書を当該弁済者に交付しなければならない。　【平成21年（第1回）9-4】【平成21年（第2回）22-2】

【平成21年（第3回）17-2】【平成21年（第4回）9-3】【平成23年22-3】【平成25年23-4】

【平成28年23-2】【令和2年13-2】【令和4年24-2】

問題 6　貸金業者であるA社は、個人顧客であるBとの間で貸付けに係る契約を締結し、Bから、あらかじめ、受取証書の交付に代えて、受取証書に記載すべき事項を電磁的方法により提供することにつき書面による承諾を受けた。A社は、Bから、その債務の全部の弁済を受け、A社の使用に係る電子計算機とBの使用に係る携帯電話を接続する電気通信回線を通じてBに送信する方法により、当該事項を直ちにBに提供したが、A社がBに当該事項をBの携帯電話に送信した日から2か月を経過した日の翌日に、Bから当該弁済についての受取証書を交付して欲しい旨の請求を受けた。この場合、A社は、当該弁済についての受取証書をBに交付しなければならない。　【平成23年11-1】

問題 7　貸金業者は、極度方式貸付けに係る契約に基づく債権の全部又は一部について債務者から弁済を受けた場合において、当該債務者の承諾を得て、貸金業法第18条第3項に規定するマンスリーステートメントを交付するときは、「貸金業法第18条第1項に規定する書面」（受取証書）の交付に代えて、「受領年月日及び受領金額等を記載した書面」（簡素化書面）を当該債務者に交付することができる。

【平成21年（第1回）5-4】【平成21年（第3回）19-4】【令和4年12-d】

問題 8　貸金業者は、極度方式貸付けに係る契約を締結した顧客との間で、当該顧客の承諾を得て、内閣府令で定めるところにより、貸金業法第18条第3項に規定する一定期間における貸付け及び弁済その他の取引の状況を記載した書面（マンスリーステートメント）を交付することとしている場合において、当該顧客からその債権の一部について弁済を受けたときは、直ちに当該顧客に交付すべき書面（簡素化書面）には、受領年月日、受領金額及びその利息並びに当該弁済後の残存債務の額を記載しなければならない。　【平成26年10-4】

口座に対する払込みにより弁済を受けた場合には、**弁済者から請求を受けたときにのみ**、受取証書を交付すればよいとされています。

 電磁的方法として、送信者が使用する電子計算機と受信者が使用する電子計算機とを接続する電気通信回線を通じて送信する場合、**受信者の電子計算機として携帯電話またはPHSを用いる**ときは、**送信した日から3か月間、受信者の請求により**、送信者が電磁的方法により提供した事項についての書面の交付を行わなければなりません。

　本問では、A社は、受信者Bの携帯電話に送信した日から3か月以内に、Bから当該弁済についての受取証書を交付して欲しい旨の請求を受けたのであるから、送信者であるA社は受取証書をBに交付しなければなりません。

 貸金業者は、極度方式貸付けに係る契約に基づく債権の全部または一部について弁済を受けた場合、当該**弁済者の承諾を得て**、マンスリーステートメントを交付するときは、受取証書の交付に代えて、**「受領年月日および受領金額等を記載した書面」（簡素化書面）を当該弁済者に交付する**ことができます。

✕ マンスリーステートメントを交付することとしている場合で、顧客から弁済を受けたときに直ちに当該顧客に交付すべき書面（簡素化書面）には、**受領年月日および受領金額**を記載しなければなりませんが、利息や弁済後の残存債務の額を記載する必要はありません。

問題9 貸金業者が、顧客との間で極度方式貸付けに係る契約を締結し当該顧客からその債務の全部の弁済を受けた場合、当該貸金業者は、当該顧客に対し、直ちに、貸金業法第18条第1項に規定する受取証書を交付しなければならないが、当該貸金業者は、当該顧客の承諾を得て、内閣府令で定めるところにより、貸金業法第18条第3項に規定するマンスリーステートメントを交付するときは、受領年月日及び受領金額等を記載した書面（簡素化書面）を当該顧客に対し、1か月以内に交付しなければならない。　【平成21年（第4回）17-3】【平成22年10-4】【令和2年13-3】

❷ 債権証書の返還

問題10 貸金業者であるA社は、個人顧客であるBとの間で貸付けに係る契約（以下、「本件貸付契約」という）を締結して金銭を貸し付け、本件貸付契約について契約書（以下、「債権の証書」という）を作成しBの署名押印を得た。A社は、本件貸付契約に基づく債権についてその一部の弁済を受けた場合、債権の証書をBに返還する義務を負わない。　【平成21年（第3回）39-1】【平成28年23-4】

問題11 貸金業者であるAは、個人顧客であるBとの間で貸付けに係る契約（極度方式基本契約ではない。以下、本問において「本件貸付契約」という。）を締結し、Bに50万円を貸し付けた。Aは、Bに対する本件貸付契約につき債権の証書（以下、本問において「債権証書」という。）を有する場合において、Bから本件貸付契約について全部の弁済を受けたときは、Bから債権証書の返還の請求があったときに限り、Bに対し、債権証書を返還しなければならない。　【平成23年22-4】【令和2年13-4】

1-25 取立て行為の規制

❶ 取立て行為の規制

問題1 貸金業を営む者が、債務者に対し、債権の取立てのために反復継続して電子メール又はファクシミリ装置等を用いて督促書面等を送信することは、貸金業法第21条第1項に規定する人の私生活もしくは業務の平穏を害するような言動に該当するおそれはない。　【平成21年（第3回）12-1】

受領年月日および受領金額等を記載した書面（**簡素化書面**）は、受取証書に代わるものなので、**弁済を受けたときに直ちに交付**しなければなりません。本問は「1か月以内に交付しなければならない」となっている部分が誤りです。

 貸金業者は、**全部の弁済を受けた**場合で債権証書（貸付契約書など）を有するときは、遅滞なく、これをその弁済をした者に返還しなければならないとされています。そのため、一部の弁済を受けたにすぎない場合には、債権証書を返還する義務を負いません。

 貸金業者は、**全部**の弁済を受けた場合において、債権の証書を有するときは、遅滞なく、これをその**弁済をした者**に返還しなければなりません。債権証書は、**弁済者からの請求がなくても返還**しなければなりません。

 監督指針によれば、貸金業を営む者が、債務者に対し、債権の取立てのために**反復継続して電子メールまたはファクシミリ装置等を用いて督促書面等を送信する**ことは、「人の私生活もしくは業務の平穏を害するような言動」に該当する可能性が大きいとされています。

○×問題

| 問題 2 | 貸金業を営む者が、債権の取立てのために反復継続して保証人の居宅を訪問することは、貸金業法第21条第1項に規定する人の私生活もしくは業務の平穏を害するような言動に該当するおそれはない。　　　　【平成21年（第3回）12-2】 |

| 問題 3 | 貸金業を営む者が、債務者等に保険金による債務の弁済を強要又は示唆することは、貸金業法第21条第1項に規定する人の私生活もしくは業務の平穏を害するような言動に該当するおそれはない。　　　　【平成21年（第3回）12-3】 |

| 問題 4 | 貸金業を営む者が、債務者が自発的に指定した時間及び方法に基づいて、午後10時に、当該債務者にファクシミリ装置を用いて送信することは、貸金業法第21条第1項に規定する人の私生活もしくは業務の平穏を害するような言動に該当するおそれが小さい。　　　【平成21年（第2回）26-1】【平成21年（第3回）12-4】 |

| 問題 5 | 貸金業者であるA社は、債務者Bが自らBの勤務先を連絡先として指定している等の正当な理由があっても、取立てをするに当たり、Bの勤務先へ電話をかけるなどしてはならない。　　　　【平成21年（第2回）26-2】 |

| 問題 6 | 貸金業者であるA社は、債権の取立てをするに当たって、債務者B以外の者にBの借入れに関する事実を明らかにしてはならない。
　　　　【平成21年（第2回）26-4】 |

| 問題 7 | 貸金業者A社は、債務者Bの家族であるC（Bの保証人ではない）から、取立ての協力を拒否されている場合、更にCに対し取立ての協力を求めてはならない。　　　　【平成21年（第2回）26-3】 |

監督指針によれば、貸金業を営む者が、債権の取立てのために**反復継続して債務者や保証人等の居宅を訪問する**ことは、「人の私生活もしくは業務の平穏を害するような言動」に該当する可能性が大きいとされています。

 監督指針によれば、貸金業を営む者が、**債務者等に保険金による債務の弁済を強要または示唆する**ことは、「人の私生活もしくは業務の平穏を害するような言動」に該当する可能性が大きいとされています。

 貸金業を営む者が、**正当な理由がないのに、午後9時から午前8時までの時間帯**に、債務者等に電話をかけ、ファクシミリ装置を用いて送信し、または居宅を訪問することは、「人の私生活もしくは業務の平穏を害するような言動」に該当するとされています。

　本問では、午後10時に債務者にファクシミリ装置を用いて送信していますが、**その行為については債務者の自発的な承諾があり**、正当な理由があります。そのため、本問のような行為が「人の私生活もしくは業務の平穏を害するような言動」に該当するおそれは小さいといえます。

 貸金業を営む者は、**正当な理由がないのに、債務者等の居宅以外の場所（勤務先など）に電話をかける**などしてはなりませんが、正当な理由があれば、勤務先へ電話をかけることも許されます。

 貸金業を営む者は、債権の取立てをするに当たって、債務者等の私生活に関する事実（**借入れに関する事実も含む**）を債務者等以外の者に明らかにすることは許されません。

 貸金業を営む者は、**債務者等以外の者が取立てに協力することを拒否している**場合に、さらに取立ての協力を求めることは許されません。

問題 8 貸金業の登録を受けていない A が、業として行った貸付けの契約に基づく債権の取立てをするに当たって、債務者である B に対し、B 以外の者からの金銭の借入れその他これに類する方法により当該貸付けの契約に基づく債務の弁済資金を調達することを要求した場合、A は、貸金業法上、刑事罰を科されることがある。

【平成 21 年 (第 1 回) 15-3】

1-26 取立てにおける書面

❶ 支払催告書面の記載事項

問題 1 貸金業者の貸付けの契約に基づく債権の取立てについて貸金業者から委託を受けた者は、債務者に対し支払いを催告する方法として、書面に代えて電磁的記録の送付によることはできない。

【平成 21 年 (第 1 回) 25-4】

問題 2 貸金業を営む者は、債務者に対し支払いを催告するために書面を送付するときには、その書面に封をするなどして債務者以外の者に当該債務者の借入れに関する事実が明らかにならないようにしなければならない。

【平成 21 年 (第 1 回) 25-2】【平成 21 年 (第 2 回) 11-4】【令和 3 年 22-2】【令和 4 年 25-3】

❷ 取立ての際に明示すべき事項

問題 3 貸金業を営む者は、貸付けに係る契約に基づく債権の取立てを行う場合、取立ての相手方の請求がなくても、当該貸金業を営む者の商号、名称又は氏名及びその取立てを行う者の氏名その他内閣府令で定める事項を、内閣府令で定める方法により、その相手方に明らかにしなければならない。　【平成 21 年 (第 1 回) 26-2】

【平成 21 年 (第 2 回) 11-1】【平成 21 年 (第 4 回) 23-1】【平成 22 年 23-1】【平成 27 年 10-a】

貸金業を営む者は、取立て行為の規制（**借入れ等による返済要求の禁止**など）に違反した場合、刑事罰の対象となります。「貸金業を営む者」には、貸金業者のほか、無登録業者も含まれるので、無登録業者である A も取立て行為の規制を受け、この規制に違反した場合には刑事罰を科されることがあります。

 貸金業を営む者または**取立ての委託を受けた者**は、債務者等に対し、**支払いを催告するために書面、またはこれに代わる電磁的記録**を送付するときは、これに　定の事項を記載し、または記録しなければならないとされています。支払いの催告を、書面に代えて電磁的記録の送付によって行うことができるので、本問は誤りです。

 債務者に対し、支払いを催告するために書面等を送付するときは、**その書面に封をする方法、本人のみが使用していることが明らかな電子メールアドレスに電子メールを送付する方法**、その他の債務者の借入れに関する事実が債務者等以外の者に明らかにならない方法により、行う必要があります。

 貸金業を営む者または**取立ての委託を受けた者**は、貸付けの契約に基づく債権の取立ての際に、取立ての**相手方から請求があったとき**は、貸金業を営む者の商号・名称・氏名およびその取立てを行う者の氏名等をその相手方に明らかにしなければなりません。相手方からの請求がなければ明らかにする必要はないので、本問は「相手方の請求がなくても」となっている部分が誤りです。

問題 4 貸金業法第43条の規定により貸金業者とみなされる者は、相手方との間で締結した貸付けの契約に基づく債権の取立てをするに当たり、当該相手方に対し、当該貸金業者とみなされる者の商号、名称もしくは氏名又は当該従業者の氏名を明らかにしなければならない場合であっても、当該事項を明らかにする必要はない。

【平成22年 23-2】

問題 5 貸金業を営む者は、保証人に対し取立てを行うに当たり、保証人から請求があった場合は、取立てを行う者の弁済受領権限の基礎となる事実、支払いの催告に係る債権の弁済期、支払いを催告する金額のほか、保証の範囲に関する事項で内閣府令で定めるもの等も明らかにしなければならない。

【平成21年（第2回）11-2】【平成22年 23-3】

問題 6 貸金業者の従業者が、債務者宅を訪問し債権の取立てをするに当たり、相手方から、当該貸金業者の商号、名称もしくは氏名又は当該従業者の氏名を明らかにするよう請求があった場合には、当該貸金業者の商号等を記載した書面を交付する方法に代えて、「貸金業法第12条の4に規定する証明書」（貸金業者の従業者であることを証する証明書）の提示によることができる。

【平成21年（第1回）25-3】【平成21年（第4回）23-3】

問題 7 貸金業を営む者から貸付けの契約に基づく債権の取立ての委託を受けた者が、当該債権の取立てをするに当たり、取立てを依頼した貸金業を営む者の商号、名称又は氏名を偽ってその相手方に明らかにした場合、当該取立ての委託を受けた者が刑事罰を科されることはない。

【平成21年（第2回）11-3】

貸金業者とみなされる者も、「貸金業者」として貸金業法の規制を当然に受けます。そのため、貸金業者とみなされる者も、相手方からの請求があれば、商号・名称・氏名および当該従業者の氏名等を明らかにする必要があります。

 保証人に対し取立てを行う場合には、保証人から請求があれば、**取立てを行う者の弁済受領権限の基礎となる事実、支払いの催告に係る債権の弁済期、支払いを催告する金額**等のほか、**保証の範囲に関する事項**等も明らかにしなければなりません。

 貸金業者または**取立ての委託を受けた者**の従業者が、債権の取立てをするに当たり、「**貸金業者の商号・名称・氏名**」または「**当該従業者の氏名**」を明らかにするよう相手方から請求を受けた場合には、**従業者証明書の掲示**によることができます。

 貸金業を営む者または取立ての委託を受けた者が、取立ての際に明示すべき事項（**貸金業を営む者の商号・名称・氏名**等）について、**偽って**相手方に明らかにした場合には、刑事罰を科されることがあります。

○
×
問
題

181

1-27 債権譲渡等の規制

❶ 債権譲渡等の規制（貸金業法第24条）

問題 1
貸金業者は、債権を他人に譲渡するに当たり、譲受人に対して、当該債権が貸金業者の貸付けに係る契約に基づいて発生したこと等を、内閣府令で定める方法により、通知しなければならないが、債権の譲受人が貸金業者である場合は、当該事項を通知する義務を負わない。　【平成21年（第4回）8-4】【平成26年25-1】
【令和4年14-1】

問題 2
貸金業者が債権を他人に譲渡する場合に譲受人に対して行う貸金業法第24条第1項に規定する通知は、原則として書面によらなければならないが、譲受人の承諾がある場合は、口頭で告げる方法でもよい。

【平成21年（第4回）8-2】【平成22年15-b】

問題 3
貸金業者は、貸付けに係る契約に基づく債権を他人に譲渡するに当たっては、その者に対し、当該債権が貸金業者の貸付けに係る契約に基づいて発生したことその他内閣府令で定める事項、及びその者が当該債権に係る貸付けの契約に基づく債権に関してする行為について貸金業法第24条第1項に規定する条項の適用がある旨を、内閣府令で定める方法により、通知しなければならない。

【平成21年（第4回）8-3】【平成22年15-c】【平成27年11-2】【平成29年14-1】【令和元年26-1】
【令和3年23-1】

問題 4
貸金業者が、貸付けに係る契約に基づく債権を貸金業者ではない者に譲渡した場合、貸金業法第24条第2項により準用される当該債権に係る譲受け後の同法第19条（帳簿の備付け）に規定する帳簿は、当該債権の譲受人が作成し保存する義務を負い、当該債権の譲渡人である当該貸金業者は、引き続き貸金業を営むときであっても、当該債権を譲渡するまでの間に当該債権の債務者ごとに作成していた同法第19条に規定する帳簿を保存する必要はない。

【平成25年25-4】【平成26年25-4】【平成27年11-3】【平成29年14-4】【令和元年26-3】

貸金業者は、債権を他人に譲渡するに当たり、譲受人に対して、当該債権が貸金業者の貸付けに係る契約に基づいて発生したこと等を、通知しなければなりません。この通知は譲受人が貸金業者であっても省略することはできず、譲渡人である貸金業者は通知義務を負います。

 貸金業者が債権を他人に譲渡する場合に譲受人に対して行う通知は、書面または事前に譲受人の承諾を得たうえで電磁的方法で行わなければなりません。そのため、譲受人の承諾を得た場合であっても、口頭で行うことはできません。

〇 貸金業者は、貸付けに係る契約に基づく債権を他人に譲渡するに当たっては、その者に対し、当該債権が**貸金業者の貸付けに係る契約に基づいて発生したこと**その他内閣府令で定める事項、およびその者が当該債権に係る貸付けの契約に基づく債権に関してする行為について**貸金業法第24条（債権譲渡等の規制）第1項に規定する条項の適用がある旨**を、内閣府令で定める方法により、通知しなければなりません。

 貸金業者からの**債権の譲受人は、帳簿を作成して保存**しなければなりません。このことは譲受人が貸金業者ではない者である場合でも同じです。本問の前半部分（「債権の譲受人が作成し保存する義務を負い」としている部分）は正しい記述です。

譲渡人である貸金業者は、**債権の譲渡後も、貸金業者である限り、法令で定める期間、帳簿を保存する**義務があります。よって、本問の後半部分は誤りです。

問題 5 貸金業者は、極度方式貸付けに係る契約に基づく債権を他の貸金業者に譲渡するに当たっては、譲受人に対し、譲渡人である貸金業者の商号、名称又は氏名及び住所、登録番号、並びに返済の方法及び返済を受ける場所等を、内閣府令で定める方法により、通知しなければならない。 【平成 23 年 13-a】

問題 6 貸金業者は、貸付けに係る契約（極度方式基本契約及び極度方式貸付けに係る契約ではない。）に基づく債権を貸金業者ではない者に譲渡した。この場合、貸金業法に規定する当該債権の内容を明らかにする書面を当該債権の債務者に遅滞なく交付しなければならないのは、当該債権の譲受人であり、当該債権の譲渡人ではない。 【平成 23 年 13-c】【平成 25 年 25-2】【平成 26 年 25-2】【平成 29 年 14-2】【令和元年 26-2】
【令和 3 年 23-3】【令和 4 年 14-2】

問題 7 貸金業者の貸付けに係る契約に基づく債権が譲渡された場合、当該債権の譲受人が貸金業法の規定に違反したとしても、当該債権の譲渡人が貸金業者でなければ、貸金業法に基づき、当該譲受人が刑事罰を科されることはない。
【平成 22 年 15-a】

問題 8 貸金業者は、貸付けの契約に基づく債権の取立ての委託をしようとする場合において、その相手方が暴力団員でなくなった日から 5 年を経過していない者であることを知り、又は知ることができるときは、当該取立ての委託をしてはならない。 【平成 21 年（第 1 回）26-1】【平成 24 年 10-b】【令和 4 年 14-4】

問題 9 貸金業者は、貸付けの契約に基づく債権の取立ての委託をしようとする場合において、その相手方が、暴力団員等がその運営を支配する法人その他の団体又は当該法人その他の団体の構成員であることを知り、又は知ることができるときは、当該取立ての委託をしてはならない。 【平成 21 年（第 1 回）40-1】【平成 22 年 24-2】

貸金業者は、譲受人に対し、契約締結時の書面に記載する事項（例えば**譲渡人である貸金業者の商号・名称・氏名、住所、登録番号**）等を通知しなければなりません。ただし、「返済の方法および返済を受ける場所」を通知する必要はないとされています。

貸金業者から債権を譲り受けた者は、**「契約締結時の書面」**（その**債権の内容を明らかにする書面**）をその債権の債務者に遅滞なく交付しなければなりません。この書面の交付義務を負うのは、その債権の譲受人であり、譲渡人ではありません。

債権の譲受人が貸金業法の規定に違反した場合、貸金業法に基づき、**刑事罰を科される**ことがあります。これは譲受人が貸金業者でなくても同じです。

貸金業者は、債権譲渡等（貸付けの契約に基づく**債権の譲渡**または**取立ての委託**）をしようとする場合において、その相手方が**「取立て制限者（暴力団員等など）」**であることを知り、または知ることができるときは、その債権譲渡または取立ての委託をしてはなりません。「暴力団員等」とは、**暴力団員または暴力団員でなくなった日から5年を経過していない者**をいいます。

暴力団員等がその運営を支配する法人その他の団体、またはその構成員は、「取立て制限者」に該当するため、その者に取立ての委託をすることはできません。

●取立て制限者とは

① 暴力団員等
② 暴力団員等がその運営を支配する団体（法人等）またはその団体の構成員
③ 貸付けの契約に基づく債権の取立てに当たり、取立て行為の規制に違反し、または刑法、暴力行為等処罰に関する法律の罪を犯すおそれが明らかである者

185

問題 10
貸金業者は、貸付けの契約に基づく債権の取立ての委託をしようとする場合において、その相手方が貸付けの契約に基づく債権の取立てに当たり、刑法もしくは暴力行為等処罰に関する法律の罪を犯すおそれが明らかである者であることを知り、又は知ることができるときは、当該取立ての委託をしてはならない。

【平成22年24-3】

問題 11
貸金業者は、政令で定める密接な関係を有する者を相手方として貸付けの契約に基づく債権の譲渡又は取立ての委託をした場合、当該相手方が取立て行為の規制に違反しないよう相当の注意を払わなければならないが、相手方が当該貸金業者の取締役である場合は、密接な関係を有する者に当たらないため、そのような義務を負わない。　【平成21年（第2回）12-3】【平成22年24-4】【平成24年10-a】

問題 12
貸金業者が個人である場合における当該貸金業者の親族は、「貸金業法第24条第4項に規定する政令で定める密接な関係を有する者」（以下、「密接な関係を有する者」という）に該当しない。

【平成22年24-1】

問題 13
貸金業者の貸金業に関し貸金業法第4条第1項に規定する営業等の業務を統括する者は、貸金業法第24条第4項（債権譲渡等の規制）に規定する密接な関係を有する者に該当する。　【平成21年（第1回）26-3】

問題 14
貸金業者の貸付けに係る契約に基づく債権を譲り受けた者が、自己の名義をもって、当該貸金業者の総株主の議決権の100分の50を超える議決権に相当する株式を保有している場合、当該譲受人は、貸金業法第24条第4項に規定する密接な関係を有する者に該当する。　【平成21年（第1回）26-4】

貸付けの契約に基づく債権の取立てに当たり、**取立て行為の規制に違反し、**または**刑法、暴力行為等処罰に関する法律の罪を犯すおそれが明らか**である者は、「取立て制限者」に該当するため、取立ての委託をすることはできません。

 貸金業者は、「**密接な関係を有する者**」に債権譲渡等をしたときは、その相手方が当該債権の取立てに当たり、**取立て行為の規制の規定に違反し、**または**刑法、暴力行為等処罰に関する法律の罪を犯さないように**、相当の注意を払わなければなりません。**貸金業者の取締役**は「密接な関係を有する者」に該当するため、そのような義務を負います。

◉「密接な関係を有する者」とは（例）

・貸金業者が個人である場合の親族
・貸金業者が法人である場合の取締役や代表者
・営業所等の業務を統括する者
・自己または他人の名義をもって、当該貸金業者の総株主の議決権の100分の50を超える議決権に相当する株式を保有している者

 貸金業者が個人である場合の**貸金業者の親族**も、「密接な関係を有する者」に該当します。

 営業所等の業務を統括する者は、債権譲渡等の規制に規定する「密接な関係を有する者」に該当します。

 自己または他人の名義をもって、当該貸金業者の総株主の議決権の100分の50を超える議決権に相当する株式を保有している者は、「密接な関係を有する者」に該当します。

○×問題

187

❷ 保証等に係る求償権等の行使の規制

問題 15　保証業者は、保証等に係る求償権等を他人に譲渡するに当たっては、その者に対し、当該保証等に係る求償権等が貸金業者の貸付けに係る保証により発生したことその他の内閣府令で定める事項並びにその者が当該保証等に係る求償権等に関してする行為について貸金業法の定める一定の規定が適用される旨を、内閣府令で定める方法により、通知しなければならない。　【平成21年（第3回）24-4】

問題 16　貸金業者は、保証業者と貸付けに係る契約について保証契約を締結しようとする場合において、その保証業者が貸金業法第24条の2第3項に規定する取立て制限者であることを知り、もしくは知ることができるときは、当該保証契約の締結をしてはならない。　【平成21年（第3回）24-1】

1-28 指定信用情報機関

❷ 個人信用情報の提供

問題 1　指定信用情報機関と信用情報提供契約を締結した貸金業者（以下、「加入貸金業者」という）は、当該信用情報提供契約締結前に既に締結した資金需要者である個人の顧客を相手方とする貸付けに係る契約（極度方式基本契約その他の内閣府令で定めるものを除く）の貸付残高の有無にかかわらず、すべての契約に関する一定の事項を、当該指定信用情報機関に提供しなければならない。

【平成21年（第1回）7-1】【平成24年13-a】【平成26年13-a】【平成28年25-1】

問題 2　加入貸金業者が、信用情報提供契約を締結した指定信用情報機関（以下、「加入指定信用情報機関」という）に提供すべき事項には、個人顧客の氏名、住所、生年月日、電話番号、契約年月日及び貸付けの金額が含まれるが、当該個人顧客の勤務先の商号又は名称は含まれない。　【平成21年（第1回）7-2】【令和4年15-c】

保証業者は、保証等に係る求償権等を他人に譲渡するに当たっては、その者に対し、その求償権等が貸金業者の貸付けに係る保証によって発生したこと、その他の内閣府令で定める事項、さらにその者が求償権等に関してする行為について、貸金業法の定める一定の規定が適用される旨を、通知しなければなりません。

 貸金業者は、保証業者と貸付けに係る契約について保証契約を締結しようとする場合、その保証業者が「取立て制限者」であることを**知り**、もしくは**知ることができる**ときは、当該保証契約の締結をしてはなりません。

 加入貸金業者は、個人顧客を相手とする貸付けに係る契約（極度方式基本契約等を除く）で、信用情報提供契約を締結した時点において、**貸付けの残高がある契約についてのみ**、個人信用情報を指定信用情報機関に提供する義務を負います。本問は「貸付残高の有無にかかわらず提供しなければならない」としている点が誤りです。

 加入指定信用情報機関に提供すべき事項（個人信用情報）には、**個人顧客の氏名、住所、生年月日、電話番号、契約年月日**および**貸付けの金額**のほか、**勤務先の商号や名称**も含まれるので、本問は誤りです。

問題 3 加入貸金業者が加入指定信用情報機関に提供する個人信用情報には、「運転免許証等の番号（当該個人顧客が運転免許証等の交付を受けている場合に限る。）」が含まれる。　　　　　　　　　【平成 25 年 1-b】【令和元年 16-c】【令和 4 年 1-b】

- -

問題 4 加入貸金業者は、資金需要者である個人の顧客を相手方とする極度方式基本契約を締結したときは、遅滞なく、当該極度方式基本契約に係る個人信用情報を、加入指定信用情報機関に提供しなければならない。　　　【平成 24 年 13-b】

【平成 26 年 13-b】【平成 27 年 13-c】【平成 28 年 25-3】【平成 30 年 15-a】

【令和元年 16-a】【令和 2 年 26-1】【令和 3 年 13-b】

- -

問題 5 加入貸金業者は、資金需要者である個人の顧客を相手方とする貸付けに係る契約を締結し、当該貸付けに係る契約に係る個人信用情報を加入指定信用情報機関に提供した後、当該顧客の勤務先の商号又は名称に変更があった場合には、遅滞なく、その変更内容を当該加入指定信用情報機関に提供しなければならない。　【平成 22 年 26-2】【平成 24 年 13-d】【平成 26 年 13-c】【令和元年 16-b】【令和 2 年 26-3】

❸ 同意の取得

問題 6 貸金業者は、指定信用情報機関と信用情報提供契約を締結する前に、資金需要者と貸付けに係る契約を締結していた。その後、当該貸金業者は、指定信用情報機関と信用情報提供契約を締結した後、当該貸付けに係る契約に基づく債権の管理に必要であるため、当該資金需要者に係る信用情報の提供を当該指定信用情報機関に依頼した。この場合、当該貸金業者は、当該信用情報の提供の依頼について、当該資金需要者の同意を得なければならない。

【平成 21 年 (第 1 回) 7-4】【平成 21 年 (第 4 回) 27-4】【平成 22 年 26-4】

【平成 23 年 15-b】【平成 27 年 13-a】【平成 30 年 15-c】【令和 2 年 26-2】【令和 3 年 13-a】

- -

問題 7 貸金業者である A 社は、指定信用情報機関である B 機関との間で信用情報提供契約を締結した後、個人顧客である C との間で極度方式基本契約を締結しようとするときは、あらかじめ、C に関する個人信用情報を B 機関に提供する旨等の同意を、C から書面又は電磁的方法により得る必要はない。　【平成 22 年 26-1】

個人信用情報には、運転免許証等の番号（当該個人顧客が運転免許証等の交付を受けている場合に限る。）が含まれます。

 加入貸金業者は、個人顧客を相手方とする貸付けに係る契約（**極度方式基本契約を除く**）を締結したときは、遅滞なく、貸付けに係る契約に係る個人信用情報を、信用情報提供契約を締結した指定信用情報機関に提供しなければならないとされています。

極度方式基本契約のときは、個人信用情報を提供する必要はありません。

 加入貸金業者は、提供した**個人信用情報に変更があったとき**は、遅滞なく、**その変更内容を当該加入指定信用情報機関に提供**しなければならないとされています。「顧客の勤務先の商号または名称」は個人信用情報であるため、その変更内容の提供が必要です。

 加入貸金業者は、指定信用情報機関に信用情報の提供の依頼をする場合、原則として、資金需要者等からの同意を、あらかじめ書面または電磁的方法により得なければなりません。ただし、**信用情報提供契約の締結をする前に、資金需要者等と貸付けに係る契約を締結**し、その債権管理に必要なときは、例外的に、資金需要者等の**同意を得る必要はない**とされています。

 加入貸金業者は、個人顧客を相手方として貸付けに係る契約（極度方式基本契約を除く）を締結しようとする場合には、あらかじめ、一定の同意を顧客から書面または電磁的方法により得なければならないとされています。**極度方式基本契約のときは同意を得る必要はありません。**

問題 8

貸金業者であるA社は、個人顧客であるBとの間で極度方式基本契約を締結した後、指定信用情報機関であるC機関との間で信用情報提供契約を締結した。この場合において、A社が、当該極度方式基本契約に基づき、Bとの間で極度方式貸付けに係る契約を締結しようとするときには、A社は、あらかじめ、C機関に提供するBに関する個人信用情報についてC機関と信用情報提供契約を締結している他の加入貸金業者に提供する旨等の同意を、Bから書面又は電磁的方法により得なければならない。　【平成22年26-4】【平成25年12-b】【平成27年13-b】

問題 9

貸金業者であるA社は、指定信用情報機関であるB機関との間で信用情報提供契約を締結しており、個人顧客であるCとの間で貸付けに係る契約を締結しようとしている。A社は、Cに関する個人信用情報をB機関に提供する旨の同意を、あらかじめ、Cから書面又は電磁的方法により得なければならない。

【平成21年（第4回）27-1】

問題 10

貸金業者であるA社は、指定信用情報機関であるB機関との間で信用情報提供契約を締結しており、個人顧客であるCとの間で貸付けに係る契約を締結しようとしている。A社は、B機関に提供するCに関する個人信用情報を、B機関と信用情報提供契約を締結している他の加入貸金業者に提供する旨の同意を、あらかじめ、Cから書面又は電磁的方法により得なければならない。

【平成21年（第4回）27-3】

問題 11

貸金業者であるA社は、指定信用情報機関であるB機関との間で信用情報提供契約を締結しており、個人顧客であるCとの間で貸付けに係る契約を締結しようとしている。A社は、B機関に提供するCに関する個人信用情報を、貸金業法第41条の24の規定（指定信用情報機関の情報提供）による依頼に応じ、他の指定信用情報機関と信用情報提供契約を締結している加入貸金業者に提供する旨の同意を、あらかじめ、Cから書面又は電磁的方法により得なければならない。

【平成21年（第4回）27-2】

加入貸金業者は、個人顧客を相手方として貸付けに係る契約（極度方式基本契約を除く）を締結しようとする場合には、原則として、あらかじめ、一定の同意を書面または電磁的方法で顧客から得なければならないとされています。ただし、その契約が当該顧客を相手方とする「**加入前の極度方式貸付契約**」（信用情報提供契約の締結前に締結した、極度方式基本契約に基づく極度方式貸付けに係る契約）である場合は、例外的に、**同意を得る必要はありません。**

　本問では、A社はC機関との間で信用情報提供契約を締結する前に、個人顧客Bとの間で極度方式基本契約を締結しており、この極度方式基本契約に基づく極度方式貸付けに係る契約は「加入前の極度方式貸付契約」に該当するため、Bから同意を得る必要はありません。

顧客Cに関する個人信用情報を**加入指定信用情報機関Bに提供する**旨の同意を、あらかじめ書面または電磁的方法により得なければなりません。

顧客Cに関する個人信用情報を、加入指定信用情報機関Bがその**加入指定信用情報機関の他の加入貸金業者に提供する**旨の同意を、あらかじめ書面または電磁的方法により得なければなりません。

顧客Cに関する個人信用情報を依頼に応じ、**他の指定信用情報機関の加入貸金業者に提供する**旨の同意を、あらかじめ書面または電磁的方法により得なければなりません。

問題 12 加入貸金業者は、貸金業法第 41 条の 36 第 1 項及び第 2 項に規定する同意（指定信用情報機関への信用情報の提供等に係る同意）を得た場合には、当該同意に関する記録を作成し、当該加入貸金業者が個人信用情報を指定信用情報機関に提供した日から 10 年間保存しなければならない。　　　　　　　　【平成 23 年 15-d】

【平成 24 年 13-c】【平成 25 年 12-d】【平成 26 年 13-d】【平成 27 年 13-d】【平成 28 年 25-2】

【平成 29 年 13-b】【平成 30 年 15-d】【令和元年 12-b】【令和 2 年 26-4】【令和 3 年 12-d】

❹ 加入指定信用情報機関の商号等の公表

問題 13 加入貸金業者は、加入指定信用情報機関の商号又は名称を公表しなければならない。　　　　　　　　　　　　　　　　　　　【平成 23 年 15-a】【令和 3 年 13-c】

1-29 監督処分

❶ 業務改善命令

問題 1 内閣総理大臣又は都道府県知事（以下、「登録行政庁」という）は、その登録を受けた貸金業者の業務の運営に関し、法令違反があると認めるときは、当該貸金業者に対し、その必要の限度において、登録の取消しその他業務の運営の改善に必要な措置を命じることができる。これは業務改善命令と呼ばれる。この業務改善命令に違反した者は、5 年以下の懲役もしくは 1,000 万円以下の罰金、又はこれの併科の対象となる。　　　　　　　　【平成 21 年（第 1 回）12-ア～ウ】【平成 22 年 25-1】【令和 2 年 15-4】

【令和 4 年 26-4】

❷ 登録取消処分（任意的）・業務停止処分

問題 2 貸金業の登録を受けた貸金業者の純資産額が 5,000 万円に満たない額となった場合、当該貸金業者は、登録行政庁によりその業務の全部又は一部の停止を命じられることはあっても、その登録を取り消されることはない。

【平成 21 年（第 4 回）1-4】【令和元年 15-2】【令和 3 年 25-1】

加入貸金業者は、指定信用情報機関への信用情報の提供等に係る同意を得た場合には、その同意に関する記録を作成し、その同意に基づき**指定信用情報機関が信用情報を保有している間**、保存しなければなりません。

 加入貸金業者は、**加入指定信用情報機関の商号または名称を公表しなけれ**ばなりません。

 登録行政庁は、その登録を受けた貸金業者の業務の運営に関し、「**資金需要者等の利益の保護を図るため必要がある**」と認めるときは、当該貸金業者に対し、その必要の限度において、「**業務の方法の変更**」その他業務の運営の改善に必要な措置を命じることができます。これは業務改善命令と呼ばれ、この命令に違反した者は、「**1年以下の懲役もしくは300万円以下の罰金、またはこれの併科**」の対象となります。本問には、3か所に誤りがあります。

○
×
問
題

 純資産額が貸金業の業務を適正に実施するため必要かつ適当なものとして**政令で定める金額（5,000万円）に満たない額**となった場合、業務の全部または一部の停止を命じられるほか、登録が取り消されることがあります。

問題 3

貸金業者が、支払いの催告に関する「貸金業法第21条第2項の規定」（取立て行為の規制）に違反した場合、当該貸金業者は、その登録を受けた登録行政庁から、その登録を取り消され、又は1年以内の期間を定めて、その業務の全部もしくは一部の停止を命じられることがある。

【平成21年（第1回）25-1】

問題 4

貸金業者が、貸付けの契約（住宅資金貸付契約その他の内閣府令で定める契約を除く）の相手方又は相手方となろうとする者の死亡によって保険金額の支払いを受けることとなる保険契約を締結した場合に、当該保険契約において、自殺による死亡を保険事故としたときは、その登録をした登録行政庁は、当該貸金業者に対し登録を取り消し、又は1年以内の期間を定めて、その業務の全部もしくは一部の停止を命ずることができる。

【平成22年25-4】

問題 5

貸金業者は、取立て制限者であることを知らずに、その者に対し取立ての委託をし、当該取立て制限者は、取立て行為の規制に違反した。この場合、当該貸金業者は、取立ての委託をした相手方が取立て制限者であることを知らなかったことについて相当の理由があることを証明できたか否かを問わず、登録の取消し又は業務停止の対象となる。

【平成21年（第2回）12-4】

問題 6

貸金業者から貸付けに係る契約に基づく債権の譲渡を受けた者が、当該貸金業者と政令で定める密接な関係を有する場合において、譲受人が「貸金業法第21条第1項に規定する取立て行為の規制」に違反した。この場合、当該貸金業者は、譲受人が取立て行為の規制に違反する行為を行わないように相当の注意を払ったことを証明できなかったときは、登録の取消し又は業務停止の対象となる。

【平成21年（第2回）12-1】

貸金業者が、**貸金業の業務に関し法令に違反した場合**には、登録行政庁は、その貸金業者に対し、**登録を取り消し、または1年以内の期間を定めて、その業務の全部もしくは一部の停止を命ずる**ことができます。取立て行為の規制に違反することは、貸金業の業務に関して貸金業法に違反したといえるので、登録取消しや業務停止命令がなされることがあります。

 貸金業者が、貸付けの契約の相手方または相手方となろうとする者の死亡によって保険金額の支払いを受けることとなる保険契約を締結しようとする場合、その保険契約において自殺による死亡を保険事故とすることは、**貸金業法上原則として禁止されています**。したがって、貸金業の業務に関して法令に違反する行為となるため、登録行政庁は、登録取消処分や業務停止処分を行うことができます。

 相手方が取立て制限者であることを**知らなかったことについて相当の理由があることを証明できなかったとき**に、登録の取消しまたは業務停止の対象となります。そのため、知らなかったことについて相当の理由があることを証明できた場合には、登録の取消しまたは業務停止の対象にはなりません。本問は「証明できたか否かを問わず」となっている部分が誤りです。

 貸金業者と**密接な関係を有する**譲受人が取立て行為の規制に違反した場合、当該貸金業者は、**譲受人が取立て行為の規制に違反する行為を行わないように相当の注意を払ったことを証明できなかった**ときは、登録の取消しまたは業務停止の対象となります。

問題 7 内閣総理大臣から貸金業の登録を受けた貸金業者であるA社が、出資の受入れ、預り金及び金利等の取締りに関する法律に違反した場合、当該違法行為が貸金業の業務に関してなされたか否かを問わず、A社は、内閣総理大臣により、貸金業の登録を取り消されることがある。 【平成21年(第2回)16-1】

❹ 登録取消処分（必要的）

問題 8 貸金業者が、貸金業法第7条各号に規定する事由（登録換えが必要となる事由）のいずれかに該当して引き続き貸金業を営んでいる場合において、新たに受けるべき貸金業の登録を受けていないことが判明したときは、当該貸金業者が貸金業の登録を受けた内閣総理大臣又は都道府県知事は、当該貸金業者の登録を取り消さなければならない。 【平成21年(第4回)3-4】【平成29年25-1・2】

- -

問題 9 貸金業者が、自己の名義で、貸金業法第3条第1項の登録を受けていない者に貸金業を営ませた場合、当該貸金業者は、登録行政庁により、その登録を取り消されることはない。 【平成21年(第2回)13-2】【令和元年15-1】

- -

問題 10 貸金業者が、貸金業法第6条第1項第6号に規定する暴力団員等をその業務の補助者として使用した場合には、その登録をした登録行政庁は、当該貸金業者の登録を取り消さなければならない。 【平成22年25-3】

貸金業者が、**出資法**（出資の受入れ、預り金及び金利等の取締りに関する法律）**に違反した場合**には、**その違反行為が貸金業の業務とは無関係であっても**、その者の登録行政庁は、その登録を取り消すことができます。A社は内閣総理大臣から貸金業の登録を受けているので、内閣総理大臣によりその登録が取り消されることがあります。

◉ポイント

・内閣総理大臣から貸金業の登録を受けた貸金業者に対する処分は
　→内閣総理大臣が行う
・都道府県知事から貸金業の登録を受けた貸金業者に対する処分は
　→その登録をした都道府県知事が行う

 登録換えが必要であるにもかかわらず、引き続き貸金業を営んでいる場合で、新たに受けるべき貸金業の登録を受けていないことが判明したときは、登録行政庁は、その貸金業者の登録を取り消さなければなりません。

 貸金業者が自己の名義をもって他人に貸金業を営ませた場合（いわゆる名義貸しの場合）、登録行政庁（内閣総理大臣または都道府県知事）は、その貸金業者の登録を取り消さなければなりません。

 貸金業者が、**暴力団員等をその業務の補助者として使用した場合**には、登録行政庁は、その貸金業者の**登録を取り消さなければなりません**。

○×問題

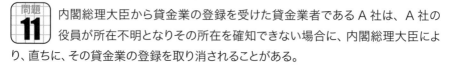

❺ 所在不明者等の登録の取消し（任意的）

問題 11
内閣総理大臣から貸金業の登録を受けた貸金業者である A 社は、A 社の役員が所在不明となりその所在を確知できない場合に、内閣総理大臣により、直ちに、その貸金業の登録を取り消されることがある。

【平成 21 年（第 2 回）16-2】【平成 29 年 25-4】【令和 2 年 15-2】【令和 3 年 25-2】

問題 12
内閣総理大臣から貸金業の登録を受けた貸金業者である A 社が、正当な理由なく貸金業の登録を受けた日から 6 か月以内に貸金業を開始しない場合、A 社は、内閣総理大臣により、貸金業の登録を取り消されることがある。

【平成 21 年（第 2 回）16-3】

問題 13
内閣総理大臣から貸金業の登録を受けた貸金業者である A 社が、正当な理由なく引き続き 6 か月以上貸金業を休止した場合、A 社は、内閣総理大臣により、貸金業の登録を取り消されることがある。

【平成 21 年（第 2 回）16-4】【平成 24 年 12-b】【平成 29 年 25-3】【令和 4 年 26-3】

❼ 監督処分の手続き

問題 14
登録行政庁は、貸金業法第 24 条の 6 の 4 第 1 項（監督上の処分）、同法第 24 条の 6 の 5 第 1 項（登録の取消し）又は同法第 24 条の 6 の 6 第 1 項（所在不明者等の登録の取消し）の規定による処分をしたときは、内閣府令で定めるところにより、その旨を公告しなければならない。

【平成 22 年 25-2】

貸金業者の営業所等の所在地またはその所在（**法人である場合においては、その役員の所在**）を確知できない場合、その事実を公告した日から**30日を経過しても**貸金業者からの申出がないときは、その者の登録をした内閣総理大臣または都道府県知事は、登録を取り消すことができます。よって、所在不明の場合に、登録が直ちに取り消されるわけではありません。

貸金業者が、正当な理由がないのに、貸金業の登録を受けた日から**6か月以内に貸金業を開始しないとき**は、その者の登録をした登録行政庁は、登録を取り消すことができます。

貸金業者が、正当な理由がないのに、**引き続き6か月以上貸金業を休止したとき**は、その者の登録をした登録行政庁は、登録を取り消すことができます。

内閣総理大臣または都道府県知事は、登録取消処分（所在不明者等の登録の取消しの場合も含む）、または業務停止処分をしたときは、その旨を公告しなければなりません。

※「貸金業法第24条の6の4第1項（監督上の処分）」は、任意的な登録取消処分や業務停止処分に関する規定です。「貸金業法第24条の6の5第1項（登録の取消し）」は、必要的な登録取消処分に関する規定です。

1-30 事業報告書、報告徴収および立入検査

❶ 事業報告書の提出

問題1 貸金業者は、貸金業に係る事業報告書を、毎事業年度経過後3か月以内に、貸金業の登録をした内閣総理大臣又は都道府県知事（以下、「登録行政庁」という）に提出しなければならない。

【平成21年（第2回）13-4】【平成21年（第4回）24-2】【平成28年13-3】【令和3年25-3】

問題2 個人である貸金業者の事業年度は、1月1日からその年の12月31日までとされている。
【平成21年（第4回）24-3】

❷ 報告徴収および立入検査

問題3 登録行政庁は、貸金業法を施行するため必要があると認めるときは、その登録を受けた貸金業者に対して、その業務に関し報告又は資料の提出を命ずることができる。
【平成21年（第4回）25-3】

問題4 貸金業者は、登録行政庁から、1事業年度ごとに1回以上、その職員による営業所もしくは事務所への立入り、その業務に関する質問、又は帳簿書類その他の物件の検査を受けなければならない。

【平成21年（第2回）13-3】【平成21年（第4回）25-2】【令和4年26-1】

1-31 罰則

❶ 用語説明

問題1 法人が貸金業の登録を受けずに貸金業を営んだ場合、当該法人の従業者で当該法人の業務に関して資金需要者等に金銭の貸付けを行った者は刑事罰を科されることがあるが、当該法人が刑事罰を科されることはない。　【平成22年3-1】

貸金業者は、貸金業に係る事業報告書を、**毎事業年度経過後3か月以内**に、登録行政庁に提出しなければなりません。

 個人である貸金業者の事業年度は、**1月1日からその年の12月31日まで**とされています。

 登録行政庁は、**貸金業法を施行するため必要がある**ときは、その登録を受けた貸金業者に対して、その業務に関し、報告または資料の提出を命ずることができます。

 登録行政庁は、**資金需要者等の利益の保護を図るため必要があると認めるとき**は、その職員に、その登録を受けた**貸金業者の営業所等に立ち入らせ**、その**業務に関して質問させ**、または**帳簿書類などの物件を検査させる**ことができます。このような立入検査は、必要なときに行われるのであって、1事業年度ごとに行われるわけではありません。

 無登録営業をした場合には刑事罰の対象となりますが、この違反行為を貸金業者の従業者が行ったときは、**当該行為を行った従業者**とともに、**その事業主（雇い主）である法人**も刑事罰を科されることがあります（両罰規定）。

○×問題

問題 2 法人である貸金業者の従業者は、貸付けに係る契約に基づく債権の譲受人が暴力団員等の「貸金業法第24条第3項に規定する取立て制限者」であることを知りながら、これを相手方として当該債権を譲渡した。この場合、当該貸金業者は刑事罰の対象となるが、当該債権譲渡を行った従業者は刑事罰の対象とならない。

【平成21年（第2回）12-2】

❷ 罰則の内容

問題 3 Aが、不正の手段によって貸金業の登録を受けた場合、Aは、貸金業法上、刑事罰を科されることがある。

【平成21年（第1回）15-2】

問題 4 貸金業者が、貸金業者登録簿に登録された営業所又は事務所以外の営業所又は事務所を設置して貸金業を営んだ場合、当該貸金業者は、その貸金業の登録を取り消されることがあるだけでなく、刑事罰を科されることがある。

【平成21年（第2回）17-1】【平成22年 3-3】

問題 5 貸金業者が、貸金業を休止し、その旨をその登録をした内閣総理大臣又は都道府県知事に届け出た後、その再開の届出をすることなく、貸金業の業務を行った場合、当該貸金業者は、その貸金業の登録を取り消されることはあるが、刑事罰を科されることはない。

【平成22年 3-4】

問題 6 貸金業者は、保証業者が暴力団員であることを知りながら、これを相手方として、貸付けに係る契約について保証契約を締結したときは、刑事罰を科されることがある。

【平成21年（第3回）24-2】

債権譲渡等の相手方が「取立て制限者」であることを知りながら、債権譲渡等をした場合、刑事罰の対象となりますが、この違反行為を貸金業者の従業者が行ったときは、**当該行為を行った従業者**とともに、**その貸金業者**が刑事罰を科せられることがあります（両罰規定）。

●両罰規定

> 両罰規定とは、事業主（貸金業を営む者等）の従業員や代表者等が一定の違法行為をした場合に、当該違法行為者を処罰するほか、その事業主を処罰する規定をいいます。

不正の手段により貸金業の登録を受けた場合、刑事罰を科されることがあります。

貸金業法上、貸金業者登録簿に**登録された営業所等以外の営業所等を設置して貸金業を営むこと**は禁止されています。これに違反した場合、行政処分（登録取消処分など）を受けることがあるほか、刑事罰を科されることがあります。

再開の届出を怠った場合には、行政処分（登録取消処分など）を受けることがあるほか、刑事罰を科されることがあります。

貸金業者は、保証業者が「**取立て制限者**（暴力団員等など）」と**知りながら**、これを相手方として、保証契約を締結したときは、刑事罰を科されることがあります。

1-32 紛争解決等業務および貸付自粛対応

問題 1　貸金業法において、「紛争解決手続」とは、貸金業務関連紛争（貸金業務に関する紛争で当事者が和解をすることができるものをいう。）について訴訟手続によらずに解決を図る手続をいい、「紛争解決等業務」とは、苦情処理手続および紛争解決手続に係る業務並びにこれに付随する業務をいう。

【平成 23 年 44-a】【平成 24 年 1-b】【令和 4 年 1-d】

❷ 指定紛争解決機関との契約締結・公表の義務

問題 2　貸金業者は、貸金業法第 12 条の 2 の 2（指定紛争解決機関との契約締結義務等）第 1 項の規定により手続実施基本契約を締結する措置を講じた場合には、当該手続実施基本契約の相手方である指定紛争解決機関の商号又は名称を公表しなければならない。

【令和 4 年 5-b】

❺ 苦情処理手続

問題 3　貸金業務等関連苦情とは、貸金業務等に関し、その契約者等とその相手方である貸金業者との自主的な交渉では解決ができないものであって、当事者が和解をすることができるものをいう。

【平成 29 年 45-1】【令和 3 年 45-1】

問題 4　苦情処理手続の申立人又は相手方が、苦情処理手続において代理人とすることができるのは、その法定代理人、弁護士、司法書士、行政書士に限られる。

【平成 28 年 46-2】【平成 30 年 47-1】【令和 3 年 45-3】

問題 5　苦情処理手続について、貸金業相談・紛争解決センターは、申立てを受理してから 3 か月以内に苦情処理手続を完了するよう努めなければならない。

【平成 30 年 47-2】

問題文の通りです。

●紛争解決等業務に関する用語の定義（貸金業法）

苦情処理手続	貸金業務関連苦情（貸金業務に関する苦情をいう。）を処理する手続
紛争解決手続	貸金業務関連紛争（貸金業務に関する紛争で**当事者が和解をすることができる**ものをいう。）について**訴訟手続によらずに**解決を図る手続
紛争解決等業務	苦情処理手続および紛争解決手続に係る業務ならびにこれに付随する業務
手続実施基本契約	紛争解決等業務の実施に関し指定紛争解決機関と貸金業者との間で締結される契約

 貸金業者は、手続実施基本契約を締結する措置を講じた場合には、当該手続実施基本契約の相手方である指定紛争解決機関の商号または名称を公表しなければなりません。

 「貸金業務等関連苦情」とは、貸金業務等に関し、その契約者等による当該貸金業務等を行った者に対する不満足の表明をいいます。

 苦情処理手続の申立人または相手方が、苦情処理手続において代理人とすることができるのは、**その法定代理人、弁護士、認定司法書士、苦情処理課の許可を受けた者**に限られます。単なる「司法書士」や「行政書士」は含まれません。

 苦情処理手続について、貸金業相談・紛争解決センターは、申立てを受理してから**3か月以内**に苦情処理手続を完了するよう**努めなければなりません**。

❻ 紛争解決手続

問題 6
貸金業務関連紛争とは、貸金業務等関連苦情のうち、当該苦情の相手方である貸金業者と当該苦情に係る契約者等の自主的な交渉では解決ができないものであって、当事者が和解することができないものをいう。

【平成 24 年 46-4】【平成 25 年 46-1】【平成 26 年 47-1】【平成 27 年 47-1】【平成 28 年 46-1】
【令和 3 年 45-2】

問題 7
紛争解決手続開始の申立てをすることができるのは、貸金業務関連紛争の当事者である個人又は法人とされており、法人ではない社団又は財団は、苦情処理手続から紛争解決手続への移行に係る紛争解決手続開始の申立てを行う場合を除き、紛争解決手続開始の申立てをすることができない。

【平成 26 年 47-3】【平成 27 年 47-2】【令和 3 年 45-4】

問題 8
協会の貸金業相談・紛争解決センター は、紛争解決手続について、紛争解決手続開始の申立てを受理してから 6 か月以内に完了するよう努めなければならないとされている。
【平成 23 年 44-d】【平成 28 年 46-3】

問題 9
紛争解決委員は、申立てに係る紛争の解決に必要な和解案を作成し、当事者に対し提示して、その受諾を勧告することができる。当事者双方が紛争解決委員の和解案を受諾したときは、裁判所に届け出ることにより、当該和解案の内容で和解が成立したものとされる。

【平成 24 年 46-3】【平成 28 年 46-4】【平成 30 年 47-4】【令和 2 年 47-3】【令和 4 年 5-c】

問題 10
紛争解決委員は、和解案の受諾の勧告によっては当事者間に和解が成立する見込みがない場合において、事案の性質、当事者の意向、当事者の手続追行の状況その他の事情に照らして相当であると認めるときは、貸金業務関連紛争の解決のために必要な特別調停案を作成し、理由を付して当事者に提示することができる。

【平成 26 年 47-2】【平成 27 年 47-3】【令和 2 年 47-4】

「貸金業務関連紛争」とは、貸金業務等関連苦情のうち、当該苦情の相手方である貸金業者とその苦情に係る契約者等の自主的な交渉では解決ができないものであって、**当事者が和解することができる**ものをいいます。

法人ではない社団・財団であっても、代表者・管理者の定めのある者は、紛争解決手続開始の申立てをすることができます。

　なお、法人でない社団・財団で代表者・管理者の定めがある者のことを、「権利能力のない社団等」と表現することがあります。

貸金業相談・紛争解決センターは、紛争解決手続について、その申立てを受理してから**6か月以内**に完了するよう**努めなければならない**とされています。

◉標準処理期間

苦情処理手続の場合	申立てを受理してから3か月以内
紛争解決手続の場合	申立てを受理してから6か月以内

紛争解決委員は、申立てに係る紛争の解決に必要な和解案を作成し、当事者に対し提示して、その受諾を勧告することができます。当事者双方が紛争解決委員の和解案を受諾したときには、**その時点で**当該和解案の内容で和解が成立したものとされます。

　本問は「裁判所に届け出ることにより」となっている部分が誤りです。

紛争解決委員は、和解案の受諾の勧告によっては当事者間に和解が成立する見込みがない場合において、事案の性質、当事者の意向、当事者の手続追行の状況その他の事情に照らして相当であると認めるときは、貸金業務関連紛争の解決のために必要な特別調停案を作成し、理由を付して当事者に提示することができます。

❽ 貸付自粛制度

問題 11
貸付自粛とは、本人が、自らに浪費の習癖があることその他の理由により自らを自粛対象者とする旨又は親族のうち一定の範囲の者が、金銭貸付による債務者を自粛対象者とする旨を協会に対して申告することにより、協会が、これに対応する情報を記載した帳簿を備え、当該帳簿を協会に加入している貸金業者の閲覧に供するとともに、個人信用情報機関に当該申告に係る貸付自粛情報を一定期間登録することをいう。

【平成 21 年（第 2 回）30-2】【平成 24 年 44-a】【令和元年 47-1】

1-33 利息および保証料

❷ 利息の制限

問題 1
10 万円未満の額を元本とする金銭を目的とする消費貸借契約において、利息の約定が年 2 割（20%）を超える場合、利息制限法上、当該消費貸借契約は無効とされる。

【平成 21 年（第 1 回）10-3】【平成 21 年（第 3 回）40-1】【平成 21 年（第 4 回）11-1】

問題 2
A が、B との間で金銭消費貸借契約を締結し、金銭を B に貸し付けようとしている。A と B との間で、元本を 50 万円とし、年 15 割（150%）の割合による利息の約定をして金銭消費貸借契約を締結した場合、当該利息の約定のうち年 1 割 5 分（15%）を超過する部分は利息制限法に基づき無効となる。

【平成 21 年（第 1 回）10-4】【平成 21 年（第 4 回）10-1】【令和 3 年 26-2】

問題 3
貸金業者である A 社は、個人顧客である B との間で元本を 100 万円、利息を年 2 割（20%）とする貸付けに係る契約を締結し、B に対し 100 万円を貸し付けた。本件貸付契約における利息の約定は、利息制限法に規定する利息の制限に違反しているが、利息制限法上の制限利息の範囲内の利息は有効であるため、本件貸付契約における利息の約定のうち、年 1 割 8 分（18%）に相当する部分は有効である。

【平成 21 年（第 2 回）10-2】

貸付自粛とは、本人が、自らに浪費の習癖があることその他の理由により自ら
を自粛対象者とする旨または親族のうち一定の範囲の者が、金銭貸付による
債務者を自粛対象者とする旨を協会に対して申告することにより、**協会が、これに対応
する情報を個人信用情報機関に登録**し、一定期間、当該個人信用情報機関の会員に
対して提供することをいいます。

　協会は、個人信用情報機関に対して貸付自粛情報を登録し、貸金業者の求めに応じ
て貸付自粛情報の提供を依頼するのであって、協会が帳簿を備えるわけではありません。

 元本の額が10万円未満の場合、利息制限法上の上限利率は年20%であ
り、**年20%を超える利息部分が無効**となります。ただし、**利息制限法の制限
利率を超えても、契約自体が無効となるわけではありません。**

 元本の額が10万円以上100万円未満の場合、利息制限法上の上限利率
は年18%であり、**年18%を超える利息部分が無効**となります。

 元本の額が100万円以上の場合、利息制限法上の上限利率は**年15%**で
す。**利息制限法上の制限利息の範囲内の利息は有効である**ため、本件貸付
契約における利息の約定のうち、年15%に相当する部分は有効です。本問は、「年1
割8分（18%）」となっている部分が誤りです。

問題 4

貸金業者Ａが、個人顧客であるＢと貸付けに係る契約を締結し、本件契約において利息制限法第１条に規定する金額を超える利息を定めていた場合、Ｂが借入金債務の全部を任意に弁済し、Ａ社が受取証書をＢに交付すれば、利息制限法第１条に規定する金額を超える利息の契約は有効となる。　【平成21年（第4回）9-2】

問題 5

Ａが、Ｂとの間で金銭消費貸借契約を締結し、金銭をＢに貸し付けようとしている。ＡとＢとの間で、元本を100万円とし、年２割（20％）の割合による利息の約定をして金銭消費貸借契約を締結した場合において、Ａが当該契約を業として行ったときは、Ａは出資の受入れ、預り金及び金利等の取締りに関する法律（以下、「出資法」という）上刑事罰を科されることがある。　【平成21年（第1回）10-2】

【平成21年（第2回）10-3】【平成21年（第4回）11-4】【平成22年12-3】【平成28年26-1】

【平成29年26-4】【平成30年19-2】【令和元年5-1】【令和4年27-4】

❸ 利息の天引き（利息制限法）

問題 6

Ａは、Ｂとの間で、元本を10万円、利息を年１割８分（18％）、期間を１年とする営業的金銭消費貸借契約を締結し、利息を天引きして82,000円をＢに引き渡した。この場合、天引額（18,000円）のうち1,600円は元本の支払に充てたものとみなされる。　【平成25年27-1】【平成29年16-a】【平成30年26-1】

【令和3年26-4】

❹ 元本額の特則（利息制限法）

問題 7

貸金業者であるＡ社は、個人顧客であるＢに50万円を年１割８分（18％）で貸し付けた。その後、当該営業的金銭消費貸借契約に基づく債務の残元本の額が25万円である時点において、Ａ社は、Ｂに５万円を年２割（20％）で貸し付けた。この場合、２番目に締結された営業的金銭消費貸借上の利息が、１割８分（18％）を超過する部分について、無効となるだけでなく、Ａ社は、貸金業法上、行政処分を課されることがある。　【平成21年（第2回）18-3】【平成22年13-1】【平成22年13-2】

【平成22年13-4】【平成24年16-3】【平成25年13-a】【平成26年14-a】【平成27年14-1】

【平成28年27-1】【平成29年16-c】【平成30年26-3】【令和元年17-1】

利息制限法第1条に規定する金額を超える利息の契約は、**その超過する部分が無効となります。**その超過部分の利息の支払いを任意に受け、受取証書を交付した場合であっても、有効になることはありません。

貸付けを業として行った場合には、**年20%を超えるときに、出資法上、刑事罰を科される**ことがあります。本問の契約の利率は年20%であり、これは年20%を超えていないため、刑事罰を科されることはありません。

●出資法上の規制利率

> ・貸付けを業とする者の場合
>
> 　→年**20%を超える**割合による利息の契約をしたときに、刑事罰を科される
>
> ・貸付けを業としない者の場合
>
> 　→年**109.5%を超える**割合による利息の契約をしたときに、刑事罰を科される

利息の天引きをした場合、**天引額が借主の受領額を元本として利息制限法の制限利率により計算した金額を超える**ときは、その**超過部分**は、元本の支払いに充てたものとみなされます。

　本問では、借主の受領額82,000円を元本として利息制限法の制限利率（元本の額が10万円未満なので、年20%）により計算した利息の額は、16,400円です。天引額18,000円が、利息額16,400円を超えるので、その超過額1,600円は、元本の支払いに充てたものとみなされます。

同一の貸金業者から重ねて貸付けを受けたときは、**すでに貸付けを受けた残元本の額とその貸付けを受けた元本額との合計額**を「元本の額」とみなします。1番目の貸付契約の残存元本額は25万円、2番目の貸付契約の元本は5万円で、その**合計額は30万円です。これは10万円以上100万円未満**であるので、2番目に締結された貸付契約の利息制限法上の上限利率は**年18%**となり、これを超過する部分について無効となります。また、**利息制限法の利息制限額を超過した場合、貸金業の業務に関して法令に違反したことになる**ので、貸金業法上、貸金業者は行政処分を課されることがあります。

❺ みなし利息

問題 8 債権者が業として行うものではない金銭を目的とする消費貸借に関し債権者の受ける元本以外の金銭は、契約の締結及び債務の弁済の費用を除き、礼金、割引金、手数料、調査料その他いかなる名義をもってするかを問わず、利息とみなされる。 【平成 21 年（第 3 回）23-4】

問題 9 貸金業者が、顧客との間で締結した営業的金銭消費貸借契約において、金銭の貸付け及び弁済に用いるため当該契約締結時に当該顧客に交付したカードの発行手数料を当該顧客から受領した場合、当該手数料は、利息とみなされる。

【平成 27 年 15-a】【平成 28 年 14-b】【平成 29 年 27-4】【平成 30 年 16-a】【令和 4 年 17-a】

問題 10 営業的金銭消費貸借に関し債権者の受ける元本以外の金銭のうち、債務者の要請により金銭の貸付け及び弁済に用いるため債務者に交付されたカードの再発行の手数料は、利息とみなされる。 【平成 21 年（第 1 回）11-4】

【平成 21 年（第 2 回）19-4】【平成 22 年 27-b】【平成 24 年 16-2】

【平成 25 年 27-2】【平成 27 年 15-a】【令和元年 18-2】【令和 2 年 27-2】【令和 3 年 14-a】

問題 11 貸金業者は、貸金業法の規定により当該営業的金銭消費貸借に関して債務者に交付すべき書面の交付に代えて貸金業法第 2 条第 12 項に規定する電磁的方法により債務者に提供された事項について、債務者の要請に基づき再提供し、その手数料（実費相当額。消費税額等相当額を含む）を当該債務者から受け取った。この場合、当該手数料は、当該営業的金銭消費貸借における利息とみなされる。

【平成 23 年 25-1】【平成 27 年 15-c】【平成 30 年 16-c】【令和 3 年 14-d】【令和 4 年 17-d】

業として行うものではない金銭消費貸借の場合、債権者の受ける元本以外の金銭は、**契約の締結および債務の弁済の費用を除き**、礼金、割引金、手数料、調査料その他いかなる名義をもってするかを問わず、利息とみなされます。

 営業的金銭消費貸借における貸金業者が受け取る**元本以外の金銭は、原則として利息とみなされます**（みなし利息）。債務者の要請により行うカードの再発行の手数料については例外的に利息とみなされないことがありますが、**契約締結時に交付するカードの発行手数料は、原則どおり、利息とみなされます**。

◉「契約の締結および債務の弁済の費用」について

> ・業として行うものではない金銭消費貸借の場合
> 　→契約の締結および債務の弁済の費用は、**利息とみなされない**
> ・営業的金銭消費貸借の場合
> 　→契約の締結および債務の弁済の費用も、**原則として利息とみなされる**

 営業的金銭消費貸借における**債権者（貸金業者など）が受け取る元本以外の金銭は、原則として利息とみなされます**。ただし、債務者（借主など）の要請により行う**一定の再度の手続き費用**については、**利息とみなされません**。債務者の要請により行う**カードの再発行の手数料**は、利息とみなされないとされています。

 貸金業法の規定により、当該営業的金銭消費貸借に関して、**債務者の要請により行う**、債務者に交付された**書面の再発行**、および書面の交付に代えて**電磁的方法により債務者に提供された事項の再提供**の手数料は、利息とみなされません。

問題 12 貸金業者は、債務者から、口座振替の方法による弁済において、債務者が弁済期に弁済できなかった場合に行った再度の口座振替手続に要する費用（実費相当額。消費税額等相当額を含む）を受け取った。この場合、当該費用は、当該営業的金銭消費貸借における利息とみなされない。【平成27年15-b】【平成28年14-c】【令和元年18-4】【令和2年27-4】【令和3年14-b】【令和4年17-c】

 問題 13 営業的金銭消費貸借においては、契約の締結及び債務の弁済の費用のうち、公租公課の支払いに充てられるべきものは、利息とみなされる。【平成21年（第1回）11-2】【平成21年（第2回）19-1】【平成24年16-1】【令和元年18-3】

 問題 14 貸金業者は、債務者から、強制執行の費用、担保権の実行としての競売の手続の費用その他公の機関が行う手続に関してその機関に支払うべきものを受け取った。この場合、当該費用は、当該営業的金銭消費貸借における利息とみなされない。【平成22年27-d】【平成23年25-4】【平成27年15-d】【平成30年16-d】

 問題 15 営業的金銭消費貸借における債権者が、債務者から受け取る元本以外の金銭は原則として利息とみなされるが、契約の締結に係る公正証書の公証人手数料を受け取った場合、当該金銭は利息とはみなされない。【平成21年（第4回）10-3】【平成28年14-d】

 問題 16 営業的金銭消費貸借において、債権者が、債務者から、金銭の受領又は弁済のために利用する現金自動受払機等の利用料として、10,000円の弁済を受領する際に110円（消費税額等相当数を含む）を受け取った。この場合、当該利用料は当該営業的金銭消費貸借における利息とみなされる。【平成21年（第1回）11-3】【平成21年（第2回）19-2】【平成21年（第4回）10-2】【平成22年27-c】【平成23年25-3】【平成25年27-3】【平成29年27-1】【令和2年27-1】【令和3年14-c】

問題 17 出資法上、同法第5条（高金利の処罰）、第5条の2（高保証料の処罰）及び第5条の3（保証料がある場合の高金利の処罰）の規定の適用については、1年分に満たない利息を元本に組み入れる契約がある場合においては、元利金のうち当初の元本を超える金額は利息とみなされる。【平成28年26-2】【令和元年27-2】

口座振替による弁済において、債務者が弁済期に弁済できなかった場合に行った**再度の口座振替手続に要する費用**は、利息とみなされません。

営業的金銭消費貸借において、契約の締結および債務の弁済の費用のうち、**公租公課の支払いに当てられるべき費用**は、利息とみなされません。

営業的金銭消費貸借において、契約の締結および債務の弁済の費用のうち、**強制執行の費用、担保権の実行としての競売の手続の費用**、その他**公の機関が行う手続に関して支払うべきもの**は、利息とみなされません。

営業的金銭消費貸借において、契約の締結および債務の弁済の費用のうち、**強制執行の費用、担保権の実行としての競売の手続の費用**、その他**公の機関が行う手続に関して支払うべきもの**は、利息とみなされません。公正証書の公証人手数料は、公の機関が行う手続に関する費用なので、利息とはみなされません。

営業的金銭消費貸借においては、契約の締結および債務の弁済の費用のうち、債務者が金銭の受領または弁済のために利用する**現金自動支払機等の利用料**（政令で定める額の範囲内のものに限る）は、利息とみなされません。

●利息とみなされない現金自動支払機等の利用料の範囲

　　[「政令で定める額」とは（消費税率10%の場合）]

1万円以下の入出金額の場合	110円
1万円を超える入出金額の場合	220円

1年分に満たない利息を元本に組み入れる旨を約定して本件貸付契約を締結した場合、元利金のうち**当初の元本を超える金額**は、出資法上、利息とみなされます。

❻ 賠償額の予定

問題 18
金銭を目的とする消費貸借上の債務の不履行による賠償額の予定は、その賠償額の元本に対する割合が利息制限法第1条に規定する率の1.46倍を超えるときは、その超過部分について無効となる。これに対し、営業的金銭消費貸借上の債務の不履行による賠償額の予定は、その賠償額の元本に対する割合が利息制限法第1条に規定する率の2倍を超えるときは、その超過部分について無効となる。

【平成21年(第3回)23-2】【平成21年(第4回)10-4】【平成22年12-1】【平成24年16-4】

【平成25年27-4】【平成26年27-3】【平成29年16-b】【令和元年27-4】【令和3年26-3】

【令和3年26-3】

問題 19
貸金業者であるAは、個人顧客であるBから100万円を借り入れたい旨の要請を受けた。Aは、業として、Bとの間で、貸付けに係る契約(以下、本問において「本件貸付契約」という。)を締結してBに100万円を貸し付けようとしている。Aが、Bとの間で、Bによる債務の不履行について予定される賠償額として年2割2厘(20.2%)の割合による旨を約定して本件貸付契約を締結する行為は、出資法上、刑事罰の対象となる。

【平成24年26-2】

❼ 保証料の制限

問題 20
利息制限法に規定する営業的金銭消費貸借上の債務を主たる債務として、業として行う保証がされた場合において、保証人が主たる債務者から受け取る保証料の額が当該主たる債務の元本に係る法定上限額から当該主たる債務について支払うべき利息の額を減じて得た金額を超えるときは、利息制限法上、主たる債務者が保証人に支払う保証料の契約はすべて無効となる。

【平成21年(第3回)23-3】

【平成22年12-2】【平成23年6-3】【平成26年15-3】【平成30年27-1】

業として行わない通常の金銭消費貸借上の債務の不履行による賠償額の予定は、その賠償額の元本に対する割合が**利息制限法第1条に規定する率の1.46倍を超えるとき**は、その超過部分について無効となります。

他方、**営業的金銭消費貸借**上の債務の不履行による賠償額の予定は、その賠償額の元本に対する割合が**年20%を超えるとき**は、その超過部分について無効となります。本問の前半部分は正しい内容ですが、後半部分の記述は誤りです。

※「利息制限法第1条に規定する率」とは、利息制限法の上限利率（元本額に応じて、20%、18%、15%）のことです。

 金銭の貸付けを行う者が業として金銭の貸付けを行う場合において、**年20%を超える**割合による利息の契約をしたときは、出資法上、刑事罰の対象となります。

出資法上の「利息」には、債務の不履行について予定される賠償額も含まれるため、これが年20%を超える場合には、刑事罰の対象となります。

 営業的金銭消費貸借上の債務を主たる債務とする保証（**業として行うものに限る**）がされた場合における**保証料（主たる債務者が支払うものに限る）の契約は、その保証料が主たる債務の元本に係る法定上限額から、支払うべき利息の額を減じて得た金額を超えるとき**は、その超過部分について**無効**となるのが原則です。本問は「すべて無効となる」となっている部分が誤りです。

問題 21　法令の規定により業として貸付けを行うことができる債権者は、保証業者との間で、法人を主たる債務者とする営業的金銭消費貸借上の債務を主たる債務として、根保証契約を締結した場合において、元本極度額及び元本確定期日（確定日に限る）の定めをした。この場合において、当該根保証契約締結の時点で、当該債権者が当該保証業者との間で、特約上限利率の定めをしなかったときは、利息制限法上、主たる債務者が保証業者に対して支払う保証料の上限は、法定上限額である。

【平成23年6-2】【平成26年15-2】

❽ 金銭貸借等の媒介手数料の制限（出資法）

問題 22　出資法上、金銭の貸借の媒介を行う者は、当該媒介に係る貸借の期間が1年以上であるものについて、その媒介に係る貸借の金額の100分の5に相当する金額以上の手数料の契約をし、又はこれ以上の手数料を受領してはならない。

【平成21年（第3回）7】【平成23年7-1】【平成24年26-3】
【平成26年27-1】【平成29年26-1】【令和元年27-1】【令和4年27-2】

❾ 貸金業法の規定

問題 23　貸金業者であるA社は、個人顧客であるBとの間で、元本を100万円とする貸付けに係る契約を締結してBに100万円を貸し付けた。本件貸付契約において、年2割（20％）の割合による利息の約定をしていた場合、A社は、内閣総理大臣又は都道府県知事から、その登録を取り消されることはない。

【平成21年（第2回）10-4】【平成21年（第3回）16-4】【平成21年（第4回）11-3】
【平成26年27-4】【平成28年26-4】【平成29年5-1】【平成30年19-2】【令和元年5-2】
【令和4年27-3】

営業的金銭消費貸借上の債務を主たる債務とする保証（業として行うものに限る）が**元本極度額および元本確定期日の定めがある根保証**であって、主たる債務者が法人である場合において、**特約上限利率の定め**をしなかったときは、保証人は、**法定上限額の2分の1の金額**の範囲内で、保証料の支払を受けることができます。本問は、保証料の上限を「法定上限額」としている点が誤りです。

 出資法上、金銭の貸借の媒介を行う者は、媒介に係る金額の**100分の5**に相当する金額（当該貸借の期間が1年未満であるものについては、**その期間の日数に応じ、年5%**の割合を乗じて計算した金額）を超える手数料の契約をし、またはこれを超える手数料を受領してはならないとされています。貸借の金額の100分の5に相当する金額を**超える**手数料の契約や受領が禁止されるのであって、「100分の5に相当する金額**以上**」ではありません。

●媒介手数料の上限の計算式

| 貸借の期間が1年以上の場合 | 貸借の金額 × 5% |
| 貸借の期間が1年未満の場合 | 貸借の金額 × 5% ÷ 365日 × 貸借の期間 |

※ うるう年のときは365日の部分を366日にして計算します。

貸金業法上、**貸金業者が、貸付けの際に、利息制限法第1条に規定する利息上限額を超える利息**について契約をしたり、その**受領または支払いを要求**したりすることは禁止されています。

本問における貸付契約の**元本の額は100万円**なので、利息制限法の上限利率は**年15%**となりますが、貸付契約の利息は年20%であり、利息制限法の利息制限額を超えています。これは、**貸金業の業務に関して法令に違反**したことになるので、貸金業法上、貸金業者は**行政処分（登録取消処分・業務停止処分等）を課される**ことがあります。

貸金業を営む者が業として行う金銭を目的とする消費貸借の契約（手形の割引、売渡担保その他これらに類する方法によって金銭を交付する契約を含む）において、年10割9分5厘（109.5%）を超える割合による利息（債務の不履行について予定される賠償額を含む）の契約をしたときは、貸金業法上、当該消費貸借の契約は無効となる。なお、金利については2月29日を含まない年を前提とする。

【平成21年（第2回）10-1】【平成21年（第3回）40-4】【平成21年（第4回）11-2】

【平成22年12-4】【平成24年26-1】【平成28年26-4】【平成29年5-1】

Column 数字や期限に強くなろう!

　試験問題を作る側からすれば、数字を入れ替えるだけで適切ではない内容の選択肢を作ることができることもあり、数字に絡む問題が多数出題されています。

　数字に関するものとして、期限があります。例えば、「2週間以内に届け出なければならない」「〜までに書類を交付しなければならない」といったものが、期限です。期限を過ぎれば、ペナルティーを受けたり、権利の行使ができなくなったりするため、いつまでに手続きを行う必要があるかは、実際の貸金業の業務においても重要です。期限に関する重要数字等をまとめましたので、一通り勉強した後の要点整理に活用してください。

貸金業を営む者が業として行う金銭を目的とする消費貸借契約において、**年109.5%を超える**割合による利息の契約をしたときは、**貸金業法上、その消費貸借契約は無効**となります。なお、2月29日を含む1年については、「年109.5%」の部分が「年109.8%」となります。

●期限に関する重要数字等

内容	期限
貸金業の登録の申請	登録の有効期間満了の日の **2か月前までに**申請
変更の届出	営業所等の名称・所在地・連絡先の変更は、**あらかじめ（変更前に）**届出。その他の変更は、変更の日から **2週間以内に**届出
開始等の届出	**2週間以内に**届出
廃業等の届出	**30日以内**（貸金業者が死亡した場合は、**死亡の事実を知った日から30日以内**）に届出
契約締結前の書面の交付	契約を締結するまでに**（契約締結前に）**交付
契約締結時の書面の交付	契約締結後、**遅滞なく**交付
受取証書の交付	弁済を受けた後、**直ちに**交付
債権証書の返還	全部弁済を受けた後、**遅滞なく**返還
犯罪収益移転防止法における確認記録や取引記録の作成	確認後または取引後、**直ちに**記録を作成
取消権の行使期間（民法上）	**追認をすることができる時から5年間**行使しないとき、または、**行為の時から20年**を経過したときは、時効消滅
債権の消滅時効	**債権者が権利を行使することができることを知った時から5年間**行使しないとき、または、**権利を行使することができる時から10年間**行使しないときは、時効消滅
相続の承認または放棄をすべき期間	**自己のために相続の開始があったことを知った時から3か月以内**に単純もしくは限定の承認または放棄
取消権の行使期間（消費者契約法上）	**追認をすることができる時から1年間**行使しないとき、または、**消費者契約の締結の時から5年**を経過したときは、時効消滅

※民法上の取消権と消費者契約法上の取消権との違いに注意しましょう。

1 契約締結前の書面

　次の①〜④の記述のうち、貸金業者が、個人顧客との間で金銭の貸付けに係る極度方式基本契約を締結しようとする場合に、当該契約を締結するまでに、貸金業法第16条の 2 第 2 項に規定する書面（極度方式基本契約における契約締結前の書面）により当該個人顧客に明らかにしなければならない事項に<u>該当しない</u>ものを 1 つだけ選び、解答欄にその番号をマークしなさい。

① 当該契約の相手方となろうとする個人顧客の氏名及び住所
② 各回の返済期日及び返済金額の設定の方式
③ 返済の方法及び返済を受ける場所
④ 返済の方式

解説

① ✕ （該当しない）

　当該契約の相手方となろうとする個人顧客の氏名および住所は、契約締結前の書面の記載事項ではありません。

② ○ （該当する）

　各回の返済期日および返済金額の設定の方式は、契約締結前の書面の記載事項です。

③ ○ （該当する）

　返済の方法および返済を受ける場所は、契約締結前の書面の記載事項です。

④ ○ （該当する）

　返済の方式は、契約締結前の書面の記載事項です。

●覚え方

契約締結前の書面は、契約をする前に、貸金業者から、契約の相手方となろうと
する者に交付される書面です。その目的は、契約をするかしないかの判断材料を相
手に提供することにあります。相手は、その書面をみて、納得できなければ契約をし
ないという選択もできるわけです。

貸付けを受けようとする場合に、契約申込年月日、自分の名前・住所（貸金業者
からみれば契約の相手方となろうとする顧客の氏名・住所等）等、保証人となろう
とする人の名前・住所等は、契約するかしないかの判断材料として重要ではありま
せん。そのため、これらは契約締結前の書面の記載事項とされていないのです。

一方、「契約年月日」「契約の相手方の商号・名称・氏名・住所」「保証人の商号・
名称・氏名・住所」は、**契約締結時の書面の記載事項**です。契約締結時の書面は、
契約した内容を書面で残すことで、後で契約内容を確認しやすくし、証拠としたりす
るためのものです。そのため、契約締結時の書面では、いつ契約したか、誰と誰の契
約か、保証人は誰かということも重要になるわけです。

契約締結前の書面の記載事項と、契約締結時の書面の記載事項との違いをおさ
えておきましょう。

解答➡①

貸金業法および関係法令

本試験問題

2 契約締結時の書面

　貸金業者が顧客との間で極度方式基本契約（以下、本問において「基本契約」という。）を締結した場合に交付する貸金業法第 17 条（契約締結時の書面交付）第 2 項に規定する書面（以下、本問において「基本契約に係る書面」という。）及び基本契約に基づく極度方式貸付けに係る契約（以下、本問において「個別契約」という。）を締結した場合に交付する同条第 1 項に規定する書面（以下、本問において「個別契約に係る書面」という。）に関する次の①〜④の記述のうち、その内容が適切でないものを 1 つだけ選び、解答欄にその番号をマークしなさい。なお、本問における基本契約及び個別契約は、いずれも金銭の貸付けに係る契約であって、手形の割引の契約及び売渡担保の契約ではないものとする。

① 貸金業者は、基本契約に係る書面及び個別契約に係る書面に記載すべき事項である「返済の方式」が、基本契約に係る書面に記載されているときは、個別契約に係る書面における当該事項の記載を省略することができる。
② 貸金業者は、個別契約に係る書面の記載事項のうち「契約の相手方の商号、名称又は氏名及び住所」については、個別契約の契約番号その他をもって代えることができる。
③ 貸金業者は、個別契約に係る書面に、「賠償額の予定に関する定めがあるときは、その内容」の事項を記載しなければならない。
④ 貸金業者は、基本契約に係る書面に、「契約上、返済期日前の返済ができるか否か及び返済ができるときは、その内容」の事項を記載しなければならない。

解説

① **✕**（適切でない）
　　「**返済の方式**」は、極度方式基本契約および極度方式貸付けの双方において、契約締結時の書面の記載事項です。極度方式基本契約に係る契約締結時の書面にその記載があっても、極度方式貸付けに係る契約締結時の書面で**省略することはできません**。

●比較事項

　「**返済の方法及び返済を受ける場所**」などは、極度方式基本契約に係る契約締結時の書面にその記載があれば、極度方式貸付けに係る契約締結時の書面で**省略することができます**。

　「返済の方式」とは、元利均等返済方式や元金均等返済方式などのことです。これに対して、「返済の方法」とは、銀行振り込みによる返済、口座振替（自動引き落とし）による返済などのことです。

② ○（適切である）

　極度方式貸付けの契約締結時の書面において、「**契約の相手方の商号、名称または氏名及び住所**」は、その極度方式貸付けの**契約番号等をもって代えることができ**ます。

③ ○（適切である）

　極度方式貸付けの契約締結時の書面には、「**賠償額の予定**に関する定めがあるときは、その内容」の事項を記載しなければなりません。

④ ○（適切である）

　極度方式基本契約の契約締結時の書面には、「契約上、**返済期日前の返済ができるか否か及び返済ができるときは、その内容**」の事項を記載しなければなりません。

解答➡①

3 契約変更時の書面

　貸金業者Aが、個人顧客Bとの間で貸付けに係る契約を締結し金銭をBに貸し付け、Bに貸金業法第17条第1項に規定する書面（以下、本問において「契約締結時の書面」という。）を交付した後に、Bとの合意に基づき契約締結時の書面に記載した事項を変更した。この場合に関する次の①～④の記述のうち、その内容が<u>適切でないもの</u>を1つだけ選び、解答欄にその番号をマークしなさい。

① Aは、「利息の計算の方法」を変更した場合、当該変更がBの利益となる変更であるときを除き、変更後の内容を記載した契約締結時の書面をBに再交付しなければならない。

② Aは、「返済の方法及び返済を受ける場所」を変更した場合、当該変更がBの利益となる変更であるときを除き、変更後の内容を記載した契約締結時の書面をBに再交付しなければならない。

③ Aは、「債務者が負担すべき元本及び利息以外の金銭に関する事項」を変更した場合、当該変更がBの利益となる変更であるときを除き、変更後の内容を記載した契約締結時の書面をBに再交付しなければならない。

④ Aは、「期限の利益の喪失の定めがあるときは、その旨及びその内容」を変更した場合、当該変更がBの利益となる変更であるときを除き、変更後の内容を記載した契約締結時の書面をBに再交付しなければならない。

解説

① ○（適切である）

　「利息の計算の方法」を変更した場合、原則として変更後の内容を記載した契約締結時の書面を再交付しなければなりません。ただし、その変更が顧客の利益となるときは、再交付する必要はありません。

② ×（適切でない）

　「**返済の方法及び返済を受ける場所**」を変更した場合、変更後の内容を記載した契約締結時の書面を再交付しなければなりません。この場合は、その変更が顧客

の利益となるときでも、再交付が必要です。よって、本肢は「当該変更が B の利益となる変更であるときを除き」となっている部分が誤りです。

③ ○（適切である）

「債務者が負担すべき元本及び利息以外の金銭に関する事項」を変更した場合、原則として変更後の内容を記載した契約締結時の書面を再交付しなければなりません。ただし、その変更が顧客の利益となるときは、再交付する必要はありません。

④ ○（適切である）

「期限の利益の喪失の定めがあるときは、その旨及びその内容」を変更した場合、原則として変更後の内容を記載した契約締結時の書面を再交付しなければなりません。ただし、その変更が顧客の利益となるときは、再交付する必要はありません。

●契約変更時の書面の交付が必要となる重要事項

> 次の事項を変更する場合には、契約変更時の書面の交付（変更後の内容を記載した契約締結時の書面の再交付）が必要です。
>
> ① **貸付けの利率**　△
>
> ② **利息の計算の方法**　△
>
> ③ **債務者が負担すべき元本・利息以外の金銭**　△
>
> ④ **賠償額の予定**（違約金を含む）に関する定めがあるときは、その内容　△
>
> ⑤ **返済の方式**
>
> ⑥ **返済の方法および返済を受ける場所**
>
> ⑦ **各回の返済期日および返済金額**
>
> ⑧ 期日前の返済の可否およびその内容　△
>
> ⑨ **期限の利益の喪失**の定めがあるときは、その内容　△
>
> ⑩ 契約に基づく債権につき**物的担保を供させる**ときは、その担保の内容
>
> ⑪ 契約について保証契約を締結するときは、**保証人の商号・名称・氏名、住所**
>
> ※ △の事項については、**契約の相手方の利益となる変更**を加えるときは契約変更時の書面の交付は**不要**となります。
>
> ※ 極度方式基本契約では、上記の事項に加え、**「極度額（貸付限度額を含む）」**を変更する場合にも契約変更時の書面の交付が**必要**です。ただし、極度額を変更する場合であっても、**極度額を引き下げるとき**や、**極度額を引き下げた後に元の額を上回らない額まで引き上げるとき**は、「相手方の利益の保護に支障を生ずることがない」として、契約変更時の書面の交付が**不要**となります。

解答➡②

4 保証契約に関する書面

　保証契約を締結する場合の書面の交付に関する次の①～④の記述のうち、その内容が<u>適切でないもの</u>を 1 つだけ選び、解答欄にその番号をマークしなさい。なお、本問における貸付けに係る契約は、金銭の貸付けに係る契約であって、極度方式基本契約、極度方式貸付けに係る契約、手形の割引の契約及び売渡担保の契約ではないものとする。

① 貸金業者は、貸付けに係る契約について保証契約を締結しようとする場合には、当該保証契約を締結するまでに、内閣府令で定めるところにより、貸金業法第 16条の 2 第 3 項に規定する書面について、貸金業法施行規則第 12 条の 2 第 6 項の規定に基づき当該保証契約の概要を記載した書面及び詳細を記載した書面の 2 種類の書面を同時に、当該保証契約の保証人となろうとする者に交付しなければならない。

② 貸金業者は、貸付けに係る契約について保証契約を締結したときは、遅滞なく、内閣府令で定めるところにより、貸金業法第 17 条第 3 項前段に規定する書面（以下、本問において「保証契約における契約締結時の書面」という。）に加えて、貸金業法第 17 条第 1 項各号に掲げる事項について当該貸付けに係る契約の内容を明らかにする書面を当該保証契約の保証人に交付しなければならない。

③ 貸金業者は、貸付けに係る契約について保証契約を締結したときは、遅滞なく、内閣府令で定めるところにより、貸金業法第 17 条第 1 項各号に掲げる事項について当該貸付けに係る契約の内容を明らかにする書面に加えて、保証契約における契約締結時の書面を当該貸付けに係る契約の相手方に交付しなければならない。

④ 貸金業者は、貸付けに係る契約について保証契約を締結した後に当該保証契約における保証期間を変更した場合、当該変更が当該保証契約の保証人の利益となる変更であるときを除き、変更後の保証期間が記載された保証契約における契約締結時の書面を当該保証人に再交付しなければならない。

解説

① ○（適切である）

　貸金業者は、貸付けに係る契約について保証契約を締結しようとする場合には、その保証契約を締結するまでに、「保証契約の概要を記載した書面」および「保証契約の詳細を記載した書面」の**2種類の書面を同時**に、その保証契約の保証人となろうとする者に交付しなければなりません。

② ○（適切である）

　貸金業者は、貸付けに係る契約について保証契約を締結したときは、遅滞なく、**「保証契約における**契約締結時の書面」に加えて、「保証の対象となる**貸付けに係る契約における**契約締結時の書面」をその**保証契約の保証人に交付しなければなりません**。

③ ✕（適切でない）

　貸付けに係る契約について保証契約を締結したときに、「保証契約における契約締結時の書面」をその**貸付けに係る契約の相手方に交付する必要はありません**。

④ ○（適切である）

　保証契約を締結した後に、保証契約の重要事項を変更した場合には、「保証契約における契約締結時の書面」を**保証人**に対して再交付しなければなりません。

　保証期間は重要事項とされており、**保証期間を変更する場合**には、その変更が**相手方（保証人）の利益となる変更であるとき**を除き、「変更後の内容が記載された保証契約における契約締結時の書面」を再交付しなければなりません。

1
貸金業法および関係法令

本試験問題

●保証契約における重要事項の変更

　　保証契約において、契約変更時の書面の交付が必要となる重要事項は、貸付け
　に係る契約の内容を変更する場合の重要事項（→ p.229）とほとんど同じです。

　　保証契約では、さらに次の事項等を変更する場合にも、契約変更時の書面の交
　付が必要となります。

・ **保証期間**

・ **保証金額**

・ 保証人が主たる債務者と連帯して債務を負担するとき（つまり**連帯保証**のとき）
　は、その趣旨および内容

※ ただし、これらの事項については、**契約の相手方の利益となる変更を加えるとき**
　は契約変更時の書面の交付は**不要**です。

解答➡③

5　受取証書

貸金業法第18条第1項に規定する書面(以下、本問において「受取証書」という。)の交付に関する次の①〜④の記述のうち、その内容が<u>適切でない</u>ものを1つだけ選び、解答欄にその番号をマークしなさい。

① 貸金業者は、その営業所の窓口において、貸付けに係る契約に基づく債権の全部について、当該契約の債務者から弁済を受けたときは、遅滞なく、内閣府令で定めるところにより、受取証書を当該債務者に交付すれば足りる。

② 貸金業者は、預金又は貯金の口座に対する払込みにより、貸付けに係る契約に基づく債権の全部について、当該契約の債務者から弁済を受けた場合、当該債務者の請求があったときに限り、受取証書を当該債務者に交付しなければならない。

③ 貸金業者は、貸付けに係る契約の債務者に受取証書を交付しなければならない場合、当該受取証書において、当該契約を契約番号その他により明示することをもって、当該貸金業者の登録番号及び当該債務者の商号、名称又は氏名の記載に代えることができる。

④ 貸金業者は、その営業所の窓口において、貸付けに係る契約に基づく債権の一部について、当該契約の債務者から弁済を受け、受取証書を交付する場合、当該受取証書に、受領金額及びその利息、賠償額の予定に基づく賠償金又は元本への充当額のほか、貸付けの金額等を記載しなければならない。

解説

① ✕（適切でない）

　　貸金業者は、貸付けの契約に基づく債権の**全部**または**一部**について弁済を受けたときは、**そのつど直ちに**、受取証書を、**弁済をした者**に交付しなければなりません。

　　本肢は、「遅滞なく」となっている部分が誤りです。

② ○（適切である）

　　受取証書は、原則として、**弁済者からの請求がなくても**交付しなければなりません。ただし、**預金または貯金の口座に対する払込みにより**弁済を受ける場合には、

弁済者からの請求があったときに受取証書を交付すればよいとされています。

③ ○（適切である）

　　貸金業者は、貸付けに係る契約の債務者に受取証書を交付しなければならない場合、当該受取証書において、**当該契約を契約番号その他により明示することをもって、「当該貸金業者の登録番号」および「当該債務者の商号、名称または氏名」の記載に代える**ことができます。

④ ○（適切である）

　　本肢の通りです。

●受取証書の記載事項

　　受取証書に記載すべき事項は次の通りです。

・貸金業者の商号、名称または氏名および住所

・契約年月日

・**貸付けの金額**（保証契約にあっては、保証に係る貸付けの金額）

・**受領金額およびその利息、賠償額の予定に基づく賠償金または元本への充当額**

・受領年月日

・弁済を受けた旨を示す文字

・**貸金業者の登録番号**

・**債務者の商号、名称または氏名**

・債務者以外の者が債務の弁済をした場合においては、その者の商号、名称または氏名

・当該弁済後の残存債務の額

解答➡①

問題

6 マンスリーステートメント

　貸金業法第 17 条第 6 項及び同法第 18 条第 3 項に規定する「一定期間における貸付け及び弁済その他の取引の状況を記載した書面として内閣府令で定めるもの」(以下、本問において「マンスリーステートメント」という) に関する次の①〜④の記述のうち、その内容が適切なものを 1 つだけ選び、解答欄にその番号をマークしなさい。

① 貸金業者である A が、個人顧客である B との間で極度方式貸付けに係る契約を締結した場合において、B の承諾を得て、内閣府令で定めるところにより、貸金業法第 17 条第 6 項に規定するマンスリーステートメントを交付するときは、A は、当該マンスリーステートメントに A の商号、名称又は氏名及び住所、当該極度方式貸付けに係る極度方式基本契約の契約年月日等を記載しなければならない。

② 貸金業者である A が、個人顧客である B との間で極度方式貸付けに係る契約を締結した場合において、あらかじめ、マンスリーステートメントに記載すべき事項について電磁的方法による提供を受ける旨の承諾を B から電磁的方法により得たときは、A は、B に対し、電磁的方法による提供を受ける旨の承諾の内容を書面その他の適切な方法により通知しなくても、貸金業法第 17 条第 6 項に規定するマンスリーステートメントに記載すべき事項を電磁的方法により提供することができる。

③ 貸金業者である A が、個人顧客である B との間で極度方式貸付けに係る契約を締結した場合において、B に貸金業法第 17 条第 6 項に規定するマンスリーステートメントを交付するときは、A は、「貸金業法第 17 条第 1 項に規定する書面」(契約締結時の書面) の交付に代えて、「契約年月日及び貸付けの金額等を記載した書面」(簡素化書面) を 3 か月に 1 回の割合で B に交付すれば足りる。

④ 貸金業者である A が、個人顧客である B との間で極度方式貸付けに係る契約を締結した後、B からその債務の全部の弁済を受けた場合において、B の承諾を得て、内閣府令で定めるところにより、貸金業法第 18 条第 3 項に規定するマンスリーステートメントを交付するときは、A は、弁済を受けた日から 1 か月以内に、「受領年月日及び受領金額等を記載した書面」(簡素化書面) を B に交付しなければならない。

① ○（適切である）

　マンスリーステートメントには、貸金業者の商号、名称または氏名、および住所、当該極度方式基本契約の契約年月日等を記載しなければなりません。

② ✕（適切でない）

　電磁的方法による提供を受ける旨の承諾を受ける場合には、その**承諾の内容を書面その他の適切な方法により通知**しなければなりません。

　本肢は、「電磁的方法による提供を受ける旨の承諾の内容を書面その他の適切な方法により通知しなくても」となっている部分が誤りです。

③ ✕（適切でない）

　「契約年月日および貸付けの金額等を記載した書面」（簡素化書面）は、契約締結時の書面に代わるものなので、極度方式貸付けに係る契約を締結した場合には、**遅滞なく**交付しなければなりません。

　本肢は、「契約年月日および貸付けの金額等を記載した書面」（簡素化書面）を「3か月に1回の割合でBに交付すれば足りる」としている点が誤りです。

④ ✕（適切でない）

　「受領年月日および受領金額等を記載した書面」（簡素化書面）は、受取証書に代わるものなので、**弁済を受けたときに直ちに**交付しなければなりません。

　本肢は、「弁済を受けた日から1か月以内に」としている点が誤りです。

●本問の解答方法

> 　本問の選択肢①は過去問（平成21年度第4回試験・問題17の選択肢①）とまったく同じ内容なので、過去問を解いていれば容易に解答できる問題です。
>
> 　「マンスリーステートメント」と「簡素化書面」とを、混同しないように注意してください。
>
> 　マンスリーステートメントとは、**1か月以内で貸金業者が定める一定期間における貸付けおよび弁済その他の取引の状況を記載した書面**をいいます。

解答➡①

問題　　　　　　　　　　　　　　　　　　　　　　令和4年問題25

7　取立て行為の規制

　貸付けの契約に基づく債権の取立てに関する次の①〜④の記述のうち、その内容が<u>適切でないもの</u>を1つだけ選び、解答欄にその番号をマークしなさい。

① 貸金業者の貸付けの契約に基づく債権の取立てについて貸金業者から委託を受けた者が、債務者等に対し、支払を催告するために送付する書面に記載しなければならない事項には、当該書面を送付する者の氏名が含まれる。

② 貸金業者は、債務者等から貸付けの契約に基づく債権に係る債務の処理の委託を受けた弁護士から、書面により、当該委託を受けた旨の通知を受けた場合、正当な理由がないのに、債務者等に対し、電話をかけ、電報を送達し、もしくはファクシミリ装置を用いて送信し、又は訪問する方法により、当該債務を弁済することを要求し、これに対し債務者等から直接要求しないよう求められたにもかかわらず、更にこれらの方法で当該債務を弁済することを要求してはならない。

③ 貸金業者は、貸金業法第21条（取立て行為の規制）第2項の規定により、債務者等に対し、支払を催告するために書面又はこれに代わる電磁的記録を送付するときは、当該書面に封をする方法、本人のみが使用していることが明らかな電子メールアドレスに電子メールを送付する方法その他の債務者の借入れに関する事実が債務者等以外の者に明らかにならない方法により行わなければならない。

④ 貸金業者向けの総合的な監督指針によれば、監督当局は、貸金業者以外の者が貸し付けた債権について、貸金業者が、保証契約に基づき求償権を有する場合、その取立てに当たっては貸金業法第21条が適用されることがないため、不適切な取立て行為が行われないよう指導及び監視することに留意するものとされている。

解説

① ○（適切である）

　　貸金業を営む者または**貸金業を営む者の貸付けの契約に基づく債権の取立てについて貸金業を営む者その他の者から委託を受けた者**は、債務者等に対し、支払を催告するために書面またはこれに代わる電磁的記録を送付するときは、一定の

事項を記載し、または記録しなければなりません。支払を催告するために送付する書面に記載しなければならない事項には、「**当該書面を送付する者の氏名**」が含まれます。

② ○（適切である）

　貸金業を営む者または貸金業を営む者の貸付けの契約に基づく債権の取立てについて貸金業を営む者その他の者から委託を受けた者は、貸付けの契約に基づく債権の取立てをするに当たって、債務者等から貸付けの契約に基づく債権に係る債務の処理の委託を受けた**弁護士から、書面により、当該委託を受けた旨の通知を受けた**場合、正当な理由がないのに、**債務者等に対し**、電話をかけ、電報を送達し、もしくはファクシミリ装置を用いて送信し、または訪問する方法により、当該債務を弁済することを要求し、これに対し債務者等から直接要求しないよう求められたにもかかわらず、さらにこれらの方法で当該債務を弁済することを要求してはなりません。

③ ○（適切である）

　貸金業を営む者または貸金業を営む者の貸付けの契約に基づく債権の取立てについて貸金業を営む者その他の者から委託を受けた者は、債務者等に対し、支払を催告するために書面またはこれに代わる電磁的記録を送付するときは、当該書面に封をする方法、本人のみが使用していることが明らかな電子メールアドレスに電子メールを送付する方法その他の**債務者の借入れに関する事実が債務者等以外の者に明らかにならない方法**により行わなければなりません。

④ ✕（適切でない）

　監督指針によれば、貸金業者以外の者が貸し付けた債権について、**貸金業者が、保証契約に基づき求償権**を有する場合、その取立てに当たっては**貸金業法第21条（取立て行為の規制）が適用される**ことに留意するものとされています。本肢は、「貸金業法第21条が適用されることがないため」となっている部分が誤りです。

解答➡④

問題　　　　　　　　　　　　　　　　　　　　　　　　　令和4年問題14

8 債権譲渡等の規制

　貸金業法第24条（債権譲渡等の規制）に関する次の①〜④の記述のうち、その内容が適切なものを1つだけ選び、解答欄にその番号をマークしなさい。なお、本問における債権は、抵当証券法第1条第1項に規定する抵当証券に記載された債権ではないものとする。

① 貸金業者は、貸付けに係る契約に基づく債権を貸金業者ではない者に譲渡した場合に限り、その者に対し、当該債権が貸金業者の貸付けに係る契約に基づいて発生したことその他内閣府令で定める事項、及びその者が当該債権に係る貸付けの契約に基づく債権に関してする行為について貸金業法第24条第1項に規定する条項の適用がある旨を、内閣府令で定める方法により、通知しなければならない。

② 貸金業者が、貸付けに係る契約（極度方式基本契約及び極度方式貸付けに係る契約ではないものとする。）に基づく債権を貸金業者ではない者に譲渡した場合、譲渡人である当該貸金業者は、貸金業法第24条第2項により準用される同法第17条第1項に規定する当該債権の内容を明らかにする書面を当該債権の債務者に交付しなければならない。

③ 貸金業者から貸付けに係る契約に基づく債権を譲り受けた者は、その債権について保証人となろうとする者との間で保証契約を締結しようとする場合には、当該保証契約を締結するまでに、貸金業法第16条の2第3項に規定する当該保証契約の内容を説明する書面を、当該保証契約の保証人となろうとする者に交付しなければならない。

④ 貸金業者は、貸付けの契約に基づく債権の取立ての委託をした相手方が、取立て制限者^(注)であり、かつ、当該債権の取立てをするに当たり、貸金業法第21条（取立て行為の規制）第1項の規定に違反した場合において、当該債権の取立ての委託に当たりその相手方が取立て制限者であることを知らなかったときは、知ることができたとしても、行政処分の対象とはならない。

（注）取立て制限者とは、暴力団員等、暴力団員等がその運営を支配する法人その他の団体もしくは当該法人その他の団体の構成員又は貸付けの契約に基づく債権の取立てに当たり、貸金業法第21条第1項の規定に違反し、もしくは刑法もしくは暴力行為等処罰に関する法律の罪を犯すおそれが明らかである者をいう。

① ✕（適切でない）

　　貸金業者は、貸付けに係る契約に基づく債権を他人に譲渡する場合、譲受人に対して、その債権が**貸金業者の貸付けに係る契約に基づいて発生したこと**その他内閣府令で定める事項、およびその者がその債権に関してする行為について貸金業法**第24条（債権譲渡等の規制）第1項に定める規定の適用がある旨**を、通知しなければなりません。この通知は、貸金業者に債権を譲渡する場合でも必要です。本肢は、「貸金業者ではない者に譲渡した場合に限り」となっている部分が誤りです。

② ✕（適切でない）

　　貸金業者からの**債権の譲受人**は、貸金業法第17条第1項に規定する契約の内容を明らかにする書面（**契約締結時の書面**のこと）をその債権の**債務者に遅滞なく交付**しなければなりません。この交付義務を負うのは、債権の譲受人であって、譲渡人ではありません。本肢は、「譲渡人である当該貸金業者」が交付しなければならないとしている点が誤りです。

③ ◯（適切である）

　　貸金業者から貸付けに係る契約に基づく**債権を譲り受けた者は、保証契約締結前の書面の交付義務を負います。**したがって、貸金業者から貸付けに係る契約に基づく債権を譲り受けた者は、その債権について保証人となろうとする者との間で保証契約を締結しようとする場合には、当該保証契約を締結するまでに、貸金業法第16条の2第3項に規定する当該**保証契約の内容を説明する書面**を、当該保証契約の保証人となろうとする者に交付しなければなりません。

④ ✕（適切でない）

　　貸金業者は、債権譲渡等（貸付けの契約に基づく債権の譲渡または**取立ての委託**）をしようとする場合において、その**相手方が「取立て制限者」であることを知り、または知ることができるときは、当該債権譲渡等をしてはなりません。**そして、貸金

業者が、債権譲渡等をした場合において、「当該債権譲渡等に当たりその**相手方が取立て制限者であることを知らなかったことにつき相当の理由があることを証明できなかったとき**」、かつ「当該債権譲渡等を受けた**取立て制限者が、当該債権の取立てをするに当たり、第21条（取立て行為の規制）第1項の規定に違反し、**または刑法もしくは暴力行為等処罰に関する法律の罪を犯したとき」は、行政処分（登録取消処分・業務停止処分）の対象となります。

　本肢は、「知ることができたとしても、行政処分の対象とはならない」となっている部分が誤りです。

解答➡③

----

9 指定信用情報機関

　指定信用情報機関への信用情報の提供等に関する次のa～dの記述のうち、その内容が適切なものの組み合わせを①～④の中から1つだけ選び、解答欄にその番号をマークしなさい。なお、本問における貸金業者は、非営利特例対象法人及び特定非営利金融法人ではないものとする。

a　加入貸金業者^(注1)は、資金需要者である個人の顧客を相手方として、極度方式基本契約に基づく極度方式貸付けに係る契約を締結したときは、遅滞なく、当該契約に係る個人信用情報を加入指定信用情報機関^(注2)に提供しなければならない。

b　加入貸金業者は、資金需要者である個人の顧客を相手方として、住宅資金貸付契約を締結したときは、当該契約に係る個人信用情報を加入指定信用情報機関に提供する必要はない。

c　加入貸金業者が加入指定信用情報機関に提供する個人信用情報には、勤務先の商号又は名称が含まれる。

d　加入貸金業者が加入指定信用情報機関に提供する個人信用情報には、国民健康保険証で本人確認（犯罪による収益の移転防止に関する法律第4条第1項第1号に規定する本人特定事項の確認をいう。）を行った場合におけるその保険証の記号番号が含まれる。

(注1)加入貸金業者とは、指定信用情報機関と信用情報提供契約を締結した相手方である貸金業者をいう。
(注2)加入指定信用情報機関とは、加入貸金業者と信用情報提供契約を締結した指定信用情報機関をいう。

①　ab　　　②　ac　　　③　bd　　　④　cd

解説

a　○（適切である）

　　加入貸金業者は、資金需要者である個人の顧客を相手方とする貸付けに係る契

約（極度方式基本契約等を除く）を締結したときは、遅滞なく、当該貸付けに係る契約に係る個人信用情報を、加入指定信用情報機関に提供しなければなりません。したがって、**極度方式基本契約のときは、個人信用情報の提供は不要**ですが、**極度方式基本契約に基づく極度方式貸付けのときは、個人信用情報の提供が必要**です。

b　✕（適切でない）

　加入貸金業者は、資金需要者である個人の顧客を相手方とする貸付けに係る契約（極度方式基本契約等を除く）を締結したときは、遅滞なく、当該貸付けに係る契約に係る個人信用情報を、加入指定信用情報機関に提供しなければなりません。このことは、住宅資金貸付契約を締結した場合でも同じであり、個人信用情報を加入指定信用情報機関に提供する必要があります。

c　○（適切である）

　加入貸金業者が加入指定信用情報機関に提供する個人信用情報には、**「勤務先の商号または名称」**が含まれます。

d　✕（適切でない）

　加入貸金業者が加入指定信用情報機関に提供する個人信用情報には、「加入貸金業者が、本人確認書類〔**旅券等**もしくは**船舶観光上陸許可書**、**在留カード**、**特別永住者証明書**または**介護保険の被保険者証（当該自然人の氏名、住居及び生年月日の記載があるものに限る。）**をいう。〕の提示を受ける方法により本人確認（犯罪による収益の移転防止に関する第4条第1項第1号に規定する本人特定事項の確認をいう。）を行った場合には、当該本人確認書類に記載されている本人を特定するに足りる記号番号」が含まれます。しかし、**個人信用情報には国民健康保険証の記号番号は含まれません。**

◉**本問の解答方法**

> 　過去問を解いていれば、aおよびcが適切な内容であると判断できると思います。bやdの正誤がわからなくても、自信をもって選択肢②をマークしましょう。

解答➡②

10 監督

　貸金業者に対する監督に関する次の①〜④の記述のうち、その内容が適切でない
ものを 1 つだけ選び、解答欄にその番号をマークしなさい。

① 内閣総理大臣又は都道府県知事（以下、本問において「登録行政庁」という。）は、
　3 年毎に、当該職員に、その登録を受けた貸金業者の営業所もしくは事務所に立
　ち入らせ、その業務に関して質問させ、又は帳簿書類その他の物件を検査させな
　ければならない。
② 登録行政庁は、その登録を受けた貸金業者が、自己の名義で、貸金業法第 3 条第
　1 項の登録を受けていない者に貸金業を営ませた場合、当該貸金業者の登録を取
　り消さなければならない。
③ 登録行政庁は、その登録を受けた貸金業者が、正当な理由がないのに、引き続き
　6 か月以上貸金業を休止した場合、当該貸金業者の登録を取り消すことができる。
④ 登録行政庁は、その登録を受けた貸金業者の業務の運営に関し、資金需要者等の
　利益の保護を図るため必要があると認めるときは、当該貸金業者に対して、その必
　要の限度において、業務の方法の変更その他業務の運営の改善に必要な措置を
　命ずることができる。

解説

① ✕（適切でない）

　　登録行政庁は、**資金需要者等の利益の保護を図るため必要があると認めるとき**
は、当該職員に、その登録を受けた貸金業者の営業所もしくは事務所に立ち入ら
せ、その業務に関して質問させ、または帳簿書類その他の物件を検査させることが
できるとされています。そのため、立入検査は定期的に行われるものではなく、また
立入検査をさせなければならないというものでもありません。

　　本肢は、「3 年毎に」「させなければならない」となっている部分が誤りです。

② ○（適切である）

　　登録行政庁は、その登録を受けた貸金業者が、**名義貸し**を行った（自己の名義

で、貸金業法第3条第1項の登録を受けていない者に貸金業を営ませた)場合、当該貸金業者の**登録を取り消さなければなりません**。

③ ○（適切である）

登録行政庁は、その登録を受けた貸金業者が、正当な理由がないのに、当該登録を受けた日から「6か月以内」に貸金業を開始しないとき、または**引き続き「6か月以上」貸金業を休止**したときは、その**登録を取り消すことができます**。

④ ○（適切である）

登録行政庁は、その登録を受けた貸金業者の業務の運営に関し、**資金需要者等の利益の保護を図るため必要があると認めるとき**は、当該貸金業者に対して、その必要の限度において、**業務の方法の変更その他業務の運営の改善に必要な措置を命ずる**ことができます。

◉本問の解答方法

> 本問は、「立入検査は定期的に行われるものではなく、必要に応じて行われる」ということを知っていれば解ける問題でした。

解答➡①

11 紛争解決等業務

　　日本貸金業協会が定める紛争解決等業務に関する規則についての次の①〜④の記述のうち、その内容が<u>適切でない</u>ものを 1 つだけ選び、解答欄にその番号をマークしなさい。

① 契約者等^(注 1)による紛争解決手続開始の申立てが受理され、相手方に対してその旨の通知がなされた場合、当該通知を受けた協会員等^(注 2)は、正当な理由がある場合を除き、紛争解決手続に応じなければならない。

② 紛争解決委員は、当事者もしくは参考人から意見を聴取し、もしくは文書もしくは口頭による報告を求め、又は当事者から参考となるべき帳簿書類その他の物件の提出もしくは提示を求めることができる。

③ 紛争解決委員は、申立てに係る紛争の解決に必要な和解案を作成し、当事者に対し提示して、その受諾を勧告することができる。当事者双方が紛争解決委員の和解案を受諾したときは、裁判所に届け出ることにより、当該和解案の内容で和解が成立したものとされる。

④ 紛争解決委員は、和解案の受諾の勧告によっては当事者間に和解が成立する見込みがない場合において、事案の性質、当事者の意向、当事者の手続追行の状況その他の事情に照らして相当であると認めるときは、貸金業務関連紛争の解決のために必要な特別調停案を作成し、理由を付して当事者に提示することができる。

（注 1）契約者等とは、顧客等、債務者等もしくは債務者等であったもの又はその一般承継人をいう。

（注 2）協会員等とは、日本貸金業協会の会員及び日本貸金業協会と手続実施基本契約を締結した貸金業者をいう。

解説

① ○（適切である）

契約者等による紛争解決手続開始の申立てが受理され、相手方に対してその旨の通知がなされた場合、当該通知を受けた**協会員等は**、正当な理由がある場合を除き、**紛争解決手続に応じなければなりません。**

② ○（適切である）

紛争解決委員は、当事者もしくは参考人から意見を聴取し、もしくは**文書もしくは口頭による報告を求め**、または当事者から**参考となるべき帳簿書類その他の物件の提出・提示を求める**ことができます。

③ ✕（適切でない）

紛争解決委員は、申立てに係る紛争の解決に必要な和解案を作成し、当事者に対し提示して、その受諾を勧告することができます。当事者双方が紛争解決委員の和解案を受諾したときには、**その時点で**当該和解案の内容で和解が成立したものとされます。

よって、本肢は、「裁判所に届け出ることにより」となっている部分が誤りです。

④ ○（適切である）

紛争解決委員は、和解案の受諾の勧告によっては**当事者間に和解が成立する見込みがない場合**において、事案の性質、当事者の意向、当事者の手続追行の状況その他の事情に照らして相当であると認めるときは、貸金業務関連紛争の解決のために必要な**特別調停案を作成し**、**理由を付して**当事者に提示することができます。

解答➡③

問題

12 利息（全般）

　金利等の規制に関する次の①～④の記述のうち、その内容が<u>適切でないもの</u>を 1 つだけ選び、解答欄にその番号をマークしなさい。

① 貸金業法上、金銭の貸借の媒介を行った貸金業者は、当該媒介により締結された貸付けに係る契約の債務者から当該媒介の手数料を受領した場合において、当該契約につき更新があったときは、これに対する新たな手数料を受領し、又はその支払を要求してはならない。

② 出資法^(注)上、金銭の貸借の媒介を行う者が、その媒介に係る貸借（貸借の期間が 1 年以上であるものとする。）の金額の 100 分の 5 に相当する金額を超える手数料の契約をし、又はこれを超える手数料を受領する行為は、刑事罰の対象となる。

③ 貸金業法上、貸金業者は、その利息が利息制限法第 1 条（利息の制限）に規定する金額を超える利息の契約を締結した場合、行政処分の対象となる。

④ 出資法上、金銭の貸付けを行う者が業として金銭の貸付けを行う場合において、元本 100 万円に対して年 2 割（20%）の利息の契約を締結する行為は、刑事罰の対象となる。

　（注）　出資法とは、出資の受入れ、預り金及び金利等の取締りに関する法律をいう。

解説

① ○（適切である）

　　貸金業法上、金銭の貸借の媒介を行った貸金業者は、当該媒介により締結された貸付けに係る契約の債務者から当該媒介の手数料を受領した場合において、当該契約につき**更新があったときは、これに対する新たな手数料を受領し、またはその支払を要求してはなりません**。

② ○（適切である）

　　出資法上、金銭の貸借の媒介を行う者は、その媒介に係る貸借の金額の **100**

分の 5 に相当する金額（当該貸借の期間が 1 年未満であるものについては、当該貸借の金額に、その期間の日数に応じ、年 105% の割合を乗じて計算した金額）を超える手数料の契約をし、またはこれを超える手数料を受領してはなりません。これに違反した場合、**刑事罰の対象**となります。

③ ○ （適切である）

　貸金業法上、貸金業者は、その利息（みなし利息を含む。）が**利息制限法第 1 条（利息の制限）に規定する金額を超える利息の契約を締結してはなりません。**これに違反した場合、貸金業の業務に関し法令に違反したことになるため、行政処分（登録取消処分・業務停止処分）の対象となります。

④ ✕ （適切でない）

　出資法上、金銭の貸付けを行う者が業として金銭の貸付けを行う場合、**年 20% を超える**割合による利息の契約をしたときに、**刑事罰の対象**となります。本肢では、年 20% の利息であり、これは年 20% を超えていないため、刑事罰の対象とはなりません。

●本問の解答方法

> 　本問の選択肢④は、過去に何度も出題されている内容であるため、過去問を解いていれば容易に解答できる問題です。

解答➡④

13 利息の制限（元本額の特則、保証料の制限）

　Ａは貸金業者、ＢはＡの顧客、Ｃは保証業者である。次の①〜④の記述のうち、利息制限法上、その内容が適切なものを１つだけ選び、解答欄にその番号をマークしなさい。

① Ａは、Ｂとの間で、元本を８万円とし利息を年２割（20％）とする営業的金銭消費貸借契約（第一契約）を初めて締結し８万円をＢに貸し付けた後、第一契約に基づく債務の残高が５万円である時点において、元本を５万円とし利息を年２割（20％）とする営業的金銭消費貸借契約（第二契約）を締結し５万円をＢに貸し付けた。この場合、第一契約及び第二契約における利息の約定は、いずれも年１割８分（18％）を超過する部分に限り、無効となる。

② Ａは、Ｂとの間で、元本を９万円とし利息を年２割（20％）とする営業的金銭消費貸借契約（第一契約）を締結し９万円をＢに貸し付けると同時に元本を100万円とし利息を年１割４分（14％）とする営業的金銭消費貸借契約（第二契約）を締結し100万円をＢに貸し付けた。この場合、第一契約における利息の約定は、年１割８分（18％）を超過する部分に限り、無効となる。

③ Ａは、Ｂとの間で、元本を50万円、利息を年１割３分（13％）、期間を１年、元利一括返済とする営業的金銭消費貸借契約を締結して50万円をＢに貸し付け、当該契約について、Ｃとの間で、保証契約を締結した。この場合において、Ｃは、Ｂとの間で、ＣがＢから65,000円の保証料の支払を受ける旨の保証料の契約を締結したときは、当該保証料の約定は、45,000円を超過する部分に限り、無効となる。

④ Ａは、Ｂとの間で、元本を20万円、利息を年１割３分（13％）、期間を１年、元利一括返済とする営業的金銭消費貸借契約を締結して20万円をＢに貸し付け、当該契約について、Ｃとの間で、保証契約を締結した。また、Ｃは、Ｂとの間で、ＣがＢから8,000円の保証料の支払を受ける旨の保証料の契約を締結した。この場合において、ＡとＢとの合意により、当該営業的金銭消費貸借契約の利息を年１割８分（18％）に変更したときは、当該変更後の利息の約定は、年１割４分（14％）を超過する部分に限り、無効となる。

解説

① ✕（適切でない）

同一の貸金業者から重ねて貸付けを受けたときは、**すでに貸付けを受けた残元本の額とその貸付けを受けた元本額との合計額**を「元本の額」とみなします。

第一契約の残存元本額は5万円であり、第二契約の元本は5万円であり、合計額は10万円です。この額は**10万円以上100万円未満**であるから、第二契約の利息制限法上の**上限利率は年18%**であり、これを超過する部分は無効となります。しかし、**第一契約の上限利率は、その後に第二契約が行われた場合であっても変わりません。**

第一契約は元本額が8万円であり、この額は**10万円未満**であるから、第一契約の利息制限法上の**上限利率は20%**です。よって「第一契約および第二契約における利息の約定は、いずれも年1割8分（18%）を超過する部分に限り、無効」となっている本肢は誤りです。

② ✕（適切でない）

同一の貸金業者から同時に複数の貸付けを受けたときは、**複数の貸付けを受けた元本の額の合計額**を「元本の額」とみなします。

第一契約の元本は9万円、第二契約の元本は100万円であり、合計額は109万円です。この額は**100万円以上**であるから、第一契約および第二契約の利息制限法上の**上限利率は年15%**であり、これを超過する部分は無効となります。

よって、「第一契約における利息の約定は、年1割8分（18%）を超過する部分に限り、無効」となっている本肢は、誤りです。

③ ✕（適切でない）

保証料（主たる債務者が支払う保証料に限る）が、**利息と合算して**利息制限法上の利息上限額（元本の額に応じて年15%、年18%、年20%の制限利率で計算した額）を超える場合には、その保証料の契約は、**その超過部分について無効**となります。

本肢における元本は50万円であり、この額は**10万円以上100万円未満**であるから、利息制限法上の**上限利率は年18%**です。そして、AとBとの間では利息を年13%としているので、保証料の上限は年5%（年18%－年13%）です。元本50万円の5%は25,000円であるため、保証料の約定は25,000円を超過する部分が無効となります。

よって、「当該保証料の約定は、45,000円を超過する部分に限り、無効」となっている本肢は、誤りです。

◉利息と保証料の上限

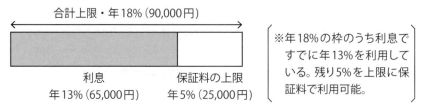

合計上限・年18%（90,000円）

利息
年13%（65,000円）

保証料の上限
年5%（25,000円）

※年18%の枠のうち利息ですでに年13%を利用している。残り5%を上限に保証料で利用可能。

④ ○（適切である）

　利息と保証料の合計が利息制限法の利息上限額を超える場合には、その超過部分については無効となります。

　本肢における元本は20万円であり、この額は**10万円以上100万円未満**であるから、利息制限法上の**上限利率は年18%**です。そして、保証料8,000円は、20万円の4%です。利息と保証料の合計の上限が年18%となるため、変更後の利息の上限は年14%（年18%－年4%）であり、これを超過する部分が無効となります。

◉利息と保証料の上限

合計上限・年18%（36,000円）

保証料
年4%
（8,000円）

利息の上限
年14%（28,000円）

※年18%の枠のうち保証料ですでに年4%を利用している。残り14%を上限に利息で利用可能。

解答➡④

問題　　　　　　　　　　　　　　　　　　　　　　　令和4年問題17

14 みなし利息

　みなし利息に関する次のa～dの記述のうち、利息制限法上、その内容が適切なものの組み合わせを①～④の中から1つだけ選び、解答欄にその番号をマークしなさい。

a　貸金業者が、顧客との間で締結した営業的金銭消費貸借契約において、金銭の貸付け及び弁済に用いるため当該契約締結時に当該顧客に交付したカードの発行手数料を当該顧客から受領した場合、当該手数料は、利息とみなされる。

b　貸金業者が、顧客との間で締結した営業的金銭消費貸借契約に基づく貸付金を当該顧客が指定する銀行口座に振り込む際に要した手数料を当該顧客から受領した場合、当該手数料は、利息とみなされる。

c　貸金業者が、顧客との間で締結した営業的金銭消費貸借契約において、口座振替の方法による弁済につき、当該顧客が弁済期に弁済できなかったため、当該顧客の要請を受けて行った再度の口座振替手続に要した費用を当該顧客から受領した場合、当該費用は、利息とみなされる。

d　貸金業者が、顧客との間で締結した営業的金銭消費貸借契約において、貸金業法第17条第1項に規定する契約の内容を明らかにする書面を交付した後、当該顧客からの紛失による再発行の要請に基づき、当該書面を再発行し、その手数料を当該顧客から受領した場合、当該手数料は、利息とみなされる。

①　ab　　　　②　ac　　　　③　bd　　　　④　cd

解説

a　○（適切である）

　営業的金銭消費貸借における貸金業者が受け取る元本以外の金銭は、原則として利息とみなされます（みなし利息）。したがって、金銭の貸付けおよび弁済に用いるため契約締結時に顧客に交付した**カードの発行手数料は、利息とみなされます**。

なお、**債務者の要請により行う**金銭の貸付けおよび弁済に用いるため債務者に交付された**カードの「再発行」**の手数料は、**みなし利息から除かれます**。

b ○（適切である）

　営業的金銭消費貸借における貸金業者が受け取る元本以外の金銭は、原則として利息とみなされます（みなし利息）。したがって、貸付金を顧客が指定する銀行口座に振り込む際に要した手数料は、利息とみなされます。

c ×（適切でない）

　口座振替の方法による弁済において、**債務者が弁済期に弁済できなかった場合に債務者の要請により行う「再度」の口座振替手続きに要する費用**は、**みなし利息から除かれます**。

d ×（適切でない）

　債務者の要請により行う、貸金業法の規定により金銭の貸付けに関して交付することが義務づけられた**書面の「再発行」に要する費用**および書面の交付に代えて電磁的方法により債務者に提供された事項の再提供の手数料は、**みなし利息から除かれます**。

●みなし利息の覚え方

> 　債務者がカードや書面を紛失した場合の再発行の費用や、債務者が弁済期に弁済できなかった場合に行う再度の口座振替手続きの費用は、債務者に責任があるため、利息とみなされなくてもやむを得ないといえるでしょう。
>
> 　また、**公租公課の支払いに充てられる**べきものや、公の機関が行う手続きに関してその機関に支払うべきものは、公的に金額が定まっており、その金額が債務者の予想を超えて多額になることはないため、利息とみなされません。
>
> 　さらに、金銭の受領・弁済のために利用する**現金自動支払機等の利用料**（1万円以下の入出金額の場合には110円が上限、1万円を超える入出金額の場合には220円が上限）は、ATM等の利用料であり、利息とみなされません。

解答➡①

第2章

貸付けに関する
法令と実務

傾向と対策

(1) 第2章の項目と出題数

民事法（民法・電子契約法・商法・会社法・手形法・小切手法・電子債権記録法等）、民事手続法（民事訴訟法・民事執行法・民事保全法・民事調停法等）、倒産法（破産法・民事再生法等）、刑事法（犯罪収益移転防止法等）から出題されます。

第17回試験において、出題数は全15問であり、民事法から13問、民事手続法から0問、倒産法から1問、刑事法から1問です。民事法のうち民法からの出題が13問となっており、全科目の問題数（50問）からみてもかなりのウエイトを占めています。

●項目と出題数

項　目	出題数
民事法	13問 （うち13問は民法）
民事手続法	0問
倒産法	1問
刑事法	1問
合計	15問

※出題数は第17回試験（令和4年度）のもの。

(2) 学習のポイント・試験対策

①民事法

この分野では事例問題が多いため、学習の際にも具体例をイメージすることが必要です。売買契約や貸付契約、保証契約などをイメージして学習を進めましょう。

これまでは条文そのものの知識を問う問題が多かったのですが、徐々に事例問題が増えつつあります。もっとも、難易度自体は下がる傾向にありますので、基本的な理解が身についていれば、問題を解くことができます。本書を使い、基礎的な理解で事例問題を解く訓練をしましょう。

事例問題を解く際には、事実関係を図式化して簡単に書いてみると、問題文を理解しやすくなります（p.327本試験問題2-1・問題10）。誰の誰に対するどのような権

利・義務が問題になっているのか、契約は有効か無効か、善意・無過失かなどについて注意しながら問題文を読むことが必要です。

電子契約法（電子消費者契約に関する民法の特例に関する法律）や商法は、民法の特別法ですので、民法との違いを意識して理解に努めましょう。

会社法は、特別清算や計算書類等の問題を除き、過去に2回だけしか出題されていませんが、今後出題される可能性はあります。

手形法・小切手法および電子債権記録法は、各制度の似ている点や相違点を意識しながら、テキストを読み進めましょう。

②民事手続法

ほとんどが民事訴訟法（少額訴訟や支払督促を含む）および民事執行法からの出題です。これらの法律を中心に、訴訟や強制執行等の手続きをイメージしながら学習を進めましょう。

各手続きの特徴を問う問題が多いので、それぞれの特徴を覚えておくことが重要です。

③倒産法

ほとんどが破産法および民事再生法からの出題です。破産は「清算型手続」（債務者の全財産を換価し、債権者に平等に弁済する手続き）の代表格であり、民事再生は「再建型手続」（生活または事業の再生を図る）の代表格です。まずは破産法の理解に努め、破産法との比較で民事再生法を押さえておきましょう。

このほか、清算型手続として特別清算（会社法）、再建型手続として更生手続（会社更生法）がありますが、これらは株式会社のみを対象としています。

④刑事法

ほとんどが犯罪収益移転防止法からの出題であり、その他は暴力団対策法に関する問題が一度だけ出題された程度です。そのため、犯罪収益移転防止法を中心に押さえておけばよいでしょう。

❸ 各種契約

問題 1 消費貸借は、当事者の一方が種類、品質及び数量の同じ物をもって返還をすることを約して相手方から金銭その他の物を受け取ることによって、その効力を生ずる。 【平成21年（第1回）31-1】【平成22年34-1】【平成29年40-1】

問題 2 売買契約に基づく代金支払義務を負う買主が、売主との間で、当該代金を消費貸借の目的とすることに合意したときは、民法上、消費貸借は、これによって成立したものとみなされる。 【平成22年34-2】【平成24年32-a】【令和2年41-3】

問題 3 Aは、Bとの間で金銭消費貸借契約を締結しBから金銭を借り入れた。A及びBがともに商人ではない場合、当該金銭消費貸借契約において利息の約定がなされなかったときは、民法上、Bは、Aに対して利息の支払を請求することができない。 【平成22年34-4】【平成24年32-d】【令和2年41-4】

問題 4 委任は、当事者の一方がある事務を履行することを相手方に委託し、相手方がこれを承諾することによって、その効力を生ずる。当該相手方は、その事務を履行したときは、報酬を支払うことを約していなくても、報酬を請求することができる。 【平成27年34-4】【平成29年40-3】

消費貸借は、当事者の一方が種類、品質および数量の同じ物をもって返還をすることを約して相手方から金銭その他の**物を受け取ることによって**、その効力を生じます（要物契約）。

　なお、「**書面でする消費貸借**」は、当事者の一方が金銭その他の物を引き渡すことを約し、相手方がその受け取った物と種類、品質および数量の同じ物をもって返還をすることを**約することによって**、その効力を生じます。

 金銭その他の物を給付する義務を負う者がある場合において、当事者がその物を消費貸借の目的とすることを約したときは、消費貸借は、これによって成立したものとみなされます（これを「**準消費貸借**」といいます）。

　よって、売買契約に基づく代金支払義務を負う買主が、売主との間で、当該代金を消費貸借の目的とすることに合意したときは、民法上、消費貸借は、これによって成立したものとみなされます。

 消費貸借契約において、民法上、**特約がなければ**、貸主は、借主に対して**利息を請求することができません**。

 委任は、当事者の一方が法律行為をすることを相手方に委託し、相手方がこれを承諾することによって、その効力を生じます。よって、本問の前半部分は正しい記述です。

　民法上、相手方（受任者）は、**特約がなければ**、委任者に対して**報酬を請求することができない**とされています。よって、本問の後半部分は、報酬支払いの特約がなくても報酬を請求することができるとしている点が、誤りです。

2-2 制限行為能力者等

❸ 制限行為能力者

問題 1　未成年者は、単に権利を得る法律行為をする場合であっても、その法定代理人の同意を得なければならないが、義務を免れる法律行為をするには、その法定代理人の同意を得る必要はない。

【平成 25 年 37-1】【平成 27 年 28-3】【平成 29 年 28-1】【令和元年 28-3】

問題 2　一種又は数種の営業を許された未成年者は、成年者と同一の行為能力を有するものとみなされ、当該許された営業以外の法律行為も単独で行うことができる。　【平成 28 年 36-1】【平成 30 年 36-1】【令和 2 年 28-3】【令和 3 年 36-1】【令和 4 年 28-2】

問題 3　成年被後見人の法律行為は、その成年後見人の同意を得て行われたときは、取り消すことができない。

【平成 24 年 28-2】【平成 26 年 28-2】【令和元年 28-4】【令和 2 年 28-1】

【令和 3 年 36-2】【令和 4 年 28-4】

問題 4　被保佐人は、元本を領収する行為をするには、その保佐人の同意を得る必要はないが、元本を利用する行為をするには、その保佐人の同意を得なければならない。　【平成 27 年 28-2】【平成 29 年 28-3】

問題 5　被保佐人が相続の承認又は放棄をするには、その保佐人の同意を得なければならない。　【平成 26 年 28-3】【平成 28 年 36-2】【平成 30 年 36-2】

問題 6　被補助人が特定の法律行為をするにはその補助人の同意を得なければならない旨の審判を家庭裁判所がする場合、その審判によりその同意を得なければならないものとすることができる行為は、民法第 13 条（保佐人の同意を要する行為等）第 1 項に規定する行為の一部に限られる。

【平成 25 年 37-4】【平成 27 年 28-1】【平成 30 年 36-3】【令和 3 年 36-3】

未成年者が法律行為をするには、原則として、その法定代理人の同意を得なければなりません。ただし、**単に権利を得、または義務を免れる法律行為**については、その**法定代理人の同意を得る必要はない**とされています。

 一種または数種の営業を許された未成年者は、**その営業に関しては**、成年者と同一の行為能力を有するとされています。未成年者が単独で行うことができるのは、許された営業に関してであって、許された営業以外の法律行為は単独で行うことはできません。

 成年被後見人の法律行為は、その成年後見人の同意を得て行われた場合であっても、取り消すことができます。

 被保佐人が元本を利用する行為だけでなく、元本を領収する行為をする場合にも、保佐人の同意が必要です。

 被保佐人が**相続の承認または放棄**をするには、その保佐人の同意を得なければなりません。

 被補助人が特定の法律行為をするにはその補助人の同意を得なければならない旨の審判を家庭裁判所がする場合、その審判によりその同意を得なければならないものとすることができる行為は、**民法第13条（保佐人の同意を要する行為等）第1項に規定する行為の一部**に限られます。

制限行為能力者の相手方は、その制限行為能力者が行為能力者（行為能力の制限を受けない者をいう。）となった後、その者に対し、2週間以上の期間を定めて、その期間内にその取り消すことができる行為を追認するかどうかを確答すべき旨の催告をすることができる。この場合において、その者がその期間内に確答を発しないときは、その行為を取り消したものとみなされる。

【平成 24 年 28-4】【平成 25 年 37-3】【平成 26 年 28-4】【平成 27 年 28-4】

【平成 28 年 36-3】【平成 29 年 28-4】【平成 30 年 36-4】【令和元年 28-1】【令和 3 年 36-4】

A は、未成年者である B との間で、A を貸主とし B を借主とする金銭消費貸借契約を締結しようとしている。B が、自己を成年であると A に信じさせるため詐術を用いて A との間で本件貸付契約を締結した場合、民法上、B は本件貸付契約を取り消すことができない。

【平成 21 年（第 3 回）38-3】【平成 24 年 28-3】【平成 28 年 36-4】【令和 2 年 28-2】

2-3 意思表示

❶ 意思の不存在

表意者がその真意ではないことを知りながら自己の所有する物を売却する旨の意思表示を相手方に対して行ったときは、当該意思表示は無効である。ただし、相手方がその意思表示が表意者の真意でないことを知り、又は知ることができたときは、その意思表示は有効である。　【平成 23 年 37-3】【平成 28 年 28-1】【平成 30 年 28-1】

【令和 3 年 28-1】

X は、実際には売却するつもりがないのに、Y と通謀して、自己所有の不動産 A を Y に売却したように装い、その登記を Y に移転した。その後、Y は、当該事情を知っている第三者 Z に不動産 A を売却した。この場合、民法上、X は、Z に対し、XY 間の売買の無効を主張することができる。　【平成 21 年（第 4 回）31-3】

【平成 24 年 35-1】【平成 26 年 29-1】【平成 28 年 28-2】【平成 30 年 28-4】【令和 2 年 29-4】

【令和 3 年 28-2】

262

制限行為能力者の相手方は、その制限行為能力者が**行為能力者となった後、その者に対し、「1か月以上」の期間を定めて**、その期間内にその取り消すことができる行為を追認するかどうかを確答すべき旨の催告をすることができます。この場合において、その者がその期間内に確答を発しないときは、**その行為を「追認した」もの**とみなされます。

制限行為能力者（未成年者等）が**詐術**（だます手段）を用いて契約を締結した場合には、その契約を取り消すことはできません。

意思表示は、表意者がその真意ではないことを知ってしたときであっても、その効力を妨げられず、その意思表示は**有効**です。ただし、相手方がその意思表示が表意者の真意でないことを知り、または知ることができたときは、その意思表示は、**無効**となります。本問は、「有効」と「無効」が逆になっているため、誤りです。

実際には売るつもりはないのに買主と通謀して売買契約をしたかのように装った場合（通謀虚偽表示の場合）、その契約は**無効**となります。ただし、この無効は**善意の第三者に対抗することはできない**とされています。

第三者 Z は通謀虚偽表示による契約であることを知っていたのであるから、善意の第三者とはいえず、通謀虚偽表示をした X はその契約の無効を Z に主張することができます。

なお、善意とは、ある事情を知らないことをいいます。

2 貸付けに関する法令と実務

○×問題

263

❷ 瑕疵ある意思表示

問題 3
意思表示は、表意者が法律行為の基礎とした事情についてのその認識が真実に反する錯誤に基づくものであって、その錯誤が法律行為の目的及び取引上の社会通念に照らして重要なものであるときは、その事情が法律行為の基礎とされていることが表示されていなくても、取り消すことができる。

【平成22年 28-1】【平成30年 28-2】【令和3年 28-3】

問題 4
Xは、実際には自己所有の不動産BをYに売却するつもりであるにもかかわらず、誤って自己所有の不動産CをYに売却する旨の申込みをし、YはXの申込みを承諾した。この場合において、民法上、XのYに対する当該申込みに重大な過失があったときは、Xは、原則として、当該売買契約を取り消すことができない。

【平成21年（第4回）31-4】【平成23年 37-2】【平成24年 35-2】【平成26年 29-4】

【令和2年 29-1】

問題 5
Aは、Dの詐欺により、Bとの間で、自己の所有する甲建物をBに売却する旨の契約を締結した。この場合において、Bが、Dによる詐欺の事実を知らず、かつ知らないことに過失がなかったとしても、Aは、詐欺による意思表示を理由として、当該契約を取り消すことができる。　　　【平成26年 29-2】【令和2年 29-2】

問題 6
Xは、Yに騙されて、自己所有の不動産DをYに売却し、その登記をYに移転した。その後、Yが、当該事情を知っている第三者Zに不動産Dを売却した後に、Xは、Yとの間の売買契約を取り消した。この場合、民法上、Xは、Zに対し、この取消しを主張することができない。

【平成21年（第4回）31-1】【平成24年 35-3】【平成26年 29-2】【平成28年 28-3】

問題 7
強迫による意思表示は取り消すことができるが、強迫による意思表示の取消しは、善意の第三者に対抗することができない。　　　【平成21年（第4回）31-2】

【平成22年 28-4】【平成26年 29-3】【平成28年 28-4】【平成30年 28-3】【令和2年 29-3】

【令和3年 28-4】

動機の錯誤（表意者が法律行為の基礎とした事情についてのその認識が真実に反する錯誤）の場合、**その事情が法律行為の基礎とされていることが表示されていなければ**、取り消すことはできません。

 錯誤が表意者の**重大な過失**によるものであった場合には、原則として意思表示の取消しをすることができません。

　Xの申込みの意思表示に錯誤がある場合であっても、Xに重大な過失があったときは、Xは、原則として、その売買契約を取り消すことができません。

　なお、表意者に重大な過失がある場合であっても、「相手方が表意者に錯誤があることを知り、または重大な過失によって知らなかったとき」または「相手方が表意者と同一の錯誤に陥っていたとき」には、例外として、取り消すことができます。

 第三者から詐欺を受けた場合には、**相手方が詐欺の事実を知り、または知ることができたとき**にだけ、取り消すことができます。

　よって、第三者DからAが詐欺を受けた事実を、相手方Bが知らず、かつ知らないことに過失がなかった場合には、契約を取り消すことはできません。

 詐欺を受けたことによってなした意思表示は、取り消すことができます。ただし、**善意でかつ過失がない第三者**に対しては、**詐欺による取消しを対抗することはできない**とされています。

　第三者Zは詐欺による契約であることを知っていたのであるから、善意・無過失の第三者とはいえず、詐欺による意思表示をしたXは、その契約の取消しをZに主張することができます。

 強迫による意思表示は取り消すことができます。**強迫**による意思表示の取消しは、**善意の第三者に対抗することができます**。

2-4 代理

❶ 代理

問題 1 代理人が相手方に対してした意思表示の効力が意思の不存在、錯誤、詐欺、強迫又はある事情を知っていたこともしくは知らなかったことについて過失があったことによって影響を受けるべき場合には、その事実の有無は、原則として、代理人について決するものとされる。

【平成 21 年 (第 2 回) 31-2】【平成 30 年 37-1】

【令和 4 年 36-1】

問題 2 B が、A から代理権を付与された後、その代理行為をする前に、破産手続開始の決定を受けた場合、当該代理権は消滅する。　【平成 30 年 37-4】

❸ 無権代理への対処方法

問題 3 A が B の代理人であると称して B が所有する不動産を C に売却する契約を締結したが、A は B から代理権を付与されていなかった。C が、B に対して相当の期間を定めて本件売買契約を追認するか否かを催告したにもかかわらず、B がその期間内に確答しなかった場合には、B は、追認を拒絶したものとみなされる。

【平成 21 年 (第 4 回) 40-3】【平成 29 年 29-1】【令和 4 年 36-3】

問題 4 A が B の代理人であると称して B が所有する不動産を C に売却する契約を締結したが、A は B から代理権を付与されていなかった。C が A に代理権がないことを知らなかった場合、B が追認をしない間は、C は本件売買契約を取り消すことができる。　【平成 21 年 (第 4 回) 40-1】【平成 29 年 29-3】【令和元年 29-3】

【令和 4 年 36-4】

代理行為は代理人によって行われます。そのため、代理行為における意思表示について、その意思の不存在、錯誤、詐欺、強迫または悪意・過失の事実の有無は、原則として、**代理人を基準**に判断します。

 代理人が破産手続開始の決定を受けた場合、代理権は消滅します。

●代理権の消滅原因（民法上）

本人	死亡
代理人	死亡、破産手続開始決定、後見開始の審判

 無権代理の場合、相手方は、本人に対して相当の期間を定めて、無権代理を追認するか否かの催告をすることができ、期間内に本人からの確答がなければ、**追認が拒絶された**とみなされます。

 無権代理の場合において、代理権がないことを**相手方が知らなかったとき**は、**本人の追認がない間**は、相手方は契約を取り消すことができます。

問題 5 AがBの代理人であると称してBが所有する不動産をCに売却する契約を締結したが、AはBから代理権を付与されていなかった。Cは、Aに代理権がないことを知っていたか否かを問わず、Aに本件売買契約を履行するように請求するか、損害賠償を請求するか、どちらかを選択することができる。

【平成21年(第4回) 40-4】【平成27年 37-3】【平成29年 29-4】【令和元年 29-4】

❹ 代理人の行為能力

問題 6 Aは、Bが制限行為能力者である場合、Bに対し、代理権を付与することができない。 【平成24年 36-2】【平成28年 37-1】【平成30年 37-3】

❺ 復代理人の選任

 問題 7 Aは、Bが所有する甲土地をBから2,000万円以下で購入する旨の代理権をCに授与した。Cは、Bとの間で甲土地の売買契約を締結するに当たり、Aの許諾を得ていなければ、たとえやむを得ない事由があっても、第三者であるDを本件売買契約の復代理人として選任し、Dに甲土地の売買契約を締結させることはできない。

【平成22年 29-3】【平成24年 36-3】【平成26年 36-1】

【平成28年 37-2】【平成30年 37-2】【令和元年 29-1】【令和3年 37-2】

問題 8 復代理人は、本人及び第三者に対して、その権限代理人と同一の権利を有し、義務を負う。 【平成24年 36-4】【平成26年 36-3】

無権代理の場合、**相手方は**、無権代理人に対して**履行**または**損害賠償の責任**を追及できます。ただし、**代理権がないことを相手方が知っていた場合**、または、**過失により知らなかった場合**には、責任を追及できません。本問は「代理権がないことを知っていたか否かを問わず」となっている部分が誤りです。

●無権代理への対処方法（まとめ）

①催告権	悪意であっても権利行使可能 ※催告に対する確答がなければ追認拒絶とみなされる
②取消権	善意の場合にのみ権利行使可能
③無権代理人の責任追及	善意かつ無過失の場合にのみ責任追及可能

 代理人は行為能力者である必要はなく、制限行為能力者に代理権を付与することもできます。

なお、制限行為能力者が代理人としてした行為は、行為能力の制限によっては取り消すことができないとされています。

 任意代理人（本人が委任した代理人）の場合であっても、**本人の許諾**または**やむを得ない事情**があるときは、復代理人を選任することができます。

よって、代理人Cは、本人Aの許諾を得ていなくても、やむを得ない事由があれば、Dを復代理人として選任し、Dに契約を締結させることができます。

 復代理人は、本人および第三者に対して、代理人と同一の権利を有し、義務を負います。

❻ 自己契約・双方代理の禁止

問題
9

A は、B が所有する甲土地を B から 2,000 万円以下で購入する旨の代理権を C に授与した。C は、A から甲土地の購入について代理権を授与されている一方で、B からも甲土地の売却について代理権を授与されていた。この場合において、C が、A 及び B の事前の許諾を得ることなく、A 及び B の双方の代理人として、甲土地を A に 3,000 万円で売却する旨の契約を締結したときは、C の本件行為は無権代理行為となる。 【平成 22 年 29-2】【平成 28 年 37-3】【令和 4 年 36-2】

2-5 無効および取消し

❶ 無効

問題
1

無効な行為は、当事者がその行為の無効であることを知って追認をしたときは、初めから有効であったものとみなされる。 【平成 29 年 37-1】
【平成 30 年 29-4】【令和元年 36-3】【令和 2 年 30-1】【令和 3 年 29-1】【令和 4 年 29-3】

❷ 取消し

問題
2

行為能力の制限によって取り消すことができる行為は、制限行為能力者（他の制限行為能力者の法定代理人としてした行為にあっては、当該他の制限行為能力者を含む。）又はその代理人、承継人もしくは同意をすることができる者に限り、取り消すことができる。 【令和 2 年 30-2】【令和 3 年 29-2】【令和 4 年 37-1】

問題
3

錯誤、詐欺又は強迫によって取り消すことができる行為は、瑕疵ある意思表示をした者又はその代理人もしくは承継人に限り、取り消すことができる。
【平成 27 年 29-4】【平成 30 年 29-1】

問題
4

詐欺又は強迫による意思表示が取り消された場合、当該意思表示は取消しがあった時から将来に向かって無効となる。 【平成 24 年 29-2】
【平成 27 年 29-3】【平成 29 年 37-3】【令和元年 36-3】【令和 2 年 30-3】【令和 4 年 37-2】

双方代理（当事者双方の代理人となること）は禁止されており、これを行った場合には、**当事者本人の事前の許諾がない限り**、「無権代理行為」となります。

　よって、代理人Cが、AおよびBの事前の許諾を得ることなく、AおよびBの双方の代理人として契約を締結したときは、その行為は無権代理行為となります。

 無効な行為は、追認によっても、その効力を生じません。ただし、当事者がその行為の無効であることを知って追認をしたときは、**新たな行為をしたもの**とみなされます。初めから有効であったとみなされるわけではありません。

 行為能力の制限によって取り消すことができる行為は、**制限行為能力者**または**その代理人、承継人**もしくは**同意をすることができる者**に限り、取り消すことができます。

 錯誤、詐欺または強迫によって取り消すことができる行為は、**瑕疵ある意思表示をした者**または**その代理人もしくは承継人**に限り、取り消すことができます。

 取り消された行為は、**初めから無効**であったものとみなされます。将来に向かって無効となるわけではありません。

問題 5 取り消すことができる行為は、取り消すことができる者が追認した場合であっても、相手方が全部の履行を終えるまでは、いつでも取り消すことができる。

【平成30年29-2】【令和3年29-3】

問題 6 取消権は、追認をすることができる時から3年間行使しないときは、時効によって消滅する。行為の時から10年を経過したときも、同様である。

【平成23年37-1】【平成30年29-3】【令和2年30-4】

2-6 条件・期限・期間

❶ 条件

問題 1 停止条件付法律行為は、停止条件が成就した時からその効力を失う。解除条件付法律行為は、解除条件が成就した時からその効力を生じる。

【平成26年30-1】【平成28年38-2】【令和元年37-4】

❷ 期限

問題 2 債務者が担保を滅失させ、損傷させ、又は減少させた場合には、債務者は、期限の利益を主張することができない。

【平成25年30-1】【平成28年38-4】【令和元年37-1】

❸ 期間

問題 3 Aは、Bとの間で、元本を10万円とし利息を年1割（10％）とする金銭消費貸借契約を締結し、Bに10万円を貸し付けようとしている。Aが、9月1日の午後3時に、期間を3か月として、Bとの間で、本件金銭消費貸借契約を締結し10万円を貸し付けた場合、民法上、本件契約に基づく返済期限は同年11月30日である。

【平成22年30-3】【令和元年30-1】

取り消すことができる行為は、取り消すことができる者が**追認したときは、以後、取り消すことができません**。

 取消権は、追認をすることができる時から**5年間**行使しないときは、時効によって消滅します。行為の時から**20年**を経過したときも、同様です。

●取消権の期間制限

- ・**追認をすることができる時**から**5年間**行使しないときは、取消権は消滅する
- ・**行為の時**から**20年**を経過したときも、取消権は消滅する

 停止条件付法律行為は、条件が成就した時から**その効力を生じます**。一方、**解除条件**付法律行為は、条件が成就した時から**その効力を失います**。本問は、停止条件と解除条件の説明が逆になっているため、誤りです。

 債務者が**担保を滅失**させ、**損傷**させ、または**減少**させた場合には、債務者は、期限の利益を主張することができません。

 日、週、月、年によって期間を定めたときは、その期間が午前零時から始まるときを除き、**期間の初日は算入しません**。これを「初日不算入の原則」といいます。本問の契約では、9月1日は算入されないため、翌日（9月2日）が期間の起算日になります。

週、月、年によって期間を定めたときは暦に従って計算し、「週、月、年の初めから期間を起算しないときは、その期間は、最後の週、月、年において**その起算日に応当する日の前日に満了する**」とされています。本問では期間を3か月としているので、起算日（9月2日）に応答する日（12月2日）の前日（12月1日）が返済期限になります。

右側：**2** 貸付けに関する法令と実務

○×問題

問題 4 債務者は、債務の履行に付された期限について、期限の利益を放棄することができない。 【平成21年（第3回）30-4】【平成22年 30-4】【平成26年 30-4】

2-7 時効

❶ 時効

問題 1 10年間、所有の意思をもって、平穏に、かつ、公然と他人の物を占有した者は、その占有の開始の時に、善意であったときは、過失の有無を問わず、その所有権を取得する。 【平成27年 38-4】【平成30年 30-1】

❷ 時効の援用

問題 2 裁判所は、当事者が時効の援用をしなくても、時効によって裁判をすることができる。 【平成23年 38-2】【平成27年 38-2】【平成28年 29-4】【平成29年 30-2】

❹ 時効の完成猶予と更新

問題 3 仮差押えは、その事由が終了した時から6か月を経過するまでの間は、時効は、完成しない。 【平成28年 29-2】【平成30年 30-3】【令和2年 38-3】

問題 4 催告があったときは、その時から6か月を経過するまでの間は、時効は、完成しない。催告によって時効の完成が猶予されている間にされた再度の催告は、時効の完成猶予の効力を有しない。 【平成25年 31-2】【平成26年 37-3】
【平成29年 30-3】【平成30年 30-2】【令和3年 30-2】【令和4年 29-3】

問題 5 時効は、権利の承認があったときは、その時から新たにその進行を始める。この承認をするには、相手方の権利についての処分につき行為能力の制限を受けていないこと又は権限があることを要する。 【平成22年 31-b】【平成25年 31-1】
【令和3年 30-3】

債務者は、期限の利益を放棄することができます。

 10年間、所有の意思をもって、平穏に、かつ、公然と他人の物を占有した者は、その占有の開始の時に、善意であり、かつ、「過失がなかった」ときは、その所有権を取得することができます。よって、本問は、「過失を問わず」となっている部分が誤りです。

 時効は、**当事者**（消滅時効にあっては、**保証人**、物上保証人、第三取得者その他権利の消滅について正当な利益を有する者を含む。）が援用しなければ、裁判所がこれによって裁判をすることができないとされています。

 仮差押えは、その事由が終了した時から**6か月**を経過するまでの間は、時効は、完成しません（時効の完成猶予）。

 催告があったときは、その時から**6か月**を経過するまでの間は、時効は、完成しません（時効の完成猶予）。また、再度の催告は、時効の完成猶予の効力を有しません。

 時効は、権利の承認があったときは、その時から新たにその進行を始めます（時効の更新）。この承認をするには、相手方の権利についての処分につき**行為能力の制限を受けていないことまたは権限があることを要しません。**

○×問題

❺ 時効の利益の放棄

問題6 時効の利益は、あらかじめ放棄することができる。 【平成22年31-d】

【平成26年37-2】【平成27年38-3】【平成29年30-1】【令和3年30-4】【令和4年29-1】

❻ 時効の効力

問題7 時効の効力は、その起算日にさかのぼる。

【平成23年38-3】【平成27年38-1】【平成29年30-4】

2-8 物権変動

❶ 物権変動

問題1 Aが、自己の所有する不動産をBに売却した場合、AとBとの間に特約がなければ、民法上、当該不動産の所有権は、BがAに当該不動産の売買代金を支払った時点でAからBに移転する。 【平成21年（第1回）35-1】

❷ 不動産の物権変動

問題2 Aは、自己の所有する不動産をBに売却した後、Cに対しても当該不動産を売却した。BがCより先に当該不動産について所有権移転登記を受けた場合、Bは、原則として自己が当該不動産の所有者である旨をCに主張することができる。 【平成21年（第1回）35-2】

時効の利益は、あらかじめ放棄することができません。

時効の効力は、その起算日にさかのぼります。

売買契約をした場合、特約がなければ、契約の目的物の所有権は、**契約を締結した時点**で、売主から買主に移転します。売買代金を支払った時点で所有権が移転するわけではありません。

不動産が二重に譲渡された場合、原則として、**先にその不動産の登記を受けた**買主が、他の買主に対して、自分が所有者であると主張できます。本問では、BがCより先に登記を受けているので、Bは所有者である旨をCに主張できます。

○×問題

2-9 担保物権

❶ 担保物権の種類

問題 1　抵当権者は、債務者又は第三者が占有を移転しないで債務の担保に供した不動産について、他の債権者に先立って自己の債権の弁済を受ける権利を有する。

【平成30年38-1】

❹ 質権

問題 2　質権は、動産をその目的とすることはできるが、不動産及び債権をその目的とすることはできない。

【平成27年30-1】

問題 3　動産に対する質権の設定は、質権設定契約を締結することによってその効力を生じ、質権者は、質権設定者に、自己に代わって質物の占有をさせることができる。ただし、質権者自ら質物を占有しないときは、質権を第三者に対抗することができない。

【平成26年31-1】【平成27年30-2】【平成29年31-2】【令和4年30-1】

2-10 抵当権

❶ 抵当権の設定

問題 1　不動産を抵当権の目的とすることはできるが、地上権又は永小作権を抵当権の目的とすることはできない。

【平成21年(第4回)35-4】【平成26年31-3】

❷ 抵当権の効力

問題 2　抵当権者は、後順位抵当権者がいる場合において、利息その他の定期金を請求する権利を有するときは、その満期となった最後の3年分についてのみ、その抵当権を行使することができる。

【平成25年32-3】【平成27年30-4】【平成29年31-4】【令和4年30-4】

抵当権者は、債務者または第三者が**占有を移転しないで**債務の担保に供した不動産について、**他の債権者に先立って自己の債権の弁済を受ける権利**を有します。

 譲り渡すことができる物であれば、**動産だけでなく、不動産および債権も質権の目的とすることができます。**

 質権の設定は、**債権者にその目的物を引き渡す**ことによってその効力を生じ、質権者は、**質権設定者に、自己に代わって質物の占有をさせることはできません。**なお、動産質権者は、継続して質物を占有しなければ、その質権をもって第三者に対抗することができないとされています。

 不動産のほか、地上権や永小作権も、抵当権の目的にすることができます。

 抵当権者は、元本のほか、利息・遅延損害金その他の定期金を請求する権利を有するときはその満期となった最後の **2年分**についてのみ、その抵当権を行使することができます。

問題 3
同一の不動産について数個の抵当権が設定されたときは、その抵当権の順位は、抵当権設定契約の締結日の前後による。

【平成 28 年 30-3】【平成 29 年 31-3】【令和 2 年 31-2】

問題 4
抵当権の順位は、利害関係者の承諾があれば、各抵当権者の合意によって変更することができる。この抵当権の順位の変更は、当事者間の合意によりその効力を生じるが、その登記をしなければ、第三者に対抗できない。

【平成 28 年 30-4】【平成 30 年 38-2】

❸ 抵当権の処分

問題 5
抵当権者は、同一の債務者に対する他の債権者の利益のためにその抵当権又はその順位を譲渡することができるが、その抵当権を他の債権の担保とすることはできない。　【平成 27 年 30-3】【平成 28 年 30-1】【平成 30 年 38-3】【令和 2 年 31-3】

❻ 抵当権の消滅時効

問題 6
抵当権は、債務者及び抵当権設定者に対しては、その担保する債権と同時でなければ、時効によって消滅しない。債務者又は抵当権設定者でない者が抵当不動産について取得時効に必要な要件を具備する占有をしたときは、抵当権は、これによって消滅する。　【平成 25 年 32-4】【平成 30 年 38-4】【令和 2 年 31-4】

2-11 根抵当権

問題 1
根抵当権の極度額の変更は、利害関係を有する者の承諾を得なければ、することができない。

【令和元年 38-2】

問題 2
根抵当権の担保すべき元本については、その確定すべき期日を定め又は変更することができる。その期日は、これを定め又は変更した日から 3 年以内でなければならない。

【令和元年 38-3】

同一の不動産について数個の抵当権が設定されたときは、その抵当権の順位は、**登記の前後**によります。

 本問の前半部分の記述は正しい記述です。しかし、**抵当権の順位の変更はその登記をしなければ効力を生じません**ので、本問の後半部分は誤りです。

 抵当権者は、同一の債務者に対する他の債権者の利益のためにその抵当権またはその順位を譲渡し、または放棄することができます。また、**抵当権者は、その抵当権を他の債権の担保とすることもできます**（転抵当）。

 抵当権は、**債務者および抵当権設定者に対しては**、その担保する債権と同時でなければ、時効によって消滅しません。債務者または抵当権設定者でない者が抵当不動産について**取得時効に必要な要件を具備する占有をした**ときは、抵当権は、これによって消滅します。

 根抵当権の**極度額の変更**は、利害関係を有する者の承諾を得なければ、することができません。

 根抵当権の担保すべき元本については、その確定すべき期日を定めまたは変更することができます。その期日は、これを定めまたは変更した日から**5年以内**でなければなりません。

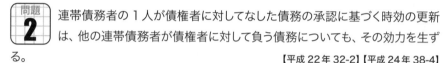

2-12 連帯債務

❷ 連帯債務

問題 1 Ａは、Ｂ及びＣとの間で、Ｂ及びＣが連帯債務を負担する旨を約定して金銭消費貸借契約を締結し、Ｂに金銭を交付した。Ａは、返済期日に、ＢもしくはＣのいずれか１人に対し、又は同時にもしくは順次にＢ及びＣに対し、全部又は一部の履行を請求することができる。　　　　　　　　　　【平成24年38-1】【平成27年32-1】

❸ １人に対して生じた事由の影響

問題 2 連帯債務者の１人が債権者に対してなした債務の承認に基づく時効の更新は、他の連帯債務者が債権者に対して負う債務についても、その効力を生ずる。　　　　　　　　　　　　　　　　　　　　　　【平成22年32-2】【平成24年38-4】

問題 3 連帯債務者の１人について法律行為の無効又は取消しの原因がある場合、他の連帯債務者は、その連帯債務者に代わって無効又は取消しを主張することにより、その連帯債務者の負担部分について、その義務を免れる。

【平成22年32-1】【平成24年38-2】【平成25年33-1】【平成27年32-2】【平成28年39-2】

問題 4 連帯債務者の１人と債権者との間に更改があっても、更改をした当事者間に反対の特約がなければ、他の連帯債務者の債務は消滅しない。

【平成22年32-3】【平成30年32-2】

問題 5 連帯債務者の１人が債権者に対して債権を有する場合において、その連帯債務者が相殺を援用したときは、債権は、すべての連帯債務者の利益のために消滅する。　　　　　　　　　　　　【平成22年32-4】【平成27年32-4】【平成28年39-3】

問題 6 債権者が、連帯債務者の１人に対して債務の免除をした場合、他の連帯債務者の債務もすべて消滅する。

【平成25年33-2】【平成28年39-1】【平成30年32-4】

債権者は、連帯債務者の1人に対し、または**同時**にもしくは**順次**にすべての連帯債務者に対し、**全部**または**一部**の履行を請求することができます。

 連帯債務者の1人が**債務の承認**をしても、他の連帯債務者に影響しません。そのため、連帯債務者の1人が債務を承認しても、他の連帯債務者が債権者に対して負う債務については、時効の更新の効力は生じません。

 連帯債務者の1人について**法律行為の無効または取消しの原因**があっても、他の連帯債務者の債務は、その効力を妨げられず、他の連帯債務者は義務を免れません。

 連帯債務者の1人と債権者との間に**更改**（p.304問題15の解説参照）があったときは、**債権は、すべての連帯債務者の利益のために消滅します。**

○×問題

 連帯債務者の1人が債権者に対して債権を有する場合において、その連帯債務者が**相殺**を援用したときは、**債権は、すべての連帯債務者の利益のために消滅します。**

 連帯債務者の1人に対してした債務の**免除**は、他の連帯債務者に対して、その効力を生じません。

問題7 Ａは、Ｂ及びＣとの間で、Ｂ及びＣが連帯債務を負担する旨を約定して金銭消費貸借契約を締結し、Ｂに金銭を交付した。連帯債務者の１人と債権者との間に混同があったときは、その連帯債務者は、弁済をしたものとみなされる。

【平成24年38-3】【平成27年32-3】【平成30年32-1】

 問題8 連帯債務者の１人のために時効が完成したときは、その連帯債務者の負担部分については、他の連帯債務者も、その義務を免れる。

【平成25年33-3】【平成28年39-4】【平成30年32-3】

2-13 保証契約

❶ 保証契約

 問題1 Ａ社は、Ｂに金銭を貸し付けるに際し、Ｂの知人Ｃを保証人としようと考えている。Ａ社がＣとの間で保証契約を締結する場合、Ａ社とＣとの間で保証について口頭による合意があれば、保証契約はその効力を生じ、当該保証契約を書面又は電磁的記録でする必要はない。

【平成21年（第3回）31-1】【平成26年32-1】【平成29年33-1】

 問題2 保証債務は、主たる債務の元本及び主たる債務に関する利息を包含するが、当事者間に特約がなければ、主たる債務に関する違約金及び損害賠償を包含しない。　【平成21年（第3回）31-4】【平成26年32-2】【平成29年33-2】【令和元年32-1】

問題3 保証人の負担は、債務の目的及び態様において、主たる債務より重いときは主たる債務の限度に減縮され、主たる債務より軽いときは主たる債務の限度まで加重される。　【平成21年（第2回）38-2】【平成26年32-3】【平成29年33-3】

連帯債務者の1人と債権者との間に**混同**があったときは、その連帯債務者は、弁済をしたものとみなされます。

　なお、混同とは、2つの地位が同一人に帰属することをいいます。例えば、仮に債権者Aが連帯債務者Bの親で、Aが死亡してBがAの地位を相続した場合、債権者と債務者が同一人物となるため、BがAに弁済したものとみなされます。

 連帯債務者の1人のために**時効が完成**したときは、他の連帯債務者に対して、その効力を生じません。

 保証契約は、債権者と保証人となろうとする者の間で行いますが、**書面**または**電磁的記録**でしなければ、その効力を生じません。

 特約がなくとも、保証債務は、主たる債務に関する利息、**違約金、損害賠償**その他その債務に従たるすべてのものを包含します。

 保証人の負担が債務の目的または態様において主たる債務より重いときは、これを主たる債務の限度に減縮します。一方、保証人の負担が主たる債務より軽いときに、主たる債務の限度まで加重されることはありません。

2

貸付けに関する法令と実務

○×問題

285

❷ 保証債務の性質

問題 4

主たる債務者に対する履行の請求その他の事由による時効の完成猶予および更新は、保証人に対しても、その効力を生ずる。

【平成21年（第2回）38-4】【平成22年33-4】【平成24年39-1、3】【令和4年31-3】

....

問題 5

A社は、Bに金銭を貸し付けるに際し、Bの知人Cを保証人としようと考えている。A社がBに金銭を貸し付けて、この債務を担保するために、A社とCとの間で連帯保証ではない保証契約が締結された場合において、A社がBに借入金債務の弁済を請求する前にCに保証債務の履行を請求したときは、Cは、原則として、まずBに借入金債務の弁済を請求するようA社に請求することができる。

【平成21年（第3回）31-3】

....

問題 6

債権者は、主たる債務者にその債務の履行を催告したが、主たる債務者が債務を履行しなかったため、保証人（連帯保証人ではないものとする）に保証債務の履行を請求した。この場合において、保証人が、主たる債務者に弁済をする資力があり、かつ、執行が容易であることを証明したときは、債権者は、まず主たる債務者の財産について執行をしなければならない。

【平成21年（第2回）38-1】【令和元年32-2】

❸ 保証人の求償権

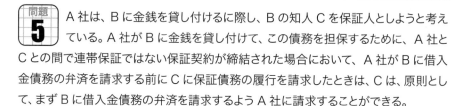

問題 7

AがBとの間でAを貸主としBを借主とする金銭消費貸借契約を締結し、CがBの委託を受けてAとの間で連帯保証契約を締結した後、Cは、Aに対して連帯保証債務の全部を適法に履行した。この場合、Cは、弁済をした額、弁済をした日以後の法定利息及び避けることができなかった費用その他の損害の賠償額について、Bに対して求償権を行使することができる。

【平成24年39-4】

主たる債務者に対する履行の請求、その他の事由による**時効の完成猶予および更新**は、保証人に対しても、その効力を生じます。

 連帯保証人でない保証人には、「催告の抗弁権」があります。そのため、保証人 C は、原則として、弁済を求めてきた債権者 A 社に対して、まずは主たる債務者 B に債務の弁済を請求するよう、請求することができます。

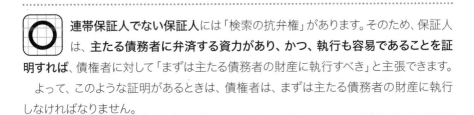 **連帯保証人でない保証人**には「検索の抗弁権」があります。そのため、保証人は、**主たる債務者に弁済する資力があり、かつ、執行も容易であることを証明すれば**、債権者に対して「まずは主たる債務者の財産に執行すべき」と主張できます。

　よって、このような証明があるときは、債権者は、まずは主たる債務者の財産に執行しなければなりません。

 主たる債務者の委託を受けた保証人が、主たる債務者に代わって弁済をして債務を消滅させた場合、その保証人は、主たる債務者に対して、弁済をした額のほか、**弁済をした日以後の法定利息**および**避けることができなかった費用**その他の**損害の賠償額**について、求償権を行使することができます。

❹ 共同保証

問題 8 数人の保証人（連帯保証人ではないものとする）が主たる債務者の金銭債務を保証する場合には、各保証人が各別の行為により債務を負担したときであっても、民法上、各保証人は、主たる債務の全額に相当する額について保証債務を履行する義務を負う。

【平成21年（第2回）38-3】

❺ 保証人の要件

問題 9 Aは、Bとの間でAを貸主としBを借主とする金銭消費貸借契約を締結し、Cをその連帯保証人として指名し、当該金銭消費貸借契約について、Cとの間で連帯保証契約を締結した。その後、Cが、家庭裁判所による保佐開始の審判により、被保佐人となった場合、Cに弁済をする資力があっても、Aは、Cに代えて、他の者を連帯保証人とする旨をBに請求することができる。 【平成24年39-2】【令和元年32-3】

❻ 個人根保証契約

問題 10 個人貸金等根保証契約とは、一定の範囲に属する不特定の債務を主たる債務とする保証契約であり、当該保証契約により自然人又は法人が保証人となるものであって、主たる債務の範囲に金銭の貸渡し又は手形の割引を受けることによって負担する債務が含まれるものをいう。 【平成23年31-1】【平成29年33-4】

2-14 連帯保証

❶ 通常の保証との共通点

問題 1 連帯保証においては、主たる債務者が債権者にその債務の全額を弁済したとしても、保証人は債権者に対して保証債務の消滅を主張することができない。

【平成21年（第1回）34-2】

数人の保証人が保証する場合を「共同保証」といい、共同保証の場合、**連帯保証人ではない保証人**には「分別の利益」があります。そのため、各保証人は、**平等の割合で分割された**保証債務を負担すればよいとされています。

　よって、連帯保証人ではない各保証人が、全額について保証債務を履行する義務を負うわけではありません。

 債務者が保証人を立てる義務を負う場合、その保証人は、①**行為能力者**であり、かつ、②**弁済をする資力を有する者**でなければならず、保証人が②の要件を欠くようになったときは、債権者は、①②の要件を満たす他の者を保証人にする旨を請求することができます。ただし、**債権者が保証人を指名した場合**には、後に保証人が上記要件を満たさなくなっても、**他の者を保証人とする旨を請求することはできません**。

 個人貸金等根保証契約とは、根保証契約（**一定の範囲に属する不特定の債務を主たる債務とする保証契約**）であって、その主たる債務の範囲に、**金銭の貸渡または手形の割引**を受けることによって負担する債務が含まれるもの（**保証人が法人であるものを除く**）をいいます。よって本問は、「法人が保証人となるもの」となっている部分が誤りです。

 保証契約において、主たる債務者が全額を弁済した場合には、保証人の保証債務も消滅します（付従性）。これは、保証契約が連帯保証の場合であっても同じです。

○×問題

❷ 連帯保証の特質

問題 2
連帯保証において、債権者が、主たる債務者に債務の履行を請求することなく、保証人に保証債務の履行を請求した場合、原則として保証人は債権者に対し、まず主たる債務者に催告すべき旨を請求することができる。

【平成21年（第1回）34-3】【令和3年31-3】

- -

問題 3
2人の連帯保証人が1つの主たる債務を共同して保証している場合、各連帯保証人は、主たる債務の2分の1に相当する額についてのみ保証債務を負う。

【平成21年（第1回）34-4】

- -

問題 4
Aは、Bから融資を受けた。Aは、Cに対して、Aの連帯保証人となるよう委託し、Cはこれを受けてBとの間で当該融資に係る連帯保証契約を締結した。またDは、Aの委託を受けずにBとの間で当該融資に係る連帯保証契約を締結した。CがBに対して保証債務の全部を履行した場合、CはAに対して求償することはできるが、Dに対しては求償することができない。

【平成22年33-2】

2-15 債権譲渡

❶ 債権譲渡

問題 1
債権者はその有する債権を、原則として譲り渡すことができる。当該債権について債権者と債務者が譲渡制限の特約をしたときであっても、債権の譲渡は、その効力を妨げられない。

【平成21年（第3回）41-1】

- -

問題 2
契約により生じた金銭の支払を目的とする債権についての譲渡制限の特約は、その特約を知らず、かつ知らないことに重大な過失のない第三者にも対抗することができる。

【平成24年30-1】

連帯保証の場合、保証人に催告の抗弁権はありません。そのため、連帯保証人は、まず主たる債務者に催告すべき旨を請求することはできません。

　連帯保証の場合は保証人に分別の利益がないため、共同保証において各連帯保証人は、主たる債務の「全額」について保証債務を負います。よって、本問は、「主たる債務の2分の1についてのみ保証債務を負う」としている点が誤りです。

　保証人が弁済をした場合、その保証人は主たる債務者に対して求償権を行使できます。よって本問の場合、保証人であるCは、主たる債務者Aに求償権を行使できます。

　また、連帯保証人のうちの1人が全額を弁済したときは、他の連帯保証人に求償権を行使できます。よって本問の場合、連帯保証人Cは、他の連帯保証人Dに対して求償権を行使できます。

　債権者はその有する債権を、原則として譲り渡すことができます。当事者が債権の譲渡を禁止し、または制限する旨の意思表示（譲渡制限の特約）をしたときであっても、債権の譲渡は、その効力を妨げられません。

　債権の譲渡制限の特約は、**その特約を知らず、かつ知らないことに重大な過失のない第三者**に対抗することができません。

❷ 債権譲渡の対抗要件

債権の譲渡は、譲受人が債務者に債権譲渡の通知をすることにより、債務者に対抗することができる。

【平成21年（第3回）41-2】【平成28年32-1】【平成29年30-1】

債権の譲渡は、債務者が確定日付のある証書によって債権譲渡を承諾することにより、第三者に対抗することができる。　【平成21年（第3回）41-3】

個人である債権者は、その債権を二重に譲渡した後、それぞれの譲渡につき順次、確定日付のある証書による通知を発し、各通知は異なる日に債務者に到達した。この場合における譲受人相互の間の優劣は、確定日付のある証書による通知が債務者に到達した日の先後によって決定される。　【平成24年30-4】

【平成26年39-2・3】【平成28年32-2〜4】【平成29年30-2〜4】【令和元年39-4】

❸ 債権譲渡における債務者の抗弁

債務者は、対抗要件具備時までに譲渡人に対して生じた事由をもって譲受人に対抗することができる。

【平成21年（第3回）41-4】【平成24年30-2】【平成26年39-4】【令和元年39-1】

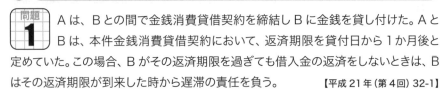

❶ 債務不履行等

Aは、Bとの間で金銭消費貸借契約を締結しBに金銭を貸し付けた。AとBは、本件金銭消費貸借契約において、返済期限を貸付日から1か月後と定めていた。この場合、Bがその返済期限を過ぎても借入金の返済をしないときは、Bはその返済期限が到来した時から遅滞の責任を負う。　【平成21年（第4回）32-1】

債権の譲渡は、**譲渡人が債務者に通知**し、または**債務者が承諾**をしなければ、債務者その他の第三者に対抗することができません。そのため、債権譲渡の通知は譲渡人が債務者にしなければならず、譲受人が債務者に通知しても、債務者等に対抗することはできません。

 債権の譲渡は、**譲渡人が債務者に確定日付のある証書によって通知**し、または**債務者が確定日付のある証書によって承諾**することにより、第三者に対抗することができます。

 債権が二重に譲渡され、いずれの譲渡についても確定日付のある証書による通知がなされた場合、各譲受人相互の間の優劣は、**確定日付のある証書**による通知が**債務者に到達した日の先後によって**決定されます。

 債務者は、**対抗要件具備時（債権者による債権譲渡の通知、または、債務者による承諾がなされる時）までに**譲渡人に対して生じた事由をもって譲受人に対抗することができます。

○ × 問題

 確定期限を定めていた場合、債務者は、**その期限が到来した時**から、遅滞の責任を負います。

問題 2

当事者が契約において、債務の履行について不確定期限を定めた場合、民法上、債務者は、その期限が到来した時から遅滞の責任を負う。

【平成21年（第1回）32-1】【平成21年（第4回）32-3】【平成27年31-1】

【平成28年31-1】【平成30年31-1】【令和元年31-1】【令和2年32-2】

問題 3

Aは、Bとの間で金銭消費貸借契約を締結しBに金銭を貸し付けた。AとBは、本件金銭消費貸借契約において、返済期限を定めていなかった。この場合、Bが、Aから相当の期間を定めて貸付金の返済を求められたにもかかわらず、当該期間を経過しても借入金を返済しなかったとしても、Bは遅滞の責任を負うことはない。

【平成21年（第4回）32-2】

❷ 債務不履行による損害賠償請求

問題 4

貸金業者であるA社は、個人顧客であるBとの間で貸付けに係る契約を締結して金銭を貸し付け、本件貸付契約について契約書を作成しBの署名押印を得た。Bが、本件貸付契約で定めた返済期日を経過してもその債務を弁済しない場合、A社は、債務不履行を理由として、Bに対し損害賠償を請求することができる。

【平成21年（第3回）39-4】

問題 5

債務の不履行又はこれによる損害の発生もしくは拡大に関して債権者に過失があったときは、裁判所は、これを考慮して、損害賠償の責任及びその額を定める。

【平成22年38-2】【平成29年32-2】【令和2年32-3】

問題 6

Aは、Bとの間で金銭消費貸借契約を締結しBに金銭を貸し付けた。AとBは、本件金銭消費貸借契約において、貸付けに係る利率及び遅延損害金の額を定めていなかった。この場合、Bが約定の返済期限を過ぎても借入金の返済をしないときは、AはBに対し、返済期限の翌日から、元本に対する割合を年14.6%として計算した額の損害賠償金を請求することができる。

【平成21年（第4回）32-4】【平成25年30-4】

不確定期限を定めた場合、債務者は、その期限の到来した後に**履行の請求を受けた時またはその期限の到来を知った時**のいずれか早い時から、遅滞の責任を負います。「その期限が到来した時」から、遅滞の責任を負うわけではありません。

 金銭消費貸借契約において返済期限を定めていなかった場合、貸主は借主に対して、相当の期間を定めて催告することができ、**催告から相当の期間が経過すれば**、借主は遅滞の責任を負います。

 返済期日までに弁済がない場合には、債務不履行（履行遅滞）となり、債権者は債務者に対して、債務不履行による損害賠償を請求することができます。

 債務不履行またはこれによる損害の発生もしくは拡大に関して**債権者に過失があった場合**、裁判所は、これを考慮して、**損害賠償の責任**および**その額**を定めます（過失相殺）。

 貸付けに係る**利率および遅延損害金の額を契約に定めていなかった**場合、**法定利率（年3%）**について、損害賠償金を請求することができます。
　なお、法定利率は3年ごとに見直しがあります。

295

問題 7 金銭の給付を目的とする債務の不履行の損害賠償については、債権者は、損害の証明をしなければならず、債務者は、不可抗力をもって抗弁とすることができる。

【平成21年（第1回）32-4】【平成27年31-3】【令和元年31-3】

問題 8 当事者は、債務の不履行について損害賠償の額を予定した場合において、債務の不履行があったときは、履行の請求をすることはできるが、解除権の行使をすることはできない。

【平成28年31-2】【平成30年31-2】【令和元年31-4】

【令和3年38-3】

問題 9 債権者が、債務の不履行に基づく損害賠償として、その債権の目的である物又は権利の価額の全部の支払いを受けたときは、債務者は、その物又は権利について当然に債権者に代位する。

【平成22年38-4】【平成27年31-4】【令和元年31-2】【令和3年38-4】

2-17 契約の解除

❶ 解除の方法

問題 1 契約又は法律の規定により当事者の一方が解除権を有するときは、その解除は、相手方に対する意思表示によってする。当該意思表示は、撤回することができない。

【平成26年34-4】【平成27年39-1】

問題 2 Aは、Bとの間で、4月15日に、返済期限を同年10月15日と定めて金銭消費貸借契約を締結しBに金銭を貸し付けた。Aは、Bが10月15日を経過しても借入金債務を弁済しない場合、相当の期間を定めてBにその履行の催告をすることなく直ちに、本件金銭消費貸借契約の解除をすることができる。

【平成25年30-2】【平成27年39-2】

金銭債務（金銭の給付を目的とする債務）の不履行の損害賠償については、債権者は、**損害の証明をする必要はなく**、債務者は**不可抗力をもって抗弁とすることができません。**

◉「不可抗力」とは

> 「不可抗力」とは、天災により債務の履行ができなかったなどのように、注意しても損害を防ぐことのできないものをいいます。

 当事者は、債務の不履行について損害賠償の額を予定することができます。損害賠償の額を予定した場合であっても、**履行の請求または解除権の行使**は妨げられません。

 債権者が、債務不履行に基づく損害賠償として、**全部の支払いを受けたとき**は、**債務者は、当然に債権者に代位します。**

　例えば、友人から預かっていた物（時価100万円の物）を過失により盗まれた場合に、友人に100万円を賠償金として支払ったときは、債権者である友人に代わってその物の所有権を取得できます。

 契約または法律の規定により当事者の一方が解除権を有するときは、その解除は、相手方に対する意思表示によって行います。**解除の意思表示は、撤回することができません。**

○×問題

 履行期（弁済期）が経過しても履行（弁済）がなされないことを、履行遅滞といいます。**履行遅滞の場合、債権者は相当の期間を定めて履行の催告をし、**その期間内に債務者が履行しないときにはじめて、契約を解除することができます。

問題 3
債務者が契約に基づいて負っている債務が履行不能となった場合、民法上、債権者は、債務者に対し債務の履行を催告した後に限り、契約を解除することができる。
【平成21年（第1回）32-2】

問題 4
当事者の一方が数人ある場合には、契約の解除は、そのうちの1人から又はそのうちの1人に対してのみ、することができる。また、解除権が当事者のうちの1人について消滅した場合であっても、他の者については、その効力を生じない。
【平成26年34-3】【平成28年33-4】

2-18 弁済・相殺、その他の債権消滅原因

❶ 弁済

問題 1
金銭消費貸借契約において、借入金債務の弁済のための費用の負担について当事者間に別段の定めがなされていない場合、民法上、弁済のための費用は、原則として、債権者が負担しなければならない。
【平成21年（第1回）36-2】
【平成21年（第2回）39-4】【平成21年（第4回）41-3】【平成22年37-4】【令和元年33-1】

問題 2
金銭消費貸借契約において、借入金債務を弁済すべき場所について当事者間に別段の定めがなされていない場合、民法上、貸主は、借主の現在の住所において債務の履行を請求しなければならない。
【平成21年（第1回）36-1】【平成21年（第4回）41-4】【平成22年37-1】

問題 3
金銭消費貸借契約において、当事者間に、借主以外の第三者（保証人を除く）による弁済を禁ずる旨の別段の定めがなされていた場合であっても、民法上、保証人以外の第三者は、借主の貸主に対する借入金債務を弁済することができる。
【平成21年（第1回）36-4】【平成29年39-1】【令和4年32-2】

履行不能の場合は、履行遅滞とは異なり、債権者は**催告をしなくても**契約を解除することができます。

 当事者の一方が数人ある場合には、契約の解除は、**その全員からまたはその全員に対して**のみ、することができる。また、解除権が当事者のうちの1人について消滅したときは、**他の者についても消滅**します。

 弁済の費用について別段の意思表示がないときは、その費用は、原則として**債務者**の負担となります。本問は、「債権者」となっている部分が誤りです。

 借入金債務を弁済すべき場所について、当事者間に別段の定めがない場合、**債権者である貸主**の現在の住所が弁済すべき場所となります。本問は、「借主」となっている部分が誤りです。

 債務の弁済は原則として第三者も行うことができますが、**当事者が第三者の弁済を禁止し、または制限する旨の意思表示をしたときは、第三者による弁済はできない**とされています。そのため、契約の当事者間に第三者による弁済を禁止する旨の別段の定めがある場合、第三者は弁済をすることができません。

2

貸付けに関する法令と実務

○×問題

299

問題 4　貸金業者であるA社は、Bとの間の貸付けに係る契約に基づきBがA社に対して負う債務（以下、「本件債務」という）の弁済を第三者であるC社（Bの保証人ではない）に委託しようとしている。C社が本件債務の弁済をA社から受託した場合において、C社が当該債務の弁済につき利害関係を有していないときは、民法上、C社は、本件債務の弁済がBの意思に反しなくても、A社に対し本件債務の弁済をすることができない。　　　　　　　　　　　　　【平成21年（第1回）40-2】

【平成23年40-4】【平成25年38-1】【平成29年39-1】【令和2年40-2】

問題 5　弁済によって債権者に代位した者は、民法第501条各号の定めるところに従い、自己の権利に基づいて求償をすることができる範囲内において、債権の効力及び担保としてその債権者が有していた一切の権利を行使することができる。

【平成24年31-1】【令和元年33-4】

問題 6　債務者の債務を弁済するについて正当な利益を有しない者であっても、債務者のために有効な弁済をした場合には、当然に債権者に代位する。

【平成22年37-3】【平成24年31-3】【平成26年33-4】

問題 7　受領権者以外の者であって取引上の社会通念に照らして受領権者としての外観を有する者に対してした弁済は、その弁済をした者が善意であり、かつ、過失がなかったときに限り、その効力を有する。　　　　　【平成21年（第2回）39-3】

【平成25年38-2】【平成28年40-1】【平成30年39-1】【令和4年32-1】

問題 8　金銭消費貸借契約における借主が元本のほか利息及び費用を支払うべき場合において、借主がその債務の全部を消滅させるのに足りない金額を貸主に返済した。当事者間に別段の定めがなされていない場合、民法上、貸主は給付を受けた金銭を費用、元本、利息の順に充当しなければならない。

【平成21年（第1回）36-3】【平成21年（第4回）41-2】【令和4年32-3】

問題 9　差押えを受けた第三債務者が自己の債権者に弁済をしたときは、差押債権者は、その受けた損害の限度において更に弁済をすべき旨を第三債務者に請求することはできない。　　　　　　　　　　　　【平成23年40-1】【平成25年38-4】

弁済をすることについて**正当な利益を有する者でない第三者**は、債務者の意思に反して弁済をすることができないとされています。

弁済について第三者であるＣ社が正当な利益を有する者でないときであっても、**債務者Ｂの意思に反しなければ**、弁済をすることができます。

 弁済によって債権者に代位した者は、自己の権利に基づいて**求償をすることができる範囲内**において、**債権の効力および担保としてその債権者が有していた一切の権利**を行使することができます。

 債務を弁済するについて**正当な利益を有しない者が弁済をした**場合でも、債権者に代位することができます。

 受領権者以外の者であって取引上の社会通念に照らして受領権者としての外観を有する者に対してした弁済は、その弁済をした者が**善意**であり、かつ、**過失がなかった**ときに限り、その効力を有します。

 債務者が1つまたは数個の債務について、元本のほか利息および費用を支払うべき場合で、弁済者の返済がその額に満たないときは、これを**費用、利息、元本の順**に充当しなければなりません。本問は、「費用、元本、利息の順」となっている部分が誤りです。

 差押えを受けた第三債務者が、自己の債権者に弁済をしたときは、差押債権者は、その受けた損害の限度において、さらに弁済をすべき旨を第三債務者に請求することができます。

金銭消費貸借契約において、債務者が借入金に相当する金銭を準備できなかったため、借入金に相当する金銭と同等の価値のある動産を債権者に引き渡した場合、代物弁済についての債権者の同意がなくても貸付金債権は消滅する。

【平成21年（第4回）33-1】【平成24年40-3】【平成26年33-2】【平成30年39-2】

 債務者は、弁済の提供の時から、債務を履行しないことによって生ずべき責任を免れる。　　　　　　【平成21年（第2回）39-2】【平成23年40-3】【令和2年40-4】

❷　供託

問題 12 Aは、Bとの間で金銭消費貸借契約を締結し、Bから金銭を借り受けた。Bが死亡して相続が開始した場合において、Aが過失なくBの相続人を確知することができないときは、Aは、借入金債務に相当する金銭を供託してその債務を免れることができる。

【平成24年40-2】【平成25年38-3】

❸　相殺

問題 13 二人が互いに金銭債務を負担する場合において、相殺する当事者が相手方に対して有する債権の弁済期が到来しているが、当該相殺する当事者が相手方に対して負担する債務の弁済期が到来していないときは、当該相殺する当事者は、その対当額について相殺によってその債務を免れることができない。

【平成23年32-3】【平成25年30-3】【令和元年34-3】【令和2年33-1】【令和3年32-1】

 相殺は、当事者の一方から相手方に対する意思表示によってする。この場合において、その意思表示には、条件又は期限を付することができない。

【平成26年33-3】【平成27年33-2】【平成29年34-1】【令和元年34-1】【令和3年32-2】

代物弁済は債権消滅原因のひとつですが、債権者との間で代物弁済の**契約をしなければ**、債権消滅の効果は生じません。

◉「代物弁済」とは

> 「代物弁済」とは、本来負担していた給付に代えて他の給付をすることで、債務を消滅させることをいいます。

 債務者は、**弁済の提供の時**から、債務を履行しないことによって発生すべき責任を免れることができます。

 弁済者が過失なく債権者が誰であるのか確知することができない場合、弁済の目的物を供託することで、債務を免れることができるとされています。よって、Aが、過失なくBの債権を誰が相続して債権者となったのかを確知できないときは、Aは、供託してその債務を免れることができます。

 2人が互いに同種の目的を有する債務を負担する場合において、双方の債務が弁済期にあるときは、各債務者は、その対当額について、相殺によってその債務を免れることができるとされています。もっとも、債務者は期限の利益を放棄することができるので、**自働債権（相殺する当事者側の債権）の弁済期が到来していれば**、受働債権（相殺を受ける側の債権。相殺する当事者が相手方に対して負担する債務）の弁済期が到来していないときであっても、**その対当額について相殺することで、その債務を免れる**ことができます。

 相殺は、当事者の一方から相手方に対する意思表示によってします。**相殺の意思表示には、条件または期限を付することができません。**

❹ 更改

債務者の交替により、従来の債務を消滅させて新たな債務を生じさせる更改は、当事者の一方的意思表示により行うことができる。

【平成21年（第4回）33-3】【平成25年40-4】【平成30年39-3】

❻ 混同

AはBに対して貸付金債権を有している。Aが死亡し、Bがその唯一の相続人としてAを相続した場合、当該債権が第三者の権利の目的であるときを除き、当該債権は、混同により消滅する。　【平成28年40-3】【平成30年39-4】

2-19 債権者代位権・詐害行為取消権

❶ 債権者代位権

債務者が、弁済期が到来しているにもかかわらず、その一身に専属する権利を行使しない場合、債権者は、債務者に対して有する自己の債権を保全するため必要があるときは、債権者代位権を行使し、債務者の当該権利を行使することができる。

【平成28年31-3】【平成30年31-4】

❷ 詐害行為取消権

問題 2 Aは、Bとの間で、金銭消費貸借契約（以下、本問において「本件契約」という。）を締結しBに金銭を貸し付けた。Bは、その所有する甲土地をCに無償で譲渡したためAに対する債務を弁済する資力がなく無資力となったが、B及びCは、当該行為の時において、甲土地の無償譲渡によりBが無資力となることを知っていた。この場合、Aは、裁判外で詐害行為取消権を行使することにより、BのCに対する甲土地の無償譲渡を取り消して、Cに対し、Bに甲土地を返還するよう請求することができる。

【平成26年38-3】【平成28年31-4】

「更改」とは、**当事者が従前の債務に代えて、新たな債務を発生させる契約を**いい、従前の**債務は更改によって消滅**します。更改は契約（複数の意思表示の合致）によって行うため、一方的意思表示によって行うことはできません。

債権および債務が同一人に帰属したときは、**その債権が第三者の権利の目的であるときを除き**、その債権は、混同により消滅します。

本問では、相続により債権および債務がBに帰属し、債権は混同により消滅します。

債権者は、自己の債権を保全するため必要があるときは、債務者に属する権利（以下「被代位権利」といいます。）を行使することができます。ただし、**債務者の一身に専属する権利および差押えを禁じられた権利は、債務者に代位して行使することはできません。**

なお、保存行為を除き、債権者は、その債権の期限が到来しない間は、被代位権利を行使することができません。

詐害行為取消権の行使は、裁判所でしなければならないとされています。「裁判外」で詐害行為取消権を行使して無償譲渡を取り消すことはできません。

○
×
問
題

2-20 不当利得

❶ 不当利得の返還

問題 1　法律上の原因なく他人の財産又は労務によって利益を受けた者（以下、本問において「受益者」という。）は、そのために他人に損失を及ぼしたか否かを問わず、その利益を返還する義務を負う。悪意の受益者は、その受けた利益に利息を付して返還しなければならないが、その場合は、その他人に損害があっても、その賠償の責任を負わない。　【平成27年35-1】【平成29年35-1】【令和4年42-3】

❷ 不当利得による返還請求の制限

問題 2　債務が存在しないのに、債務の弁済として給付をした者は、その時において債務の存在しないことを知らなかったとしても、その給付したものの返還を請求することができない。　【平成27年35-2】【平成30年34-3】

問題 3　債務者は、弁済期にない債務の弁済として給付をしたときは、その給付したものの返還を請求することができる。　【平成29年35-2】【平成30年34-2】
【令和4年42-4】

2-21 不法行為

❶ 不法行為

問題 1　不法行為（人の生命又は身体を害する不法行為を除く。）による損害賠償の請求権は、被害者又はその法定代理人が損害及び加害者を知った時から3年間行使しないときは、時効によって消滅する。　【平成23年38-1】【平成29年35-4】
【令和4年42-2】

法律上の原因なく他人の財産または労務によって利益を受け、そのために他人に損失を及ぼした者 (以下、「受益者」という) は、その利益の存する限度において、これを返還する義務を負います。また、**悪意の受益者は、その受けた利益に利息を付して返還しなければならず、損害があるときは、その賠償の責任を負います。**

　本問では、「他人に損失を及ぼしたか否かを問わず」利益の返還義務を負うとしている点が、誤りです。また、悪意の受益者が「賠償の責任を負わない」としている点も、誤りです。

　債務の弁済として給付をした者は、その時において**債務の存在しないことを知っていた**ときは、その給付したものの返還を請求することができないとされています。

　よって、債務の存在しないことを知らなかったときは、返還請求できます。

　債務者は、**弁済期にない債務の弁済**として給付をしたときは、その給付したものの返還を請求することができないとされています。よって、本問は誤りです。

　なお、債務者が錯誤によってその給付をしたときは、債権者は、これによって得た利益を返還しなければなりません。

○
×
問
題

　被害者またはその法定代理人が損害および加害者を知った時から**3年間** (**人の生命・身体を害する不法行為の場合は5年間**) 行使しないときは、不法行為による損害賠償請求権は消滅します。なお、**不法行為の時から20年**を経過したときも、不法行為による損害賠償請求権は消滅します。

2-22 相続

❶ 相続人・相続分

問題 1
被相続人の子が、民法第 891 条（相続人の欠格事由）の規定に該当したことにより相続人となることができなくなったときは、その者の子は、被相続人の直系卑属であっても、その者を代襲して相続人となることができない。

【平成 23 年 34-3】【平成 28 年 34-4】【平成 29 年 41-4】【令和元年 41-4】【令和 2 年 34-1】
【令和 3 年 33-2】

問題 2
被相続人の配偶者及び被相続人の兄弟姉妹が相続人である場合、当該兄弟姉妹の法定相続分は、3 分の 1 である。

【平成 25 年 35-3】【平成 30 年 35-1】【令和 2 年 34-2】【令和 3 年 33-4】

問題 3
A は、妻 B、子 C 及び子 D を遺して死亡した。A には他に親族はいない。C 及び D が、ともに A 及び B の嫡出子である場合、B の法定相続分は 2 分の 1 であり、C 及び D の法定相続分は各々 4 分の 1 である。　【平成 22 年 36-b】

❷ 遺産の帰属・遺産の分割

問題 4
A は、配偶者 B、B との間の子 C 及び子 D 並びに子 D の子であり A の孫である E を遺して死亡した。B、C 及び D が A の相続人となった場合において、遺産分割協議により、A の F に対する借入金債務を B のみが相続することとした。この場合、F は、B、C 及び D に対して、当該借入金債務に係るそれぞれの法定相続分の割合に相当する債務の弁済を請求することができる。　【平成 21 年（第 4 回）34-1】
【平成 23 年 29-1】【平成 26 年 40-4】【平成 28 年 34-2】【令和元年 41-2】【令和 4 年 33-4】

被相続人の子または兄弟姉妹が、**相続の開始以前に死亡**したとき、または**相続欠格**に該当し、もしくは**廃除**によって相続人となることができなくなったときは、その者の子（被相続人から見れば、孫）は、被相続人の直系卑属であれば、その者を代襲して相続人となります（代襲相続）。本肢は、「その者を代襲して相続人となることができない」となっている部分が誤りです。

 被相続人の配偶者および被相続人の兄弟姉妹が相続人である場合、配偶者の相続分は4分の3、兄弟姉妹の法定相続分は**4分の1**です。

 子と配偶者が相続人の場合、配偶者の相続分は2分の1、子の相続分は2分の1であり、子が数人いるときは子の相続分を均分します。

　よって、妻B、子CおよびDが相続人の場合、Bの法定相続分は2分の1であり、CおよびDの法定相続分は各々4分の1になります。

◉相続人となる順位

① 被相続人の子（**胎児や養子も含む**）
② 被相続人の子がいなければ、被相続人の直系尊属
③ 子も直系尊属もいなければ、被相続人の兄弟姉妹
※配偶者は常に相続人になります。

 債権者は遺産分割協議の内容に拘束されず、各相続人に対して相続分に応じた債務の弁済を請求することができます。よって、債権者Fは、相続人であるB、CおよびDに対して請求できます。

❸ 相続放棄・限定承認

問題 5
Aは、妻B、子C及び子Dを遺して死亡した。Aには他に親族はいない。B、C及びDは、単独で、単純承認又は限定承認をすることができる。

【平成21年（第3回）33-3】【平成22年 36-c】【平成25年 35-4】【平成27年 40-3】【令和元年 41-3】

【令和4年 33-3】

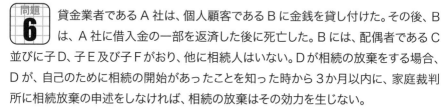
問題 6
貸金業者であるA社は、個人顧客であるBに金銭を貸し付けた。その後、Bは、A社に借入金の一部を返済した後に死亡した。Bには、配偶者であるC並びに子D、子E及び子Fがおり、他に相続人はいない。Dが相続の放棄をする場合、Dが、自己のために相続の開始があったことを知った時から3か月以内に、家庭裁判所に相続放棄の申述をしなければ、相続の放棄はその効力を生じない。

【平成21年（第1回）38-b】【平成28年 34-1】【令和2年 34-4】

問題 7
相続の承認は、自己のために相続の開始があったことを知った時から3か月の期間内であれば、撤回することができる。

【平成21年（第3回）33-1】【平成26年 40-2】【平成30年 35-3】【令和3年 33-3】

問題 8
相続人は、単純承認をしたときは、無限に被相続人の権利義務を承継する。

【平成24年 41-1】【平成27年 40-2】【平成29年 41-2】

❺ 遺留分

問題 9
被相続人の兄弟姉妹のみが相続人となる場合、当該兄弟姉妹は、遺留分として、被相続人の財産の2分の1に相当する額を受ける。

【平成24年 41-4】【平成30年 35-4】

単純承認は相続人が単独でできます。しかし、**限定承認は相続人全員が共同して行わなければならず**、1人の相続人が単独で行うことはできません。

相続放棄をする場合、自己のために**相続の開始があったことを知った時**から**3か月以内**に、**家庭裁判所に相続放棄の申述**をしなければなりません。

相続の承認や放棄をした後は、自己のために相続の開始があったことを知った時から3か月以内であっても、これを**撤回することはできません**。

相続人は、単純承認をしたときは、**無限に**被相続人の**権利義務を承継**します。

兄弟姉妹には遺留分がありません。

○×問題

311

1 制限行為能力者（民法）

　行為能力に関する次の①〜④の記述のうち、民法上、その内容が適切なものを1つだけ選び、解答欄にその番号をマークしなさい。

① 未成年者は、法定代理人が目的を定めて処分を許した財産については、その目的の範囲内において自由に処分することができるが、法定代理人が目的を定めないで処分を許した財産については、自由に処分することができない。

② 未成年者は、一種又は数種の営業を許された場合において、当該許された営業以外の法律行為を単独で行ったときは、未成年者による法律行為であることを理由として、当該単独で行った法律行為を取り消すことができない。

③ 後見開始の審判を受けた者は、成年被後見人とし、これに成年後見人を付する。家庭裁判所は、成年後見人を付するにあたっては、法人を成年後見人とすることができる。

④ 成年被後見人が成年後見人の同意を得て行った法律行為（日用品の購入その他日常生活に関する行為ではないものとする。）は、取り消すことができない。

解説

① ✕（適切でない）

　　法定代理人が目的を定めて処分を許した財産は、**その目的の範囲内において、**未成年者が自由に処分することができます。また、**目的を定めないで処分を許した**財産を処分するときも、**未成年者が自由に処分することができます。**よって、本肢は誤りです。

② ✕（適切でない）

　　一種または数種の営業を許された未成年者は、**その営業に関しては、成年者と同一の行為能力を有します。**しかし、許された営業「以外」の法律行為については

未成年者が単独で行うことはできず、未成年者が単独で行った法律行為は取り消すことができます。よって、本肢は誤りです。

③ ○（適切である）

後見開始の審判を受けた者は、成年被後見人とし、これに成年後見人を付します。家庭裁判所は、後見開始の審判をするときは、職権で成年後見人を選任しますが、**法人を成年後見人とすることもできます。**

④ ✕（適切でない）

成年被後見人の法律行為（日用品の購入その他日常生活に関する行為を除く）は、取り消すことができます。このことは成年後見人の同意を得て行われた場合でも同じであり、**成年被後見人が成年後見人の同意を得て行った法律行為でも取り消すことができます。**よって、本肢は誤りです。

解答➡③

2 意思表示（民法）

意思表示に関する次の①〜④の記述のうち、民法上、その内容が適切なものを1つだけ選び、解答欄にその番号をマークしなさい。なお、本問における契約等は、2020年4月1日以降に行われているものとする。

① Aは、Bとの間で、実際には甲建物をBに売却するつもりであるのに、誤って自己が所有する乙建物をBに売却する旨の契約を締結した。この場合において、BがAに錯誤があることを知っていたときは、Aに重大な過失があったとしても、Aは、錯誤による意思表示を理由として、当該契約を取り消すことができる。

② Aは、第三者Cの詐欺により、Bとの間で、甲建物をBに売却する旨の契約を締結した。この場合において、Bが、Cによる詐欺の事実を知らず、かつ、知ることができなかったとしても、Aは、詐欺による意思表示を理由として、当該契約を取り消すことができる。

③ Aは、Bの強迫により、Bとの間でBに甲建物を売却する旨の売買契約を締結し、

AからBへの甲建物の所有権移転登記を経た後、Bは、この事情を知らず、かつ、知らないことに過失のない第三者Cに甲建物を売却した。その後、Aは、強迫による意思表示を理由としてAB間の売買契約を取り消した。この場合、Aは、その取消しをCに対抗することができない。

④ Aは、実際には甲建物をBに売却する意思がないのに、Bと通謀して、Bに甲建物を売却する旨の虚偽の売買契約を締結し、AからBへの甲建物の所有権移転登記を経た。その後、Bは、この事情を知っている第三者Cに甲建物を売却した。この場合、Aは、Cに対し、AB間の売買契約が虚偽表示により無効であることを主張することができない。

解説

① ○（適切である）

　錯誤が**表意者の重大な過失**によるものであった場合には、原則として、**錯誤による意思表示の取消しをすることができません**。ただし、錯誤が表意者の重大な過失によるものであった場合でも、「**相手方が表意者に錯誤があることを知り、または重大な過失によって知らなかったとき**」や「**相手方が表意者と同一の錯誤に陥っていたとき**」は、**錯誤による意思表示の取消しをすることができます**。

　本肢では、相手方Bが表意者Aに錯誤があることを知っていたというのであるから、Aに重大な過失があったとしても、Aは、錯誤による意思表示を理由に、契約を取り消すことができます。

② ✕（適切でない）

　第三者の詐欺により意思表示を行った場合、**相手方がその事実を知り、または知ることができたとき**に限り、その意思表示を取り消すことができます。

　本肢では、相手方Bが、第三者Cによる詐欺の事実を知らず、かつ、知ることができなかったというのであるから、Aは、詐欺による意思表示を理由として、その契約を取り消すことはできません。

③ ✕（適切でない）

　強迫による意思表示は、取り消すことができます。そして、**強迫による意思表示の取消しは、「善意でかつ過失がない第三者」にも対抗することができる**とされています。そして、「善意」とは、ある事情を知らないことをいいます。

　本肢は、強迫の事情を知らず、かつ、知らないことに過失のない第三者Cに対抗

することができないとしている点が誤りです。

　なお、詐欺による意思表示の取消しは、「善意でかつ過失がない第三者」に対抗することができません。詐欺の場合と強迫の場合との違いに注意しましょう。

④　✕（適切でない）

　相手方と通じてした虚偽の意思表示は、無効ですが、その無効は、**「善意の第三者」に対抗することができない**とされています。

　本肢では、第三者ＣがＡＢ間の売買契約が虚偽表示によるものであることを知っていたというのであるから、Ａは、善意の第三者ではないＣに対し、ＡＢ間の売買契約が虚偽表示により無効であることを主張することができます。

解答➡①

3　代理（民法）

　Ａは、その所有する甲土地をＢに売却する旨の委任に係る代理権（以下、本問において「本件代理権」という。）をＣに付与しようとしている。この場合に関する次の①〜④の記述のうち、民法上、その内容が<u>適切でない</u>ものを1つだけ選び、解答欄にその番号をマークしなさい。

① Ｃは、Ａから本件代理権を付与され、Ａの代理人としてＢとの間で甲土地の売買契約を締結した。この場合において、当該売買契約の効力がＢの詐欺があったことによって影響を受けるべきときには、その事実の有無は、Ｃについて決するものとされる。

② Ｃは、Ａから本件代理権を付与されていた一方で、Ｂからも甲土地の購入について代理権を付与されていた。この場合において、Ｃが、Ａ及びＢの事前の許諾を得ることなく、Ａ及びＢの双方の代理人として、甲土地をＢに3,000万円で売却する旨の契約を締結したときは、Ｃの当該行為は無権代理行為となる。

③ Ｃは、Ａから本件代理権を付与されていなかったのに、Ａの代理人と称してＢとの間で甲土地の売買契約を締結した。この場合、Ｂは、Ａに対して相当の期間を

定めて当該売買契約を追認するか否かを催告することができる。

④ Cは、Aから本件代理権を付与されていなかったのに、Aの代理人と称してBとの間で甲土地の売買契約を締結した。この場合、Bは、当該売買契約締結時点において、Cに代理権がないことを知っていたときであっても、Aが追認をしない間は、当該売買契約を取り消すことができる。

解説

① ○（適切である）

代理人が相手方に対してした意思表示の効力が意思の不存在、錯誤、詐欺、強迫またはある事情を知っていたこともしくは知らなかったことにつき過失があったことによって影響を受けるべき場合には、その事実の有無は、「代理人」について決するものとされます。

② ○（適切である）

同一の法律行為について、相手方の代理人として、または**当事者双方の代理人**としてした行為は、「無権代理行為」（代理権を有しない者がした行為）とみなされます。ただし、債務の履行および本人があらかじめ許諾した行為については、無権代理行為とみなされません。

③ ○（適切である）

代理権を有しない者が他人の代理人として契約をした場合、相手方は、本人に対し、相当の期間を定めて、その期間内に**追認をするかどうかを確答すべき旨の催告**をすることができます。

なお、その催告に対して本人がその期間内に確答をしないときは、追認を拒絶したものとみなされます。

④ ✕（適切でない）

代理権を有しない者がした契約は、本人が追認をしない間は、相手方が取り消すことができます。ただし、契約の時において**代理権を有しないことを相手方が知っていたとき**は、本人が追認をしない間でも、**相手方が取り消すことはできません**。よって、本肢は誤りです。

解答➡④

4 無効および取消し（民法）

　無効及び取消しに関する次の①～④の記述のうち、民法上、その内容が<u>適切でないもの</u>を1つだけ選び、解答欄にその番号をマークしなさい。

① 行為能力の制限によって取り消すことができる行為は、制限行為能力者（他の制限行為能力者の法定代理人としてした行為にあっては、当該他の制限行為能力者を含む。）又はその代理人、承継人もしくは同意をすることができる者に限り、取り消すことができる。
② 取り消された行為は、初めから無効であったものとみなされる。
③ 無効な行為は、追認によっても、その効力を生じない。ただし、当事者がその行為の無効であることを知って追認をしたときは、新たな行為をしたものとみなされる。
④ 追認をすることができる時よりも前に、取り消すことができる行為によって取得した権利を譲渡したときは、追認をしたものとみなされる。

解説

① ○（適切である）

　行為能力の制限によって取り消すことができる行為は、**制限行為能力者**（他の制限行為能力者の法定代理人としてした行為にあっては、当該他の制限行為能力者を含む。）**またはその代理人、承継人もしくは同意をすることができる者**に限り、取り消すことができます。

② ○（適切である）

　取り消された行為は、**初めから無効**であったものとみなされます。

③ ○（適切である）

　無効な行為は、**追認によっても、その効力を生じません。**ただし、当事者がその行為の無効であることを知って追認をしたときは、**新たな行為をしたものとみなさ**れます。

④ ✕（適切でない）

　追認をすることができる時「以後」に、取り消すことができる行為について、全部・

一部の履行、履行の請求、更改、担保の供与、**取り消すことができる行為によって取得した権利の全部・一部の譲渡**、強制執行、のいずれかの事実があったときは、追認をしたものとみなされます。ただし、異議をとどめたときは、この限りではありません。

本肢は、追認をすることができる時よりも「前に」となっている部分が誤りです。

●本問の解答方法

> 本問の選択肢①〜③は、過去に何度も出題されており、どれも内容が適切であると判断できたと思います。消去法により選択肢④が適切でないとして解答できる問題でした。

解答➡④

---

5 期間等（民法）

　Ａは、Ｂとの間で、元本を 10 万円とする利息付金銭消費貸借契約（以下、本問において「本件契約」という。）を締結しようとしている。この場合に関する次の①〜④の記述のうち、民法上、その内容が適切なものを 1 つだけ選び、解答欄にその番号をマークしなさい。

① Ａが、10 月 1 日の午前 10 時に、1 か月間を貸付期間として、本件契約を締結し 10 万円を Ｂ に貸し付けた場合、本件契約に基づく返済期限は同年 10 月 31 日である。

② Ａが、10 月 15 日の午前 10 時に、15 日間を貸付期間として、本件契約を締結し 10 万円を Ｂ に貸し付けた場合、Ａと Ｂ との間に特約がない限り、Ｂ は 10 月 15 日から利息を支払う義務を負う。

③ Ａは、10 月 15 日の正午に、返済期限を定めずに、本件契約を締結し 10 万円を Ｂ に貸し付けた場合、Ｂ に対し、相当の返済期間を定めることなく、いつでも貸し付けた金銭の返還を請求することができ、Ｂ は、返還請求があれば直ちに借入金を Ａ に返還しなければならない。

④ Aは、6か月間を貸付期間として、本件契約を締結し 10万円を B に貸し付けた。当該期間の末日が日曜日に当たる場合において、日曜日に取引をしない慣習があるときは、本件契約に基づく返済期限は、当該期間の末日の前日である土曜日である。

解説

① ×（適切でない）

　　日、週、月または年によって期間を定めたときは、その期間が午前零時から始まるときを除き、期間の初日は算入しません。これを「初日不算入の原則」といいます。本肢の契約では、10月1日は算入されないため、翌日（10月2日）が期間の起算日になります。

　　週、月または年によって期間を定めたときは、その期間は、暦に従って計算します。そして、週、月、年の初めから期間を起算しないときは、その期間は、最後の週、月、年において**その起算日に応当する日の前日に満了**するとされています。本肢では貸付期間を1か月としているので、起算日（10月2日）に応答する日（11月2日）の前日（11月1日）が返済期限になります。

　　本肢は、返済期限を「同年 10月 31日」としている点が誤りです。

② ○（適切である）

　　本件契約は利息付金銭消費貸借であるため、Bは利息を支払う義務を負います。

　　利息とは、元本（借りたお金）の利用料のことです。10月15日の午前10時に貸付けを受けた場合、10月15日から10万円を利用することができるので、Bはその利用料としてその日から利息を支払う義務を負います。

③ ×（適切でない）

　　消費貸借契約において当事者が返還の時期を定めなかった場合、**貸主は、相当の期間を定めて返還の請求をする**ことができます。返還請求があっても、借主は相当の期間が経過するまでは返還する必要はありません。

　　本肢は、返還請求があれば「直ちに」借入金を返還しなければならないとしている点が誤りです。

④ ×（適切でない）

　　期間の末日が日曜日・休日に当たる場合、その日に取引をしない慣習があれば、期間は**その翌日に満了**します。そのため、契約で定めた期間の末日が日曜日に当たる場合で、日曜日に取引をしない慣習があるときは、その期間の末日の翌日である

月曜日が返済期限となります。

　本肢は、返済期限を「当該期間の末日の前日である土曜日」としている点が誤りです。

解答➡②

---

6 時効（民法）

　消滅時効に関する次の①〜④の記述のうち、民法上、その内容が適切なものを1つだけ選び、解答欄にその番号をマークしなさい。

① 時効の利益は、あらかじめ放棄することができる。

② 民事調停が申し立てられた場合において、当該民事調停が不調に終わったときは、当該民事調停が不調に終わった時から6か月を経過するまでの間は、時効は完成しない。

③ 催告があった場合、その時から6か月を経過するまでの間に、再度の催告をしたときは、再度の催告の時から6か月を経過するまでの間は、時効は完成しない。

④ 権利についての協議を行う旨の合意が書面でなされた場合、時効は、その合意がなされた時から新たにその進行を始める。

解説

① ✕（適切でない）

　　時効の利益は、**あらかじめ放棄することができません**。よって、本肢は誤りです。

② ◯（適切である）

　　調停が申し立てられた場合において、調停が成立して権利が確定したときは、時効は、調停が終了した時から新たにその進行を始めます（時効の更新）。一方、調停が不調に終わったときは、調停が**不調に終わった時から6か月を経過するまでの間**は、時効は完成しません（時効の完成猶予）。

③ ✕（適切でない）

　　催告があったときは、その時から6か月を経過するまでの間は、時効は、完成しません（時効の完成猶予）。そして、催告によって時効の完成が猶予されている間にされた**再度の催告は、時効の完成猶予の効力を有しません**。よって、本肢は、「再度の催告の時から6か月を経過するまでの間は、時効は完成しない」としている部分が誤りです。

④ ✕（適切でない）

　　権利についての協議を行う旨の合意が**書面で**されたときは、次に掲げる時のいずれか早い時までの間は、時効は、完成しません（時効の完成猶予）。

・その合意があった時から1年を経過した時

・その合意で協議を行う期間を定めたときは、その期間を経過した時

・当事者の一方から協議の続行を拒絶する旨の通知が書面でされたときは、その通知の時から6か月を経過した時

　　よって、本肢は、「その合意がなされた時から新たにその進行を始める」（時効の更新）としている部分が誤りです。

解答➡②

7 質権および抵当権（民法）

質権及び抵当権に関する次の①～④の記述のうち、民法上、その内容が適切なものを1つだけ選び、解答欄にその番号をマークしなさい。

① 動産を目的とする質権の設定は、債権者に当該動産を引き渡すことによって、その効力を生ずる。
② 質権者は、質権設定者の承諾を得なければ、質物について、転質をすることができない。
③ 抵当権は、その担保する債権について不履行があったとしても、抵当不動産の果実に及ばない。
④ 抵当権者は、利息その他の定期金を請求する権利を有するときは、その全額についてその抵当権を行使することができる。

解説

① ○（適切である）

質権の設定は、債権者にその目的物を引き渡すことによって、その効力を生じます。

② ✕（適切でない）

質権者は、その権利の存続期間内において、**自己の責任で**、質物について、転質をすることができます。そのため、**転質の際に、承諾を受ける必要はありません**。よって、本肢は誤りです。

なお、この転質をしたことによって生じた損失については、不可抗力によるものでも、その責任を負います。

③ ✕（適切でない）

抵当権は、その担保する債権について不履行があったときは、その後に生じた**抵当不動産の果実に及びます**。よって、本肢は誤りです。

④ ✕（適切でない）

抵当権者は、利息その他の定期金を請求する権利を有するときは、その満期とな

った**最後の２年分についてのみ**、その抵当権を行使することができます。よって、本肢は「その全額について」となっている部分が誤りです。

解答➡①

問題　　　　　　　　　　　　　　　　　　　　　平成 27 年問題 32

8 連帯債務（民法）

　連帯債務に関する次の①〜④の記述のうち、民法上、その内容が適切なものを 1 つだけ選び、解答欄にその番号をマークしなさい。

① 数人が連帯債務を負担するときは、債権者は、その返済期日において、すべての連帯債務者に対し、同時に、全部の履行を請求しなければならない。
② 連帯債務者の一人について法律行為の無効又は取消しの原因がある場合、他の連帯債務者の債務も無効となり、又は取り消され得る。
③ 連帯債務者の一人と債権者との間に生じた混同は、他の連帯債務者に対してその効力を生じない。
④ 連帯債務者の一人が債権者に対して債権を有する場合において、その連帯債務者が相殺を援用したときは、債権は、すべての連帯債務者の利益のために消滅する。

① ✕（適切でない）

　債務の目的が性質上可分である場合において、法令の規定または当事者の意思表示によって数人が連帯して債務を負担するときは、債権者は、その**連帯債務者の一人に対し**、または**同時にもしくは順次にすべての連帯債務者に対し**、**全部**または**一部**の履行を請求することができるとされています。

　連帯債務者の1人に対して、一部の履行を請求することもできるため、本肢は誤りです。

② ✕（適切でない）

　連帯債務者の1人に法律行為の**無効や取消原因**があっても、他の連帯債務者には影響せず、他の連帯債務者の債務が無効となったり、または取り消されたりすることはありません。

③ ✕（適切でない）

　連帯債務者の1人と債権者との間に**混同**があったときは、**その連帯債務者は弁済をしたものとみなされ**、他の連帯債務者に対して求償権を取得します。

④ ○（適切である）

　連帯債務者の1人が債権者に対して債権を有する場合において、その連帯債務者が相殺を援用したときは、債権は、**すべての連帯債務者の利益のために消滅**します。

解答➡④

問題

9 保証契約（民法）

　保証に関する次の①〜④の記述のうち、民法上、その内容が適切なものを 1 つだけ選び、解答欄にその番号をマークしなさい。

① 保証債務は、主たる債務に関する利息、違約金、損害賠償その他その債務に従たるすべてのものを包含するが、保証人は、その保証債務についてのみ、違約金又は損害賠償の額を約定することはできない。

② 主たる債務の目的又は態様が保証契約の締結後に軽減又は加重されたときは、保証人の負担もこれに応じて軽減又は加重される。

③ 主たる債務者に対する履行の請求その他の事由による消滅時効の完成猶予及び更新は、保証人に対しては、その効力を生じない。

④ 主たる債務者が期限の利益を有する場合において、その利益を喪失したときは、債権者は、保証人（法人である場合を除く。）に対し、その利益の喪失を知った時から 2 か月以内に、その旨を通知しなければならない。

●保証契約に関する関係図

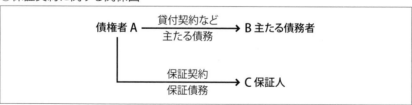

① ✕（適切でない）

　保証債務は、主たる債務に関する利息、違約金、損害賠償その他その債務に従たるすべてのものを包含します。また、保証人は、その**保証債務についてのみ、違約金または損害賠償の額を約定することができます**。よって、本肢は誤りです。

② ✕（適切でない）

　主たる債務の目的または態様が保証契約の締結後に加重されたときであっても、保証人の負担は加重されません。よって、本肢は誤りです。

③ ✕（適切でない）

　主たる債務者に対する履行の請求その他の事由による時効の完成猶予および更新は、保証人に対しても、その効力を生じます。よって、本肢は誤りです。

④ ○（適切である）

　主たる債務者が期限の利益を有する場合において、その利益を喪失したときは、債権者は、保証人（法人である場合を除く。）に対し、**その利益の喪失を知った時から2か月以内**に、その旨を通知しなければなりません。

解答➡④

問題　　　　　　　　　　　　　　　　　　　平成 29 年問題 38

10　債権譲渡（民法）

　ＡのＢに対する貸付金債権（以下、本問において「本件債権」という。）の譲渡に関する次の①〜④の記述のうち、民法上、その内容が<u>適切でない</u>ものを 1 つだけ選び、解答欄にその番号をマークしなさい。なお、本件債権について、ＡとＢとの間で譲渡禁止の特約はなされていないものとする。また、本件債権の弁済その他本件債権の消滅に係る事由は一切生じていないものとする。

① Ａが本件債権をＣに譲渡した場合において、AC 間の債権譲渡について、Ｂが承諾をした。この場合、Ｃは、当該債権譲渡をＢに対抗することができる。

② Ａが、本件債権をＣ及びＤに二重に譲渡した場合において、AC 間の債権譲渡について、ＡがＢに対して確定日付のある証書によらない通知をし、当該通知がＢに到達した後に、AD 間の債権譲渡について、ＡがＢに対して確定日付のある証書による通知をし、当該通知がＢに到達した。この場合、Ｄは、AD 間の債権譲渡をＣに対抗することができる。

③ Ａが、本件債権をＣ及びＤに二重に譲渡した場合において、AC 間の債権譲渡について、ＢがＡに対して確定日付のある証書によらない承諾をした後、AD 間の債権譲渡について、ＡがＢに対して確定日付のある証書による通知をし、当該通知がＢに到達した。この場合、Ｄは、AD 間の債権譲渡をＣに対抗することができる。

④ Ａが、本件債権をＣ及びＤに二重に譲渡した場合において、いずれの債権譲渡についても、Ｂに対して確定日付のある証書による通知がなされた。この場合、AC 間の債権譲渡の通知が AD 間の債権譲渡の通知よりも先にＢに到達したときであっても、AD 間の債権譲渡の通知に係る確定日付が AC 間の債権譲渡の通知に係る確定日付よりも早い日であれば、Ｄは、AD 間の債権譲渡をＣに対抗することができる。

●本問の関係図

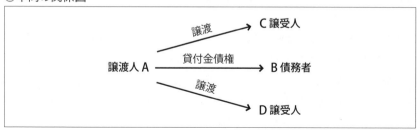

① ○（適切である）

　債権の譲渡は、**譲渡人が債務者に通知**をしたとき、または**債務者が承諾**をしたときは、債務者に対抗することができます。

　本肢では、債務者であるBが承諾しているので、債権譲渡をBに対抗することができます。

② ○（適切である）

　債権が二重に譲渡された場合には、**確定日付のある**証書による通知が債務者に**先に到達した**譲受人、または**確定日付にある**承諾を先に受けた譲受人が、他の譲受人に優先します。

　本肢では、確定日付のある証書による通知または承諾がなされているのは、AD間の債権譲渡のみですので、Dは、AD間の債権譲渡をCに対抗することができます。

③ ○（適切である）

　本肢では、確定日付のある証書による通知または承諾がなされているのは、AD間の債権譲渡のみですので、Dは、AD間の債権譲渡をCに対抗することができます。

④ ✕（適切でない）

　選択肢②で説明した通り、確定日付のある証書による通知または承諾が**先に到達**した方が優先します。**確定日付が早いかどうかは関係ありません。**

　本肢では、いずれの債権譲渡についても確定日付のある証書による通知がなされていますが、確定日付のある証書による通知が債務者に**先に到達している**のはAC間の債権譲渡についてです。よって、AC間の債権譲渡が優先しますので、Dは、AD間の債権譲渡をCに対抗することができません。

11 債務不履行等（民法）

　債権の目的及び効力に関する次の①～④の記述のうち、民法上、その内容が適切なものを1つだけ選び、解答欄にその番号をマークしなさい。

① 債務の不履行に対する損害賠償の請求は、これによって通常生ずべき損害の賠償をさせることをその目的とする。特別の事情によって生じた損害は、当事者がその事情を予見すべきであったときは、債権者は、その賠償を請求することができる。
② 債務の履行について不確定期限があるときは、債務者は、その期限の到来したことを知り、かつ、債権者からその履行の請求を受けた時から遅滞の責任を負う。
③ 債務の不履行又はこれによる損害の発生もしくは拡大に関して債権者に過失があったときでも、裁判所は、これを考慮して、損害賠償の責任及びその額を減免することはできない。
④ 利息を生ずべき債権について別段の意思表示がないときは、その利率は、年5分となる。

① ◯（適切である）

　債務の不履行に対する損害賠償の請求は、これによって**通常生ずべき損害**の賠償をさせることをその目的とします。**特別の事情によって生じた損害**であっても、**当事者がその事情を予見すべきであった**ときは、債権者は、その賠償を請求することができます。

② ✕（適切でない）

　債務の履行について**不確定期限**があるときは、債務者は、**その期限の到来した後に履行の請求を受けた時**または**その期限の到来したことを知った時**のいずれか早い時から遅滞の責任を負います。

　本肢は、「かつ」となっている部分が誤りです。

③ ✕（適切でない）

　債務の不履行またはこれによる**損害の発生もしくは拡大**に関して**債権者に過失**があったときは、裁判所は、これを考慮して、損害賠償の責任およびその額を定めます。

　よって、本肢は、「これを考慮して、損害賠償の責任およびその額を減免することはできない」としている点が誤りです。

④ ✕（適切でない）

　利息を生ずべき債権について別段の意思表示がないときは、その利率は、その利息が生じた最初の時点における**法定利率**によります。そして、法定利率は**年3%**とされています。

　よって、本肢は、「年5分」となっている部分が誤りです。

解答➡①

問題

12 弁済（民法）

　弁済に関する次の①〜④の記述のうち、民法上、その内容が適切なものを 1 つだけ選び、解答欄にその番号をマークしなさい。

① 受領権者（債権者及び法令の規定又は当事者の意思表示によって弁済を受領する権限を付与された第三者をいう。）以外の者であって取引上の社会通念に照らして受領権者としての外観を有するものに対してした弁済は、その弁済をした者が善意であれば、過失の有無にかかわらず、その効力を有する。

② 当事者が第三者の弁済を禁止した場合は、弁済をするについて正当な利益を有する第三者であっても、弁済をすることができない。

③ 債務者が一個又は数個の債務について元本のほか利息及び費用を支払うべき場合において、弁済をする者がその債務の全部を消滅させるのに足りない給付をしたときは、弁済の充当の順序に関する合意の有無にかかわらず、これを順次に費用、利息及び元本に充当しなければならない。

④ 弁済の提供は、債権者があらかじめその受領を拒んでいるときであっても、弁済の準備をしたことを通知してその受領の催告をすることでは足りず、債務の本旨に従って現実にしなければならない。

解説

① ✗（適切でない）

　受領権者（債権者および法令の規定または当事者の意思表示によって弁済を受領する権限を付与された第三者をいう。）以外の者であって取引上の社会通念に照らして受領権者としての外観を有するものに対してした弁済は、その弁済をした者が**善意であり、かつ、過失がなかったときに限り**、その効力を有します。本肢は、「過失の有無にかかわらず」となっている部分が誤りです。

② 〇（適切である）

　当事者が第三者の弁済を禁止した場合は、第三者は弁済をすることができません。このことは、当該第三者が正当な利益を有する場合でも、同じです。

③ ✕（適切でない）

　　債務者が一個または数個の債務について元本のほか利息および費用を支払うべき場合（債務者が数個の債務を負担する場合にあっては、同一の債権者に対して同種の給付を目的とする数個の債務を負担するときに限る。）において、弁済をする者がその債務の全部を消滅させるのに足りない給付をしたときは、これを**順次に費用、利息および元本**に充当しなければなりません。もっとも、弁済をする者と弁済を受領する者との間に**弁済の充当の順序に関する合意があるときは、その順序に従い、その弁済を充当します**。本肢は、「弁済の充当の順序に関する合意の有無にかかわらず」となっている部分が誤りです。

④ ✕（適切でない）

　　弁済の提供は、債務の本旨に従って現実にしなければなりません。ただし、**債権者があらかじめその受領を拒み、**または債務の履行について債権者の行為を要するときは、**弁済の準備をしたことを通知してその受領の催告をすれば足ります。**よって、本肢は誤りです。

解答➡②

---

13 相殺（民法）

　AのBに対する金銭債権を「甲債権」とし、BのAに対する金銭債権を「乙債権」とする。甲債権と乙債権との相殺に関する次の①～④の記述のうち、民法及び破産法上、その内容が適切なものを1つだけ選び、解答欄にその番号をマークしなさい。なお、甲債権及び乙債権は、2020年4月1日以降に生じたものとする。

① 甲債権の弁済期が10月15日であり、乙債権の弁済期が同年11月1日である場合、同年10月15日の時点においては、乙債権の弁済期が到来していないため、Aは、甲債権と乙債権とを相殺することができない。

② 甲債権が時効によって消滅した後は、甲債権が時効により消滅する以前に、甲債権と乙債権とが相殺に適するようになっていたときであっても、Aは、甲債権と乙

債権とを相殺することができない。

③ Aに対して金銭債権を有するCの申立てに基づき甲債権が差し押さえられ、その差押命令がBに送達されていた場合において、Bが乙債権を当該差押命令の送達後に取得したときは、Bは、甲債権と乙債権との相殺をもってCに対抗することができる。

④ Aが破産債権者であり、Bが破産者である場合において、Aが甲債権を破産手続開始前に取得し、Bが乙債権を破産手続開始前に取得していたときは、Aは、破産手続によらないで、甲債権と乙債権とを相殺することができる。

解説

●本問の関係図

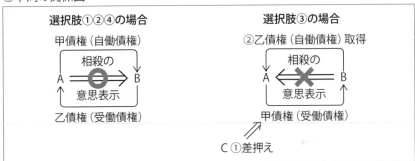

※相殺する側の債権を「自働債権」、相殺される側の債権を「受働債権」といいます。

① ✕（適切でない）

　自働債権（相殺する当事者側の債権）の弁済期が到来していれば、自己の債務（相手の債権）について期限の利益を放棄して、相殺することができます。

　本肢では、10月15日にAの甲債権の弁済期が到来するため、その時点で、Aは、自己の債務（Bの乙債権）について期限の利益を放棄して、相殺することができます。

② ✕（適切でない）

　時効によって消滅した債権がその消滅以前に相殺に適するようになっていた場合には、その債権者は、相殺をすることができます。

　本肢では、甲債権が時効により消滅する以前に相殺に適するようになっていたというのであるから、甲債権の債権者Aは、相殺をすることができます。

③ **✗（適切でない）**

差押えを受けた債権の第三債務者は、**「差押え後」に取得した債権による相殺を
もって差押債権者に対抗することはできない**が、差押え前に取得した債権による相
殺をもって対抗することができるとされています。

本肢では、差押えを受けた債権の第三債務者 B は、差押命令の送達後に乙債権
を取得したというのであるから、B は、相殺をもって差押債権者 C に対抗することが
できません。

④ **○（適切である）**

破産債権者は、**破産手続開始の時において**破産者に対して**債務を負担**するとき
は、破産手続によらないで、相殺をすることができます。

本肢では、B が乙債権を破産手続開始前に取得しており、破産債権者 A は、破産
手続開始時点で破産者 B に対して債務（B の乙債権）を負担していたのであるから、
破産手続によらないで、相殺をすることができます。

解答➡④

問題　　　　　　　　　　　　　　　　　　　　　　　　令和 4 年問題 42

14 不法行為・不当利得（民法）

　不当利得及び不法行為に関する次の①～④の記述のうち、民法上、その内容が<u>適
切でないもの</u>を 1 つだけ選び、解答欄にその番号をマークしなさい。

① 数人が共同の不法行為によって他人に損害を加えたときは、各自が連帯してその
損害を賠償する責任を負う。

② 人の生命又は身体を害する不法行為による損害賠償請求権を除き、不法行為によ
る損害賠償の請求権は、被害者又はその法定代理人が損害及び加害者を知った
時から 3 年間行使しないとき、又は不法行為の時から 20 年間行使しないときは、
時効によって消滅する。

③ 法律上の原因なく他人の財産又は労務によって利益を受け、そのために他人に損
失を及ぼした受益者は、善意であるか悪意であるかを問わず、その受けた利益に

利息を付して返還する義務を負う。

④ 債務者は、弁済期にない債務の弁済として給付をしたときは、その給付したものの返還を請求することができない。ただし、債務者が錯誤によってその給付をしたときは、債権者は、これによって得た利益を返還しなければならない。

解説

① ○（適切である）

数人が共同の不法行為によって他人に損害を加えたときは、**各自が連帯して**その損害を賠償する責任を負います。

② ○（適切である）

不法行為（人の生命または身体を害する不法行為を除く。）による損害賠償の請求権は、**被害者またはその法定代理人が損害および加害者を知った時**から「3年間」行使しないとき、または**不法行為の時**から「20年間」行使しないときは、時効によって消滅します。

なお、**人の生命または身体を害する不法行為**による損害賠償請求権は、被害者またはその法定代理人が損害および加害者を知った時から「5年間」行使しないときは、または不法行為の時から「20年間」行使しないときは、時効によって消滅します。

③ ✕（適切でない）

法律上の原因なく他人の財産または労務によって利益を受け、そのために他人に損失を及ぼした者（以下、「受益者」という）は、その利益の存する限度において、これを返還する義務を負います。**悪意**の受益者は、さらに、その受けた利益に利息を付して返還しなければなりません。本肢は、「善意であるか悪意であるかを問わず」となっている部分が誤りです。

④ ○（適切である）

債務者は、**弁済期にない債務の弁済**として給付をしたときは、その給付したものの**返還を請求することができません**。ただし、債務者が**錯誤**によってその給付をしたときは、債権者は、これによって得た利益を**返還しなければなりません**。

解答➡③

問題

15 相続（民法）

　相続に関する次の①〜④の記述のうち、民法上、その内容が適切なものを１つだけ選び、解答欄にその番号をマークしなさい。

① Ａは、配偶者Ｂ及び胎児Ｃのみを遺して死亡した。Ｃは、生きて産まれたときであってもＡの相続人とならない。

② Ａは、配偶者Ｂ及び親Ｃのみを遺して死亡した。この場合、Ｃの法定相続分は、３分の２である。

③ Ａは、配偶者Ｂ、子Ｃ及び子Ｄのみを遺して死亡した。Ｂが相続を単純承認した場合であっても、Ｃ及びＤは、限定承認をすることができる。

④ Ａは、配偶者Ｂ及び子Ｃのみを遺して死亡した。Ｂ及びＣは、遺産分割協議により、ＡのＤに対する借入金債務をＢのみが相続することとした場合であっても、Ｄは、Ｂ及びＣに対して、当該借入金債務に係るそれぞれの法定相続分の割合に相当する債務の弁済を請求することができる。

解説

① ✕（適切でない）

　胎児は、相続については既に生まれたものとみなされ、生まれてきたときは相続人となります。よって、本肢は誤りです。

② ✕（適切でない）

　被相続人の配偶者および被相続人の親が相続人である場合、配偶者の法定相続分は**３分の２**、親の法定相続分は**３分の１**です。本肢は、「Ｃ（親）の法定相続分は、３分の２」となっている部分が誤りです。

③ ✕（適切でない）

　相続人が数人あるときは、限定承認は、**共同相続人の全員が共同してのみ**これをすることができます。そのため、共同相続人の１人が単純承認した場合、他の相続人は、限定承認をすることはできません。よって、本肢は誤りです。

④ ○（適切である）

　　相続債務は、各共同相続人に当然に承継され、遺産分割の対象となりません。 そのため、共同相続人の1人が相続債務の全額を相続する旨の共同相続人間の協議が整った場合であっても、債権者はこの協議内容に拘束されず、各相続人に対して相続分に応じた債務の弁済を請求することができます。

●本問の解答方法

> 　本問の選択肢④は、過去問（令和元年度試験・問題41の選択肢②）と同じような問題です。他の選択肢で迷っても、自信を持って④をマークしましょう。

解答➡④

2-23 電子契約法

❶ 錯誤の特例

問題 1

株式会社であるXは、消費者であるYとの間で、Xの商品EをYに売却する旨の電子消費者契約を締結した。Yは、当該契約の締結に際し、重大な過失により、商品Eを1個購入する意思であったのに商品Eを11個購入する旨の申込みの意思表示をしたとして、Xに対し、錯誤を理由に申込みの意思表示を取り消す旨を主張した。この場合において、Xが、当該申込みの意思表示に際して、電磁的方法によりその映像面を介して、Yの申込みの内容を表示し、そこで訂正する機会を与える画面を設置する等、申込みの意思表示を行う意思の有無について確認を求める措置を講じていたときは、「民法」並びに「電子消費者契約に関する民法の特例に関する法律」上、Xは、Yに対し、Yに重大な過失があったことを理由に、本件契約を取り消すことはできない旨を主張することができる。 【平成24年35-4】

2-24 商法

❸ 民法とは異なる規定

問題 1

商人が平常取引をする者からその営業の部類に属する契約の申込みを受けたときは、遅滞なく、契約の申込みに対する諾否の通知を発しなければならない。商人が当該通知を発することを怠ったときは、その商人は、当該契約の申込みを拒絶したものとみなされる。 【平成21年（第1回）31-4】【平成23年35-d】

. . . .

問題 2

Aは、Bとの間で金銭消費貸借契約を締結しBから金銭を借り入れた。A及びBがともに商人である場合、当該金銭消費貸借契約において利息の約定がなされなかったときは、商法上、Bは、Aに対して利息の支払を請求することができない。 【平成24年32-c】

. . . .

問題 3

商行為の委任による代理権は、本人の死亡によって、消滅する。 【平成23年35-a】

消費者が行う**電子消費者契約**の要素に特定の錯誤があった場合、原則として、消費者に重大な過失があるときであっても契約を取り消すことができます。ただし、**事業者側が申込み内容の確認画面を設けるなどの措置を講じているとき**は、消費者に重大な過失があれば、その消費者はその契約を取り消すことはできません。

　事業者 X が申込み内容の確認画面を設けて、申込みの意思表示の確認を求める措置を講じていた場合、消費者 Y は事業者 X に対してその契約を取り消す旨を主張できず、事業者 X は消費者 Y に対して契約を取り消すことはできない旨を主張できます。

 商品が平常取引をする者からその営業の部類に属する契約の申込みを受けたときは、遅滞なく、契約の申込みに対する諾否の通知を発しなければならず、商人が当該通知を発することを怠ったときは、その商人は、その契約の「**申込みを承諾した**」ものとみなされます。

 「商人間」において金銭消費貸借をしたときは、**利息の約定（利息を支払う旨の特約）がなくても**、貸主は法定利息を請求することができます。

 商行為の委任による代理権は、**本人の死亡によっては、消滅しません。**

2-25 会社法

❶ 株式会社の組織・代表権

問題 1
取締役会設置会社（指名委員会等設置会社ではないものとする）において、取締役会は、取締役の中から代表取締役を選定しなければならない。

【平成21年（第1回）39-4】【平成25年40-3】

問題 2
取締役会設置会社（指名委員会等設置会社ではないものとする）において、取締役会は、多額の借財その他の重要な業務執行の決定については、代表取締役に委任しなければならない。 【平成21年（第1回）39-2】【平成25年40-4】

2-26 手形法・小切手法

❷ 手形の振出し

問題 1
約束手形の記載事項には、証券の文言中にその証券の作成に用いる語をもって記載する約束手形であることを示す文字、一定の金額を支払うべき旨の単純な約束、満期の表示、支払をなすべき地の表示、支払を受け又はこれを受ける者を指図する者の名称、手形を振り出す日及び地の表示、並びに手形を振り出す者の署名がある。 【平成26年35-1】【平成29年42-2】

問題 2
約束手形上に、一定の金額を支払うべき旨の単純な約束（支払約束文句）に加え、「商品の受領と引換えに手形金を支払う」旨の記載を付した場合であっても、支払約束文句に付加された記載が無効となるのみであり、当該約束手形自体は無効とならない。

【平成21年（第3回）34-2】【平成24年34-3】【平成28年35-1】【令和元年35-1】

【令和3年34-2】

取締役会は、取締役の中から代表取締役を選定しなければなりません。

 取締役会設置会社の業務執行の決定は、取締役会の権限です。その決定の
うち、**重要な業務執行の決定**（多額の借財、支店その他重要な組織の設置、
変更および廃止など）については、代表取締役に委任することはできません。

 本問の通りであり、正しい記述です。

 支払約束文句（一定金額を支払うべき旨の単純なる約束）は単純な支払約
束でなければならず、「商品の受領と引換えに手形金を支払う」「手形金を分
割して支払う」旨などの**条件を付した場合、手形自体が無効となります。**

❸ 手形の裏書

問題 3 Aは、Bの詐欺により、Bに対して約束手形を振り出した。Cは、当該事情を知らず、かつ知らないことに過失なく、Bから当該約束手形の裏書譲渡を受けた。Aは、Cから手形金の支払を請求された場合、Bの詐欺を理由とする手形行為取消しの抗弁をもって、Cに対抗することができる。

【平成24年34-2】【平成27年36-2】【平成30年41-1】【令和元年35-4】【令和2年35-1】

❹ 手形金の支払い

問題 4 確定日払いの約束手形の所持人は、支払をなすべき日又はこれに次ぐ3取引日内に支払のため約束手形を呈示して、約束手形の支払を受けることができる。

【平成21年（第3回）34-3】【平成22年39-2】【平成24年34-1】
【平成26年35-2】【平成28年35-1】【平成30年41-2】【令和3年34-1】

❺ 白地手形

問題 5 Aが未完成にて振り出した約束手形の受取人であるBは、当該約束手形に、あらかじめAとBとの間でなされた合意と異なる補充をして、第三者であるCに当該約束手形を裏書譲渡した。この場合において、Cが、AB間の合意と異なる補充がなされていることを知った上で当該約束手形を取得していたとしても、Aは、合意に反して補充されたことをCに対抗することができない。

【平成22年39-1】【平成27年36-1】【平成29年42-1】

手形により請求を受けた者は、所持人が債務者を害することを**知って**手形を取得した場合でなければ、**所持人の前者に対する人的抗弁をもってその所持人に対抗することはできない**とされています。

　所持人 C は詐欺の事情を知らず、知り得なかったというのであるから、手形により請求を受けた振出人 A は、B に対する詐欺を理由とする人的抗弁を、C に対抗することはできません。

 確定日払いの約束手形の所持人は、**支払いをなすべき日**または**これに次ぐ2取引日内**に支払いのため約束手形を呈示して、約束手形の支払いを受けることができます。本問は「3取引日内」となっている部分が誤りです。

 未完成にて振り出した手形に、あらかじめした合意と異なる補充をした場合、その違反について所持人に対抗することはできません。ただし、**悪意または重過失のある所持人に対しては、その違反を主張することができます。**

　よって、所持人 C が合意と異なる補充がなされていることを知った上で手形を取得していた場合、A は、C に対して、合意に反して補充されたことを主張することができます。

○×問題

343

2-27 電子記録債権法・不正競争防止法

❶ 電子記録債権法

問題 1 電子記録債権の譲渡は、当事者間の合意のみによりその効力を生じ、譲渡記録は、電子記録債権の譲渡の対抗要件である。

【平成 22 年 39-3】【平成 24 年 34-4】【平成 26 年 35-4】【平成 28 年 35-3】【平成 29 年 42-3】
【令和元年 35-2】【令和 2 年 35-3】【令和 3 年 34-3】

問題 2 ＡとＢとの間の売買契約に基づく代金の支払を電子記録債権法に基づく電子記録債権によることとする場合、その発生記録に係る電子記録の請求は、法令に別段の定めがある場合を除き、電子債権記録機関に対して、Ａ及びＢの双方がしなければならない。

【平成 27 年 36-3】【平成 30 年 41-3】

問題 3 債務者が電子記録名義人に対して行った電子記録債権の支払いは、当該電子記録名義人が支払いを受ける権利を有していなかった場合であっても、当該債務者に悪意又は重大な過失があったか否かにかかわらず、有効である。

【平成 22 年 39-4】【平成 26 年 35-3】【平成 29 年 42-4】【令和 2 年 35-4】

問題 4 Ａは、ＡのＢに対する電子記録債権（その発生記録において、電子記録債権法第 20 条（抗弁の切断）第 1 項の規定を適用しない旨の定めが記録されていないものとする。）をＣに譲渡した。Ｂは、当該電子記録債権の原因となった契約をＡの債務不履行を理由として解除した後、当該電子記録債権の支払期日において、Ｃから当該電子記録債権の支払を請求された場合、当該電子記録債権の原因となった契約が解除されたことを主張して、Ｃの請求を拒むことができる。

【令和元年 35-3】

344

電子記録債権の譲渡は、**譲渡記録をしてはじめてその効力を生じる**のであって、当事者間の合意のみではその効力は生じません。このように、譲渡記録は電子記録債権の譲渡の効力発生要件であって、対抗要件ではありません。

 電子記録の請求は、法令に別段の定めがある場合を除き、**電子記録権利者および電子記録義務者**（これらの者について相続その他の一般承継があったときは、その相続人その他の一般承継人）**双方**がしなければなりません。

 電子記録名義人に対してした電子記録債権についての支払いは、その電子記録名義人がその支払いを受ける権利を有しない場合であっても、原則として**有効**です。ただし、その支払いをした者に**悪意または重大な過失があるとき**は、**無効**になります。

　本問は、「当該債務者に悪意又は重大な過失があったか否かにかかわらず」となっている部分が誤りです。

 電子記録債務者は、電子記録債権を譲渡した者に対する人的関係に基づく抗弁をもってその債権者に対抗することはできません。ただし、電子記録債権の債権者が**電子記録債務者を害することを知って**電子記録債権を取得したときは、その債権者にも対抗できます。

　本問では、C（電子記録債権の債権者）がB（電子記録債務者）を害することを知って電子記録債権を取得しているわけではありません。そのため、Bは、A（電子記録債権の譲渡人）に対する人的関係に基づく抗弁（契約が債務不履行により解除されたこと）を、Cに主張することはできず、Cの請求を拒むことはできません。

　なお、電子記録債権が譲渡された場合、譲渡後は、その譲渡を受けた譲受人が「電子記録債権の債権者」となります。

○
×
問
題

5 ＡとＢとの間の売買契約に基づく代金の支払を電子記録債権法に基づく電子記録債権とした場合、当該電子記録債権の内容の意思表示による変更は、当事者の意思表示の合致によりその効力を生じるが、変更記録をしなければこれを第三者に対抗することができない。

【平成27年36-4】【平成30年41-4】

6 電子記録債権を目的とする質権の設定は、当該電子記録債権の発生記録の引渡しによってその効力を生じるが、質権設定記録をしなければ、これを第三者に対抗できない。

【平成28年35-4】

2-28 民事訴訟法・民事調停法

❷ 訴えの提起

1 財産権上の訴えは、義務履行地を管轄する裁判所に提起することができる。

【平成22年40-1】

2 簡易裁判所における訴訟手続では、その許可を得て、例えば会社の債権管理担当者など弁護士でない者を訴訟代理人とすることができる。

【平成21年（第4回）38-c】

❼ 民事調停法

3 民事調停法上の調停手続については、調停の対象となる紛争の価額の上限が定められており、その価額を超える債権をめぐる法的紛争には、調停手続を利用することはできない。

【平成21年（第4回）38-b】

電子記録債権またはこれを目的とする質権の内容の意思表示による変更は、この法律に別段の定めがある場合を除き、**変更記録をしなければ、その効力を生じません**。

本問は、「当事者の意思表示の合致によりその効力を生じる」としている点で誤りです。

 電子記録債権を目的とする質権の設定は、**質権設定記録をしなければ、その効力を生じません**。本問は、「発生記録の引渡しによってその効力を生じる」としている点で誤りです。

 訴えは、原則として**被告の普通裁判籍の所在地**を管轄する裁判所に対して行わなければなりません。ただし、財産権上の訴えの場合には、**義務履行地**を管轄する裁判所に対して訴えを提起することもできます。

 簡易裁判所における訴訟手続では、その許可を得て、弁護士でない者を訴訟代理人とすることができます。

 民事調停法上の調停手続については、調停の対象となる紛争の価額の上限が定められていません。

2-29 手形訴訟・少額訴訟

❷ 少額訴訟

問題 1　簡易裁判所においては、訴訟の目的の価額が 140 万円以下の金銭の支払いの請求を目的とする訴えについて、少額訴訟による審理及び裁判を求めることができる。

【平成 21 年 (第 2 回) 34-1】

問題 2　民事訴訟法上、少額訴訟手続における終局判決に不服がある場合、その当事者は上級審に控訴をすることができない。

【平成 21 年 (第 2 回) 34-3】【平成 21 年 (第 4 回) 38-d】

2-30 支払督促

❶ 支払督促の要件

問題 1　支払督促については、民事訴訟法上、年間の利用回数の上限が定められており、その回数を超えて支払督促手続を利用することはできない。

【平成 21 年 (第 4 回) 38-a】

❷ 支払督促の手続き

問題 2　支払督促の申立ては、債務者の普通裁判籍の所在地を管轄する簡易裁判所の裁判所書記官に対して行う。

【平成 21 年 (第 1 回) 41-1】

少額訴訟による審理および裁判を求めるには、訴訟の目的の価額が**60万円以下**の金銭の支払いの請求を目的とする訴えでなければなりません。

 少額訴訟では、判決をした裁判所への異議申立ては認められていますが、**控訴は禁止**されています。

 支払督促については、利用回数の上限は定められていません。年間の利用回数に上限があるのは少額訴訟です。

 支払督促の申立ては、**債務者**の普通裁判籍の所在地を管轄する**簡易裁判所の、裁判所書記官**に対して行います。

2-31 民事執行法

❶ 民事執行法における手続きの種類

問題 1
貸金業者であるA社は、Bに対して貸付けに係る契約に基づく貸金債権を有している。Bが約定の期日に借入金債務を弁済しない場合において、A社がBの財産につき強制執行を申し立てるときは、A社は、Bが第三者に対して有する債権又はBが所有する不動産について強制執行を申し立てることはできるが、Bが所有する動産につき強制執行を申し立てることはできない。　【平成21年（第3回）37-3】

❺ 債権執行（債権に対する強制執行）

問題 2
金銭の支払いを目的とする債権に対する強制執行は、執行裁判所の差押命令により開始する。　【平成21年（第2回）36-1】【平成22年41-1】

問題 3
A社は、Bに金銭を貸し付けたが、Bが約定の期日に貸付金を返済しないため、法的措置により強制的に貸付金を回収することを検討している。Bが会社員として給与（毎月20日払、月額33万円）を受領している場合、A社は、Bの給与債権については、その4分の3に相当する部分を差し押さえることができる。

【平成21年（第3回）36-2】【平成21年（第4回）42-2】【令和3年35-4】

❻ 強制執行と民事訴訟・民事保全との関係

問題 4
A社は、Bに金銭を貸し付けたが、Bが約定の期日に貸付金を返済しないため、法的措置により強制的に貸付金を回収することを検討している。A社がBの財産について強制執行を申し立てるためには、必ず確定判決を得なければならない。

【平成21年（第3回）36-1】

債務者が第三者に対して有する**債権**や、債務者が所有する不動産のほか、債務者が所有する**動産**についても、強制執行を申し立てることができます。

 債権執行（債権に対する強制執行）の手続きは、執行裁判所の「差押命令」によって開始します。

 給料等の債権は、**給付の4分の3に相当する部分、または月額33万円のいずれか低い方の額**について、**差押えが禁止**されています。

　本問では、実際の給与月額は33万円であり、その4分の3（24万7,500円）は33万円より低いため、その4分の3に相当する部分について差押えが禁止されます。逆にいうと、**4分の1に相当する部分を差し押さえることができます**。

●差押禁止債権額の範囲（給与等）

給与等の給付額が44万円以内のとき	その4分の3が差押え禁止
給与等の給付額が44万円を超えるとき	一律33万円が差押え禁止

 強制執行は**執行文の付与された債務名義**に基づいて行いますが、確定判決以外の債務名義もあるため、**必ずしも確定判決を得る必要はありません**。

　例えば、執行文の付与された執行証書があれば、その執行証書に基づいて、直ちに強制執行を行うことができます。

2-32 民事保全法

❶ 民事保全の意義

 問題1 債権者は、債務者を被告として提起した貸金返還請求訴訟が係属している間は、債務者の財産について仮差押えを申し立てることができない。

【平成21年(第2回)35-3】

2-33 破産法・会社法（特別清算）

❷ 破産法

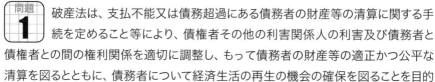

問題1 破産法は、支払不能又は債務超過にある債務者の財産等の清算に関する手続を定めること等により、債権者その他の利害関係人の利害及び債務者と債権者との間の権利関係を適切に調整し、もって債務者の財産等の適正かつ公平な清算を図るとともに、債務者について経済生活の再生の機会の確保を図ることを目的としている。

【平成21年(第1回)42-3】【平成23年36-1】

 問題2 債権者が破産手続開始の申立てをするときは、その有する債権の存在及び破産手続開始の原因となる事実を疎明しなければならないとされている。

【平成25年42-1】【平成27年41-2】【平成28年41-1】

 問題3 破産手続開始の決定がされた後であっても、破産管財人は、裁判所の許可を得て、破産者の事業を継続することができる。

【平成26年41-1】

 問題4 双務契約について破産者及びその相手方が破産手続開始の時において共にまだその履行を完了していないときは、破産管財人は、契約の解除をし、又は破産者の債務を履行して相手方の債務の履行を請求することができる。

【平成24年33-2】【平成26年41-4】

仮差押えの申立ての時期に制限はありません。民事訴訟を提起する前でも、訴訟が係属している間（裁判中）であっても、仮差押えの申立てをすることができます。

 破産法の目的は、支払不能または債務超過にある債務者の財産等の**清算に関する手続を定める**こと等により、債権者その他の利害関係人の利害および債務者と債権者との間の権利関係を適切に調整し、もって**債務者の財産等の適正かつ公平な清算を図る**とともに、**債務者について経済生活の再生の機会の確保を図る**ことです。

 債権者が破産手続開始の申立てをするときは、その有する**債権の存在**および**破産手続開始の原因となる事実**を疎明しなければなりません。

 破産手続開始の決定がされた後であっても、**破産管財人**は、**裁判所の許可を得て**、破産者の事業を継続することができます。

 双務契約について破産者およびその相手方が破産手続開始時に**共にまだその履行を完了していない**ときは、破産管財人は、**契約の解除**をし、または**破産者の債務を履行して相手方の債務の履行を請求**することができます。

問題 5 破産債権とは、破産手続によらないで破産財団から随時弁済を受けることができる債権をいい、財団債権とは、破産者に対し破産手続開始前の原因に基づいて生じた財産上の請求権であって、破産債権に該当しないものをいう。

【平成21年（第4回）43-1・2】【平成24年33-1】【令和3年41-1】

問題 6 別除権とは、破産手続開始の時において破産財団に属する財産につき特別の先取特権、質権又は抵当権を有する者がこれらの権利の目的である財産について、破産手続によらないで、行使することができる権利である。

【平成21年（第4回）43-3】【平成26年41-3】【令和3年41-3】

問題 7 破産債権者は、破産手続開始後に破産財団に対して債務を負担したときは、破産手続によらないで、破産債権をもって相殺をすることができる。

【平成21年（第3回）32-1】【平成24年33-3】【平成26年41-2】【令和3年41-4】

問題 8 個人である債務者（破産手続開始の決定後にあっては、破産者）は、破産手続開始の申立てがあった日から破産手続開始の決定が確定した日以後1か月を経過する日までの間に、破産裁判所に対し、免責許可の申立てをすることができる。

【平成28年41-4】【令和4年34-2】

❸ 会社法（特別清算）

問題 9 会社法によれば、清算株式会社に債務超過の疑いがあるときは、清算人は、特別清算開始の申立てをしなければならないとされている。

【平成25年42-4】【平成27年41-4】

「破産債権」とは、破産者に対し**破産手続開始前の原因に基づいて**生じた財産上の請求権であって、財団債権に該当しないものをいいます。「財団債権」とは、**破産手続によらないで**破産財団から随時弁済を受けることができる債権をいいます。

本問は、破産債権と財団債権の説明が逆になっているため、誤りです。

 別除権とは、破産手続開始の時において破産財団に属する財産につき**特別の先取特権**、**質権**または**抵当権**を有する者がこれらの権利の目的である財産について、**破産手続によらないで**、行使することができる権利のことです。

 破産債権者が破産手続によらないで相殺をするためには、**破産手続開始の時**において破産者に対して債務を負担していなければなりません。破産手続開始後に破産財団に対して債務を負担しても、破産手続によらないで相殺をすることはできません。

 個人である債務者（破産手続開始の決定後では、破産者）は、破産手続開始の申立てがあった日から破産手続開始の決定が確定した日以後**1か月**を経過する日までの間に、破産裁判所に対し、免責許可の申立てをすることができます。

 清算株式会社に債務超過の疑いがあるときは、**清算人**は、特別清算開始の**申立てをしなければなりません**。

2-34 民事再生法・会社更生法・特定調停法

❶ 民事再生法

問題 1　民事再生法によれば、債権者は、債務者が事業の継続に著しい支障を来すことなく弁済期にある債務を弁済することができないときは、再生手続開始の申立てをすることができるとされている。　　　　　【平成 25 年 42-3】【平成 27 年 41-1】

❷ 会社更生法

問題 2　会社更生法によれば、株式会社に破産手続開始の原因となる事実が生ずるおそれがある場合に該当する事実があるときは、当該株式会社の総株主の議決権の 10 分の 1 以上を有する株主も、当該株式会社について更生手続開始の申立てをすることができるとされている。　　　　　　　　　　　　　　【平成 25 年 42-2】

2-35 犯罪収益移転防止法

❶ 犯罪収益移転防止法の概要

問題 1　貸金業者は、取引時確認を行った場合には、直ちに、主務省令で定める方法により、当該取引時確認に係る事項、当該取引時確認のためにとった措置その他の主務省令で定める事項に関する記録（以下、本問において「確認記録」という。）を作成しなければならない。貸金業者は、確認記録を、特定取引等に係る契約が終了した日その他の主務省令で定める日から、7 年間保存しなければならない。

【平成 21 年（第 3 回）33-3】【平成 22 年 35-c】【平成 25 年 36-2】【平成 26 年 42-3】
【平成 27 年 42-2】【平成 28 年 42-3】【平成 29 年 36-4】【平成 30 年 42-4】【令和 2 年 36-2】

❌ 債務者が事業の継続に著しい支障を来すことなく弁済期にある債務を弁済することができない場合、債務者は再生手続開始の申立てをすることができますが、**債権者**は再生手続開始の申立てをすることができません。

⭕ 破産手続開始の原因となる事実が生ずるおそれがある場合に該当する事実がある場合には、「**資本金の額の 10 分の 1 以上に当たる債権を有する債権者**」や「**総株主の議決権の 10 分の 1 以上を有する株主**」も、その株式会社について更生手続開始の申立てをすることができます。

⭕ 貸金業者は、取引時確認を行った場合には、**直ちに、**その取引時確認に係る事項、その取引時確認のためにとった措置その他の主務省令で定める事項に関する記録を作成し、その確認記録を、特定取引等に係る**契約が終了した日**その他の主務省令で定める日から **7 年間保存**しなければなりません。

❷ 取引時確認

問題 2　貸金業者が、顧客との間で金銭の貸付けを内容とする契約を締結するときは、当該顧客の取引時確認をしなければならないが、金銭の貸借の媒介を内容とする契約を締結するときは、取引時確認をする必要がない。

【平成21年（第1回）33-1】【平成21年（第2回）41-2】【平成22年35-b】

問題 3　貸金業者が、既に取引をしたことのある顧客との間で金銭の貸付けを内容とする契約を締結するときであっても、契約を締結する都度、当該顧客の取引時確認をしなければならない。

【平成21年（第1回）33-3】

問題 4　犯罪収益移転防止法施行令第12条第1項に規定する「厳格な顧客管理を行う必要性が特に高いと認められる取引」とは、その取引の相手方が取引時確認に係る顧客等になりすましている疑いがある取引であって、かつ、取引時確認が行われた際に当該取引時確認に係る事項を偽っていた疑いがある顧客等との間で行う取引をいう。

【平成28年42-2】【平成29年36-3】

問題 5　本人特定事項とは、自然人（「本邦内に住居を有しない外国人で政令で定めるもの」に該当しないものとする。）にあっては氏名、住居及び生年月日をいい、法人にあっては名称及び本店又は主たる事務所の所在地をいう。

【平成21年（第1回）33-2】【平成21年（第2回）41-4】【平成21年（第4回）36-2】
【平成21年（第4回）36-3】【平成22年35-a】【平成25年36-4】【平成26年42-1】
【平成28年42-1】【平成30年42-1】

問題 6　貸金業者が、法人（「外国に本店又は主たる事務所を有する法人」ではないものとする。）である顧客の取引時確認として確認しなければならない事項である事業の内容の確認方法の1つとして、当該法人の定款又はその写しを確認する方法がある。

【平成26年42-2】

貸金業者が、顧客との間で**金銭の貸付け**または**金銭の貸借の媒介**（手形の割引、売渡担保等による金銭の交付または金銭の授受の媒介を含む）を内容とする契約を締結するときは、犯罪収益移転防止法に基づいて、当該顧客の取引時確認をしなければなりません。

　金銭の貸付けのほか、金銭の貸借の媒介を内容とする契約を締結する場合にも取引時確認が必要となるため、本問は誤りです。

　取引時確認済みの顧客等と取引を行う場合には、その顧客等の**取引時確認をする必要はない**とされています。

　「厳格な顧客管理を行う必要性が特に高いと認められる取引」には、顧客等になりすましている疑いがある取引、**または**、取引時確認に係る事項を偽っていた疑いがある顧客等との間で行う取引などがあります。本問は、「かつ」となっている部分が誤りです。

　本肢の通りであり、正しい記述です。

◉本人特定事項

自然人	氏名、住居、生年月日
法人	名称、本店または主たる事務所の所在地

　顧客等が法人である場合には事業の内容を取引時確認として確認しなければなりません。法人である顧客の「事業の内容」の確認方法として、その**定款**またはその写しを確認する方法があります。

問題
7

貸金業者が、顧客である法人（外国に本店又は主たる事務所を有する法人
ではないものとする。）の取引時確認として確認しなければならない事項であ
る事業の内容の確認方法の１つとして、当該法人に係る「法令の規定により当該法人
が作成することとされている書類で、当該法人の事業の内容の記載があるもの」を確
認する方法がある。　　　　　　　　　　　　　　　　　　【平成 29 年 36-1】

. . . .

問題
8

貸金業者が、設立の登記をしている法人（「外国に本店又は主たる事務所を
有する法人」ではないものとする。）である顧客の取引時確認として確認しな
ければならない事項である事業の内容の確認方法の１つとして、当該取引時確認をす
る日前６か月以内に作成された当該法人の設立の登記に係る登記事項証明書又はそ
の写しを確認する方法がある。　　　【平成 27 年 42-1】【平成 30 年 42-2】【令和 2 年 36-1】

. . . .

問題
9

貸金業者が顧客である株式会社の取引時確認を行うに際して本人特定事項
の確認を行わなければならない当該株式会社の実質的支配者とは、当該株
式会社の議決権の総数の２分の１を超える議決権を有する者をいい、議決権の総数
の２分の１以下の議決権を有する者は実質的支配者には該当しない。

【平成 25 年 36-1】【平成 29 年 36-2】

. . . .

問題
10

貸金業者が、犯罪収益移転防止法に基づき顧客の取引時確認をする必要が
ある取引を行う場合において、顧客が取引時確認に応じないときは、貸金業
者は、顧客が取引時確認に応ずるまでの間、当該取引に係る義務の履行を拒むことが
できる。　　　　　　　　【平成 21 年（第 2 回）41-3】【平成 22 年 35-d】【平成 26 年 42-4】

❸ 取引記録等の作成

問題
11

貸金業者は、特定業務に係る取引のうち少額の取引その他の政令で定める
取引を行った場合、直ちに、主務省令で定める方法により、顧客等の確認記
録を検索するための事項、当該取引の期日及び内容その他の主務省令で定める事項
に関する記録（以下、本問において「取引記録」という。）を作成しなければならない。
貸金業者は、取引記録を、当該取引又は特定受任行為の代理等の行われた日から３
年間保存しなければならない。

【平成 25 年 36-3】【平成 27 年 42-4】【平成 28 年 42-4】【平成 30 年 42-3】【令和 2 年 36-3】

「事業の内容」の確認方法の1つとして、当該法人に係る**法令の規定により当該法人が作成することとされている書類**で、当該法人の事業の内容の記載があるもの」を確認する方法があります。

「事業の内容」の確認方法の1つとして、法人の設立の登記に係る**登記事項証明書**（**6か月以内に作成**されたもの）またはその写しを確認する方法があります。

株式会社の実質的支配者とは、その株式会社の議決権の総数の**4分の1を超える**議決権を有している者（他の者がその法人の議決権の総数の2分の1を超える議決権を有している場合を除く。）をいいます。

顧客が取引時確認に応じない場合には、顧客が取引時確認に応ずるまでの間、**取引に係る義務の履行を拒む**ことができます。

貸金業者は、特定業務に係る取引を行った場合、原則として取引記録等を作成し、**7年間**保存しなければなりません。ただし、特定業務に係る取引のうち**少額の取引その他の政令で定める取引**を行ったときは、**取引記録等を作成する必要はありません。**

2

貸付けに関する法令と実務

○×問題

361

❹ 疑わしい取引の届出

問題 12　貸金業者が、顧客が犯罪収益移転防止法上の特定業務に関し、組織的な犯罪の処罰及び犯罪収益の規制等に関する法律所定の罪に当たる行為を行っている疑いがあると認める場合、速やかに、犯罪収益移転防止法第22条に規定する行政庁及び貸金業法上の指定信用情報機関に届け出なければならない。

【平成21年（第2回）41-1】【平成21年（第4回）36-4】

問題 13　貸金業者（その役員及び使用人を含む。）は、犯罪収益移転防止法第8条第1項の規定による届出（以下、本問において「疑わしい取引の届出」という。）を行おうとすること又は行ったことを当該疑わしい取引の届出に係る顧客等又はその者の関係者に漏らしてはならない。

【平成27年42-3】【令和2年36-4】

2-36 暴力団対策法

❶ 暴力的要求行為の禁止

問題 1　指定暴力団等の暴力団員は、その者の所属する指定暴力団等又はその系列上位指定暴力団等の威力を示して、人に対し、その人に関する事実を宣伝しないこと又はその人に関する公知でない事実を公表しないことの対償として、金品その他の財産上の利益の供与を要求してはならない。

【平成21年（第2回）42-1】

問題 2　何人も、指定暴力団員に対し、暴力的要求行為をすることを要求し、依頼し、又はそそのかしてはならない。

【平成21年（第2回）42-2】

貸金業者は、特定業務に係る取引について、その取引において**収受した財産が犯罪による収益である疑いがある**かどうか、または**顧客等が組織的犯罪処罰法もしくは麻薬特例法所定の罪に当たる行為を行っている疑いがある**かどうかを判断し、これらの疑いがあると認められる場合においては、速やかに、政令で定めるところにより、政令で定める事項を**行政庁**に届け出なければなりません。もっとも、貸金業法上の指定信用情報機関に届け出る必要はありません。

　貸金業者（**その役員および使用人を含む。**）は、疑わしい取引の届出を行おうとすることまたは行ったことをその疑わしい取引の届出に係る**顧客等またはその者の関係者に漏らしてはなりません。**

　指定暴力団等の暴力団員が、その者の所属する**指定暴力団等の威力を示して**、本問のような**口止め料を要求する**ことは「暴力的要求行為」に該当し、許されません。

　何人も、指定暴力団員に対し、**暴力的要求行為をすることを要求し、依頼し、またはそそのかしてはいけません。**

　※「何人も」（なんぴとも）とは、だれでも、どんな人も、という意味です。

1 手形法、電子記録債権法

　手形法及び電子記録債権法に関する次の①〜④の記述のうち、その内容が適切なものを1つだけ選び、解答欄にその番号をマークしなさい。

① 強迫によって振り出された約束手形を裏書により譲り受けた所持人は、当該事情を知っていた。この場合、当該約束手形の振出人は、当該所持人から手形金の支払を請求されたときは、強迫を理由とする手形行為取消しの抗弁をもって、当該所持人に対抗することができない。

② 満期において手形金の支払がないときは、約束手形の所持人は、裏書人、振出人その他の債務者に対してその遡求権を行使することができるが、満期前においては、たとえ支払の全部又は一部の拒絶があっても、遡求権を行使することができない。

③ 電子記録債権の譲渡は、当事者間の合意のみによってその効力を生じるが、譲渡記録をしなければ、これを第三者に対抗できない。

④ 電子記録名義人に対してした電子記録債権についての支払は、当該電子記録名義人がその支払を受ける権利を有しない場合であっても、その効力を有する。ただし、その支払をした者に悪意又は重大な過失があるときは、この限りでない。

解説

① ✕（適切でない）

　手形により請求を受けた者は、**所持人が債務者を害することを知って手形を取得した場合でなければ**、所持人の前者に対する人的抗弁をもってその所持人に対抗することはできないとされています。

　本肢において、所持人は強迫の事情を知って手形を取得したというのであるから、手形により請求を受けた振出人は、強迫を理由とする人的抗弁を、その所持人

に対抗することができます。

② ✕（適切でない）

　　満期において手形金の支払がないときは、約束手形の所持人は、裏書人、振出人その他の債務者に対してその遡求権を行使することができます。

　　さらに、**支払の全部または一部の拒絶**があった場合には、**満期前においても**、遡求権を行使することができます。

　　よって、本肢は、「満期前においては、たとえ支払の全部又は一部の拒絶があっても、遡求権を行使することができない」としている点が誤りです。

③ ✕（適切でない）

　　電子記録債権の譲渡は、**譲渡記録をしてはじめてその効力を生じる**のであって、当事者間の合意のみではその効力は生じません。

④ ○（適切である）

　　電子記録名義人に対してした電子記録債権についての支払いは、その電子記録名義人がその支払いを受ける権利を有しない場合であっても、原則として、有効です。ただし、その支払いをした者に**悪意または重大な過失**があるときは、**効力を生じません**。

●本問の解答方法

> 　本問の選択肢④は過去問（平成29年度試験・問題42の選択肢④）と同じ内容を問う問題であったため、過去問を解いていれば解答できる問題でした。

解答➡④

2 強制執行（民事執行法）

　強制執行手続に関する次の①〜④の記述のうち、その内容が適切でないものを 1
つだけ選び、解答欄にその番号をマークしなさい。

① 強制執行は、執行文の付された債務名義の正本に基づいて実施される。ただし、
　 少額訴訟における確定判決又は仮執行の宣言を付した少額訴訟の判決もしくは
　 支払督促により、これに表示された当事者に対し、又はその者のためにする強制執
　 行は、その正本に基づいて実施される。
② 執行文は、債権の完全な弁済を得るため執行文の付された債務名義の正本が数
　 通必要であるとき、又はこれが滅失したときに限り、更に付与されることがある。
③ 強制執行の目的物について所有権その他目的物の譲渡又は引渡しを妨げる権利
　 を有する第三者は、債権者に対し、当該強制執行の根拠となる債務名義による強
　 制執行の不許を求めるために、請求異議の訴えを提起することができる。
④ 強制執行は、強制執行を免れるための担保を立てたことを証する文書の提出があ
　 ったときは、停止される。

解説

① ○（適切である）

　　強制執行は、原則として執行文の付された債務名義の正本に基づいて実施され
ます。ただし、次の場合には執行文の付与は必要なく、その正本に基づいて実施さ
れます。

●執行文の付与が不要となる場合

> ① **少額訴訟**における確定判決に表示された当事者に対し、またはその者のために
> 　する強制執行
> ② **仮執行の宣言を付した少額訴訟の判決または支払督促**に表示された当事者に
> 　対し、またはその者のためにする強制執行

② ○（適切である）

　債権の完全な弁済を得るため執行文の付された債務名義の正本が**数通必要で**
あるとき、またはこれが**滅失した**場合に限り、再度執行文の付与を受けることがで
きます。

③ ✕（適切でない）

　強制執行の目的物について所有権その他目的物の譲渡または引渡しを妨げる権
利を有する第三者は、債権者に対し、当該強制執行の根拠となる債務名義による
強制執行の不許を求めるために、**第三者異議の訴え**を提起することができます。

　本肢は、「請求異議の訴え」となっている点が誤りです。

●不当な執行に対する救済手続（訴訟手続）

請求異議の訴え	債務名義に表示された請求権の存在または内容について異議のある**債務者**が、その債務名義による強制執行の不許を求めるために提起することができる訴え
第三者異議の訴え	強制執行の目的物について所有権その他目的物の譲渡または引渡しを妨げる権利を有する**第三者**が、債権者に対し、その強制執行の不許を求めるために提起する訴え

④ ○（適切である）

　強制執行は、**強制執行を免れるための担保を立てたことを証する文書**などの提
出があったときは、停止されます。

解答➡③

3 破産法

　破産法に関する次の①〜④の記述のうち、その内容が適切なものを 1 つだけ選び、解答欄にその番号をマークしなさい。

① 破産手続開始の申立てがあった場合において、破産財団をもって破産手続の費用を支弁するのに不足するときは、その申立ては却下される。

② 免責許可の申立ては、破産手続廃止の決定が確定した後 1 か月以内に限り、破産裁判所に対し、当該申立てをすることができる。

③ 裁判所は、破産者について、浪費又は賭博その他の射幸行為をしたことによって著しく財産を減少させ、又は過大な債務を負担したと認めるときは、他にいかなる事由があるときであっても、免責許可の決定をすることはできない。

④ 破産者は、免責許可の決定が確定したときは、復権する。

解説

① ✕（適切でない）

　裁判所は、破産財団をもって破産手続の費用を支弁するのに不足すると認めるときは、**破産手続開始の決定と同時に、破産手続廃止の決定**をしなければなりません。本肢は、「その申立ては却下される」となっている部分が誤りです。

② ✕（適切でない）

　個人である債務者（破産手続開始の決定後にあっては、破産者。）は、**破産手続開始の申立てがあった日から破産手続「開始」の決定が確定した日**以後 1 か月を経過する日までの間に、破産裁判所に対し、免責許可の申立てをすることができます。本肢は、「破産手続廃止の決定が確定した後」となっている部分が誤りです。

③ ✕（適切でない）

　「浪費または賭博その他の射幸行為をしたことによって著しく財産を減少させ、または過大な債務を負担した」ことは、免責不許可事由に該当します。もっとも、免責不許可事由に該当する場合でも、裁判所は、破産手続開始の決定に至った経緯その他一切の事情を考慮して免責を許可することが相当であると認めるときは、免責

許可の決定をすることができます（裁量免責）。本肢は、「他にいかなる事由があるときであっても、免責許可の決定をすることはできない」となっている部分が誤りです。

④ ○（適切である）

　破産者は、**免責許可の決定が確定**したときは、復権します。

●本問の解答方法

> 　わからない選択肢（①〜③）があっても、考え込まず、立ち止まらずに読み進めましょう。選択肢④の内容が適切であると判断できれば、それだけで解答できますので、他の選択肢に時間をかける必要はありません。

解答➡④

---

4 犯罪収益移転防止法

　犯罪による収益の移転防止に関する法律（以下、本問において「犯罪収益移転防止法」という。）に関する次の①〜④の記述のうち、その内容が適切なものを1つだけ選び、解答欄にその番号をマークしなさい。

① 貸金業者が、株式会社（「外国に本店又は主たる事務所を有する法人」ではないものとする。）である顧客の取引時確認として確認しなければならない事項である事業の内容の確認方法には、当該取引時確認をする日前1年以内に作成された当該株式会社の設立の登記に係る登記事項証明書又はその写しを確認する方法がある。

② 貸金業者は、取引時確認を行った場合には、直ちに、主務省令で定める方法により、当該取引時確認に係る事項、当該取引時確認のためにとった措置その他の主務省令で定める事項に関する記録（以下、本問において「確認記録」という。）を作成しなければならない。貸金業者は、確認記録を、特定取引等に係る契約が終了した日その他の主務省令で定める日から、3年間保存しなければならない。

③ 貸金業者は、特定業務に係る取引を行った場合には、少額の取引その他の政令で

定める取引を除き、直ちに、主務省令で定める方法により、顧客等の確認記録を検索するための事項、当該取引の期日及び内容その他の主務省令で定める事項に関する記録（以下、本問において「取引記録」という。）を作成し、取引記録を、当該取引の行われた日から7年間保存しなければならない。

④ 貸金業者（その役員及び使用人を含む。）は、犯罪収益移転防止法第8条第1項の規定による届出（以下、本問において「疑わしい取引の届出」という。）を行おうとすること又は行ったことを当該疑わしい取引の届出に係る顧客等又はその者の関係者に開示することができる。

解説

① ✕（適切でない）

　顧客等が法人である場合には、事業の内容を取引時確認として確認しなければなりません。事業の内容の確認方法には、例えば、次のいずれかの書類またはその写しを確認する方法があります。

・**定款**

・**法令の規定によりその法人が作成**することとされている書類で、その法人の**事業の内容の記載**があるもの

・その法人の設立の登記に係る**登記事項証明書（6か月以内に作成されたもの）**

　よって、本肢は、「1年以内に作成された」となっている部分が誤りです。

② ✕（適切でない）

　貸金業者は、取引時確認を行った場合には、直ちに、主務省令で定める方法により、その取引時確認に係る事項、その取引時確認のためにとった措置その他の主務省令で定める事項に関する記録を作成しなければならず、その確認記録を、**特定取引等に係る契約が終了した日**その他の主務省令で定める日から**7年間保存**しなければなりません。

　よって、本肢は、「3年間保存」となっている部分が誤りです。

③ ○（適切である）

　貸金業者は、特定業務に係る取引を行った場合には、**少額の取引その他の政令で定める取引を除き**、直ちに、主務省令で定める方法により、顧客等の確認記録を検索するための事項、その取引の期日および内容その他の主務省令で定める事項に関する記録を作成し、その取引記録を、**その取引の行われた日から7年間保存**し

なければなりません。

④ ✕（適切でない）

　　貸金業者（その役員および使用人を含む。）は、疑わしい取引の届出を行おうとすることまたは行ったことを、その**疑わしい取引の届出に係る顧客等またはその者の関係者に漏らしてはなりません。**

　　よって、本肢は、「疑わしい取引の届出に係る顧客等又はその者の関係者に開示することができる」としている点が誤りです。

●本問の解答方法

> 　本問の選択肢③の内容は過去問（平成30年度試験・問題42の選択肢③）と同じような内容であったため、過去問を解いていれば、すぐに③が正解であると判断できます。

解答➡③

さっそく問題です。

> 「強迫による意思表示の取消しは、善意でかつ過失がない第三者に対抗することができない」この文章の内容は適切か。

　適切な内容ではありません。**「強迫」による意思表示の取消しは、善意でかつ過失がない第三者にも対抗することができます。**例えば、AがBから強迫を受けて自分の土地をBに売却した後、その強迫の事実を知らない第三者Cが、Bからその土地を買い受けた場合には、Aは、AB間の契約を取り消せば、Cに対して「その土地は俺のものだ」と主張して、土地を取り戻すことができます。

　他方、もし、これが、AがBから「詐欺」を受けて自分の土地を売った後に、詐欺の事情を知らず、かつ知らないことに過失がないCがBから買ったならば、AはCに「その不動産は俺のものだ」と主張することはできません。つまり、**「詐欺」による意思表示の取消しは、善意でかつ過失がない第三者に対抗することができない**というわけです。このように、「強迫」を受けた者は、「詐欺」を受けた者よりも保護されるのです。

　では、この「強迫」と「詐欺」との違いは、どこからくるのでしょうか。

　強迫を受けて契約をするのはしかたない、契約しなければ痛い目にあうかもしれないから、強迫を受けた者の保護は厚くしよう!でも、詐欺を受けた場合、だまされるほうにも落ち度があるよね!という価値観からです。

　問題を作る側からしても、「詐欺」と「強迫」を**入れ替えるだけで適切でない内容の選択肢を作ることができる**ので、この違いは、よく出題されます。

　このほか、試験によく出題されるものとして、「信用情報」と「個人信用情報」の違い、「自動契約受付機」と「現金自動設備」の違い、「総量規制の除外」と「総量規制の例外」の違い、利息に関する各法律の違い、「無効」と「取消し」の違い、「通常の保証」と「連帯保証」の違い、「優良誤認表示」と「有利誤認表示」の違い、「流動負債」と「固定負債」の違いなどがあります。

　テキストや問題解説を読むときには、違いを意識し、各用語や各制度を比較して理解しましょう。違うということを意識していれば迷わず解答できるので、問題を解くスピードも早くなりますよ。

第3章

資金需要者等の保護

傾向と対策

(1) 第 3 章の項目と出題数

　個人情報保護法、金融分野における個人情報保護に関するガイドライン、個人情報保護法についてのガイドライン（以下、「個人情報保護に関するガイドライン」という）、消費者契約法、不当景品類及び不当表示防止法（以下、「景品表示法」という）から出題されます。

　第 17 回試験において、出題数は全 5 問で、個人情報保護法（個人情報保護に関するガイドラインを含む）から 2 問、消費者契約法から 1 問、景品表示法から 1 問で、残り 1 問は貸金業法等からの出題です。

●項目と出題数

項　　目	出題数
個人情報保護法	2 問
消費者契約法	1 問
景品表示法	1 問
貸金業法等	1 問
合計	5 問

※出題数は第 17 回試験（令和 4 年度）のもの。

(2) 学習のポイント・試験対策

　理解しやすく、かつ出題範囲も限られているので、学習しやすい分野といえます。テキストに書かれている事項を正確に理解・記憶し、過去問を解いていれば、過去の出題からみて、この分野の問題に関しては全問正解することも可能でしょう。

・個人情報保護法

　個人情報保護法の問題は、ほとんど常識で解けます。ただ、常識だけでは解けない部分もありますので、その部分を重点的に学習しましょう。

個人情報保護に関するガイドラインは、個人情報取扱事業者が講ずべき措置の適切かつ有効な実施を図るための指針であり、個人情報保護法をより具体化したものです。個人情報保護法の知識があれば、個人情報保護に関するガイドラインの問題が解ける場合もありますので、まずは個人情報保護法を正確に理解してから、個人情報保護に関するガイドラインの学習を進めましょう。

・消費者契約法

　消費者契約法は、消費者保護のため、民法の基本的な考え方に少し修正を加えた法律です。そのため、民法との違いに注意を払い、消費者契約法によって、消費者がどのような保護を受けるのかについて、理解するように努めましょう。

　消費者契約法にどのような事項が規定されているのか（あるいは規定されていないのか）についても出題されますので、消費者契約法の概要を、まずはしっかりと理解しましょう。

・景品表示法

　景品表示法は、商品・役務の取引に関連する不当な景品類及び表示による顧客の誘引を防止し、一般消費者の利益を保護することを目的としています。どのような表示が「不当な表示」に該当するのか、事業者はどのような規制を受けるのかについて、理解するように努めましょう。

・貸金業法等

　貸金業における広告等の規制、書面に関する規制、帳簿、総量規制、紛争解決等業務および貸付自粛対応などから出題されており、第1章の分野と重なります。

　「総量規制」「紛争解決等業務および貸付自粛対応」については、近時改正されたばかりの分野ですので、今後も出題が続くと思われます。特に「総量規制」は毎年出題され、1回の試験で2問出題されることもありますので、正確に理解・記憶しておきましょう。

❷ 個人情報保護法の概要

問題 1
個人情報とは生存する個人に関する情報をいうが、「個人に関する情報」とは、氏名、住所、性別、生年月日、顔画像等個人を識別する情報に限られず、個人の身体、財産、職種、肩書等の属性に関して、事実、判断、評価を表すすべての情報であり、評価情報、公刊物等によって公にされている情報や、映像、音声による情報が含まれるが、これらが暗号化等によって秘匿化されている場合には「個人に関する情報」には該当しない。

【平成 21 年 (第 3 回) 45-1】【令和元年 43-1】

問題 2
個人識別符号とは、当該情報単体から特定の個人を識別できるものとして個人情報の保護に関する法律施行令第 1 条に定められた文字、番号、記号その他の符号をいい、携帯電話番号やクレジットカード番号は個人識別符号に該当する。

【平成 21 年 (第 3 回) 45-1】【令和 3 年 43-4】

問題 3
要配慮個人情報とは、本人の人種、信条、社会的身分、病歴、犯罪の経歴が含まれる個人情報をいうが、犯罪により害を被った事実は要配慮個人情報に含まれない。

【令和 3 年 43-4】

個人情報保護法ガイドライン（通則編）によれば、「個人に関する情報」とは、氏名、住所、性別、生年月日、顔画像等個人を識別する情報に限られず、ある個人の身体、財産、職種、肩書等の属性に関して、事実、判断、評価を表すすべての情報であり、評価情報、公刊物等によって公にされている情報や、映像、音声による情報も含まれ、**暗号化等によって秘匿化されているかどうかを問わない**とされています。本問は、「暗号化等によって秘匿化されている場合には「個人に関する情報」には該当しない」としている点が誤りです。

●個人情報

「個人情報」とは、**生存する**「個人に関する情報」であって、次のいずれかに該当するものをいいます。

① その情報に含まれる氏名、生年月日その他の記述等により**特定の個人を識別することができるもの**（他の情報と容易に照合することができ、それにより特定の個人を識別することができることとなるものを含む。）

② **個人識別符号が含まれるもの**

 個人情報保護法ガイドライン（通則編）によれば、「個人識別符号」とは、**当該情報単体から特定の個人を識別できるもの**として個人情報の保護に関する法律施行令に定められた文字、番号、記号その他の符号をいい、これに該当するものが含まれる情報は個人情報となります。携帯電話番号やクレジットカード番号は、当該情報単体から特定の個人を識別できるものとはされておらず、個人識別符号に該当しません。

 「要配慮個人情報」とは、本人の人種、信条、社会的身分、病歴、犯罪の経歴、**犯罪により害を被った事実**その他本人に対する不当な差別、偏見その他の不利益が生じないようにその取扱いに特に配慮を要するものとして政令で定める記述等が含まれる個人情報をいいます。したがって、犯罪により害を被った事実も要配慮個人情報に含まれます。

問題 4 個人情報保護法ガイドラインによれば、「個人情報データベース等」とは、特定の個人情報をコンピュータを用いて検索することができるように体系的に構成した、個人情報を含む情報の集合物をいう。また、コンピュータを用いていない場合であっても、紙面で処理した個人情報を一定の規則（例えば、五十音順等）に従って整理・分類し、特定の個人情報を容易に検索することができるよう、目次、索引、符号等を付し、他人によっても容易に検索可能な状態に置いているものも該当する。

【平成 21 年（第 4 回）45- ア】【平成 27 年 43-1】

・・・

問題 5 「個人情報取扱事業者」とは、個人情報データベース等を事業の用に供している者をいうが、当該個人情報データベース等を構成する個人情報によって識別される特定の個人の数が 5,000 人未満である者は個人情報取扱事業者に該当しない。

【平成 21 年（第 3 回）45-2】【平成 30 年 43-1】【令和 3 年 43-2】

・・・

問題 6 個人データとは、個人情報取扱事業者が管理する個人情報データベース等を構成し、又は構成の用に供されるべき個人情報をいい、個人情報データベース等から外部記録媒体に保存された個人情報、個人情報データベース等から紙面に出力された帳票等に印字された個人情報、及び個人情報データベース等を構成する前の入力用の帳票等に記載されている個人情報は、すべて個人データに該当する。

【平成 21 年（第 4 回）45- イ】【平成 27 年 43-2】【令和元年 43-2】

・・・

問題 7 保有個人データとは、個人情報取扱事業者が管理する個人情報データベース等を構成する個人情報をいい、本人又はその代理人から請求される開示、内容の訂正、追加もしくは削除、利用の停止、消去又は第三者への提供の停止のいずれかに応じることができる権限を有する個人情報に限られる。

【平成 21 年（第 4 回）45- ウ】【平成 27 年 43-4】【平成 30 年 43-2】【令和 3 年 43-3】

❹ 個人情報の取得

問題 8 個人情報取扱事業者は、本人の人種、信条、社会的身分、病歴、犯罪の経歴、犯罪により害を被った事実その他の要配慮個人情報については、本人の同意の有無を問わず、一切取得してはならない。

【平成 30 年 43-3】

個人情報保護法ガイドラインによれば、「個人情報データベース等」とは、**特定の個人情報をコンピュータを用いて検索することができるように体系的に構成した、個人情報を含む情報の集合物**をいいます。また、コンピュータを用いていない場合であっても、紙面で処理した**個人情報を一定の規則**（例えば、五十音順等）**に従って整理・分類**し、**特定の個人情報を容易に検索**することができるよう、目次、索引、符号等を付し、他人によっても容易に検索可能な状態に置いているものも該当します。

 「個人情報取扱事業者」とは、個人情報データベース等を事業の用に供している者をいいます。個人情報データベース等を事業の用に供している者であれば、当該個人情報データベース等を構成する**個人情報によって識別される特定の個人の数の多寡にかかわらず**、個人情報取扱事業者に該当します。

 「個人データ」とは、個人情報データベース等を構成する個人情報をいいます。個人情報保護法ガイドライン（通則編）によれば、「個人情報データベース等から外部記録媒体に保存された個人情報」や「個人情報データベース等から紙面に出力された帳票等に印字された個人情報」は個人データに該当します。一方、「個人情報データベース等を構成する前の入力用の帳票等に記載されている個人情報」は個人データに該当しません。

 個人情報保護法ガイドライン（通則編）によれば、「保有個人データ」とは、個人情報取扱事業者が、本人またはその代理人から請求される開示、内容の訂正、追加または削除、利用の停止、消去および第三者への提供の停止の**すべてに**応じることができる権限を有する「個人データ」をいいます。本肢は、「いずれか」に応じるとなっている部分が誤りです。

　なお、法改正により、6か月以内に消去する個人データであっても保有個人データから除かれないことになりました。

 個人情報取扱事業者は、原則として、要配慮個人情報を取得してはなりません。もっとも、**あらかじめ本人の同意があれば、要配慮個人情報を取得する**ことができます。

❺ 個人データの管理

問題9　個人情報取扱事業者は、個人情報を取得した場合、取得の状況から見て利用目的が明らかであると認められるときであっても、速やかに、その利用目的を、本人に通知し、又は公表しなければならない。

【平成21年（第2回）43-4】【平成25年43-b】

問題10　個人情報の保護に関する法律上の個人情報取扱事業者であるA社は、自社で管理している個人データを第三者に提供することを検討している。A社が、その利用目的の達成に必要な範囲内において個人データをパソコンに入力するなどの作業を第三者に委託することは、個人データの第三者提供に該当するため、A社は、本人の同意なしには、当該作業を委託することはできない。

【平成21年（第2回）43-2】【平成22年43-b】【平成24年47-3】【平成28年43-3】

問題11　個人情報の保護に関する法律上の個人情報取扱事業者であるA社は、自社で管理している個人データを第三者に提供することを検討している。A社が、第三者に提供される自社が保有する個人データ（要配慮個人情報を除く）について、本人の求めに応じて当該本人が識別される個人データの第三者への提供を停止することとしている場合であって、第三者への提供を利用目的とすること、第三者に提供される個人データの項目、第三者への提供の方法、及び本人の求めに応じて当該本人が識別される個人データの第三者への提供を停止すること、本人の求めを受け付ける方法について、あらかじめ、本人に通知し、又は本人が容易に知り得る状態に置くとともに、個人情報保護委員会に届け出たときは、A社は、本人の同意を得ることなく、当該個人データを第三者に提供することができる。

【平成22年43-d】

問題12　個人情報の保護に関する法律上の個人情報取扱事業者であるA社は、自社で管理している個人データを第三者に提供することを検討している。A社とB社の合併による事業の承継に伴ってA社の個人データが存続会社となるB社に提供されるためには、あらかじめ、本人の同意が必要である。

【平成22年43-c】【平成28年43-4】

個人情報取扱事業者は、個人情報を取得した場合は、**あらかじめその利用目的を公表している場合を除き**、速やかに、その利用目的を、本人に通知し、または公表しなければなりません。ただし、**取得の状況からみて利用目的が明らかである**と認められる場合には、本人への**通知・公表は不要**です。

 個人情報取扱事業者は、原則として、**あらかじめ本人の同意を得なければ**、個人データを「第三者」に提供することはできません。ただし、利用目的の達成に必要な範囲内において、個人データの取扱いの全部または一部を**委託**することに伴ってその個人データが提供される場合、**その個人データの提供を受ける者は「第三者」に該当しません**。そのため、A社による作業委託は、個人データの第三者提供に該当せず、A社は、本人の同意を得ることなく、当該作業を委託することができます。

 個人情報取扱事業者は、第三者に提供される個人データ（**要配慮個人情報を除く**）について、本人の求めに応じて、その本人が識別される個人データの第三者への提供を停止することとしている場合で、次の事項について、**あらかじめ、本人に通知し、または本人が容易に知り得る状態に置くとともに、個人情報保護委員会に届け出た**ときは、本人の同意を得ることなく、当該個人データを第三者に提供することができます（個人情報保護法23条2項）。

① 第三者への提供を利用目的とすること
② 第三者に提供される個人データの項目
③ 第三者への提供の方法
④ 本人の求めに応じて個人データの第三者への提供を停止すること
⑤ 本人の求めを受け付ける方法

 合併その他の事由による事業の承継に伴って個人データが提供される場合、その**個人データの提供を受ける者は第三者に該当しません**。そのため、A社とB社の合併による事業の承継に伴って、存続会社となるB社にA社の個人データを提供する場合には、本人の同意は必要ありません。

3-2 個人情報保護に関するガイドライン

❹ 個人データの管理

問題1 個人情報取扱事業者は、組織的安全管理措置として、個人データの取扱いに係る規律に従った運用、担当者及び取り扱う個人情報データベース等の範囲を限定するための適切なアクセス制御を行わなければならない。

【平成21年（第1回）43-2】【平成23年43-c】【平成26年45-1】【平成29年43-2】【令和4年46-3】

問題2 個人情報取扱事業者は、人的安全管理措置として、従業者に、個人データの適切な取扱いを周知徹底するとともに適切な教育を行わなければならない。

【平成23年43-b】【平成26年45-3】【平成29年43-4】【令和4年46-2】

問題3 個人情報取扱事業者は、物理的安全管理措置として、個人データを取り扱う機器、電子媒体及び書類等の盗難又は紛失等を防止するために、適切な管理を行わなければならない。

【令和4年46-1】

アクセス制御は、組織的安全管理措置ではなく、技術的安全管理措置として行わなければならない措置です。

●組織的安全管理措置

①組織体制の「整備」、②**個人データの取扱いに係る規律に従った運用**、③**個人データの取扱状況**を確認する手段の整備、④漏えい等事案に対応する体制の整備、⑤取扱状況の把握及び安全管理措置の見直し

●技術的安全管理措置

①**アクセス制御**、②アクセス者の識別と認証、③外部からの不正アクセス等の防止、④**情報システム**の使用に伴う漏えい等の防止

 個人情報取扱事業者は、人的安全管理措置として、「従業者」に**個人データの適正な取扱いを周知徹底**するとともに**適切な教育**を行わなければならず、また、従業者に個人データを取り扱わせるに当たっては**従業者に対する監督**をしなければなりません。

 設問の通りです。

●物理的安全管理措置

①個人データを取り扱う区域の管理、②**機器および電子媒体等の盗難等の防止**、③電子媒体等を持ち運ぶ場合の漏えい等の防止、④個人データの削除および機器、電子媒体等の廃棄

問題 4 個人情報取扱事業者による安全管理措置の義務違反にならないものとして、例えば、不特定多数者が書店で随時に購入可能な名簿で、事業者において全く加工をしていないものについては、個人の権利利益を侵害するおそれは低いと考えられることから、それを処分するために文書細断機等による処理を行わずに廃棄し、又は廃品回収に出した場合が挙げられる。　【平成26年45-4】【平成29年43-1】

問題 5 金融分野における個人情報取扱事業者が、個人信用情報機関に対して個人データを提供する場合には、個人信用情報機関を通じて当該機関の会員企業にも情報が提供されることとなるため、個人データを提供する個人情報取扱事業者又は個人信用情報機関から個人データの提供を受けようとする会員企業のいずれかが、本人の同意を得ることとされている。　【平成21年（第3回）47-3】【平成24年47-4】

3-3 消費者契約法

❶ 消費者契約法の概要

問題 1 消費者契約法上、事業者とは法人その他の団体をいい、事業として又は事業のために契約の当事者となる場合における個人は消費者契約法上の事業者には当たらない。　【平成26年43-1】【平成28年44-1】【平成29年46-1】【令和3年44-1】

❷ 消費者契約の取消し

問題 2 事業者が、消費者契約の締結について勧誘をするに際し、契約の重要事項について事実と異なることを告げた場合は、たとえ勧誘を受けた消費者がその告げられた内容が事実であるとの誤認をせず当該消費者契約を締結したとしても、当該消費者は、消費者契約法に基づき、当該契約を取り消すことができる。

【平成21年（第1回）44-4】【平成25年45-4】【令和4年44-1】

問題 3 消費者が消費者契約法に基づいて消費者契約を取り消すことができる場合において、追認をすることができる時から6か月間取消権を行使しないとき、又は当該消費者契約の締結の時から5年を経過したときは、当該消費者は、当該消費者契約を取り消すことができなくなる。　【平成30年44-2】【令和2年44-3】【令和4年44-2】

不特定多数者が書店で**随時に購入可能**な名簿で、事業者において全く加工をしていないものについては、**個人の権利利益を侵害するおそれは低い**と考えられることから、それを処分するために文書細断機等による処理を行わずに廃棄し、または廃品回収に出したとしても、事業者の安全管理措置の義務違反にはならないとされています。

 ガイドラインでは、「個人信用情報機関に対して個人データが提供される場合には、個人信用情報機関を通じて当該機関の会員企業にも情報が提供されることとなるため、**個人信用情報機関に個人データを提供する金融分野における個人情報取扱事業者が**本人の同意を得ることとする」とされています。本肢は、個人データの提供元と提供先のいずれかが本人の同意を得るとしている点で誤りです。

 法人その他の団体のほか、**事業として、または事業のために契約の当事者となる場合における個人**も事業者です。例えば、個人事業主（法人化せず個人で事業を行っている者）も事業者に該当します。

 事業者の行為によって**消費者が誤認または困惑した場合**に、契約を取り消すことができるのであって、誤認がなければ取り消すことはできません。
　よって本問は、「誤認をせずに契約した場合にも取り消すことができる」とする点で誤りです。

 消費者契約法に基づき消費者に認められる取消権は、**追認をすることができる時**から**1年間**行わないときは、時効によって消滅します。**消費者契約の締結の時**から**5年**を経過したときも同様です。

❸ 消費者契約の条項の無効

問題 4
事業者と消費者との間の消費者契約において、事業者の債務不履行により消費者に生じた損害を賠償する責任の全部を免除する条項が定められた場合、当該条項は消費者契約法に基づき無効となる。　【平成29年46-3】【令和元年44-2】

....

問題 5
事業者の債務不履行（当該事業者、その代表者又はその使用する者の故意又は重大な過失によるものに限る。）により消費者に生じた損害を賠償する責任の一部を免除する消費者契約の条項は、無効となる。　【平成30年44-3】【令和3年44-4】

....

問題 6
消費者契約の解除に伴う損害賠償の額を予定する条項であって、その額が、当該条項において設定された解除の事由、時期等の区分に応じ、当該消費者契約と同種の消費者契約の解除に伴い当該事業者に生ずべき平均的な損害の額を超えるものについては、当該条項そのものが無効となる。　【平成27年44-4】
【平成28年44-2】【平成30年44-4】【令和元年44-3】【令和2年44-4】【令和3年44-3】

....

問題 7
事業者と消費者との間で締結する商品の売買契約において、当該契約に基づき消費者が支払うべき金銭の全部又は一部を支払期日までに支払わない場合における損害賠償の額を予定し、又は違約金を定める条項であって、これらを合算した額が、支払期日の翌日からその支払をする日までの期間について、その日数に応じ、当該支払期日に支払うべき額から当該支払期日に支払うべき額のうち既に支払われた額を控除した額に年1割4分6厘（14.6%）の割合を乗じて計算した額を超えるものを定めたときは、当該条項は無効である。　【平成24年45-d】【令和4年44-4】

❺ 差止請求

問題 8
事業者が、消費者契約の締結について勧誘をするに際し、勧誘をしている場所から消費者を退去させないなど、消費者を困惑させることにより当該消費者契約を締結した場合、消費者契約法第2条（定義）第4項に規定する適格消費者団体には、当該消費者契約についての取消権が認められている。

【平成23年46-4】【平成26年43-2】【平成28年44-3】【令和元年44-1】【令和2年44-2】

事業者の債務不履行により、消費者に生じた損害を賠償する**責任の全部を免除する条項**は、無効となります。

事業者の債務不履行（当該事業者、その代表者またはその使用する者の**故意または重大な過失によるものに限る。**）により消費者に生じた損害を賠償する**責任の一部を免除する**消費者契約の**条項**は、無効となります。

消費者契約の解除に伴う**損害賠償の額を予定**し、または違約金を定める条項で、これらの合算額が、解除の事由、時期等の区分に応じ、その消費者契約と同種の消費者契約の解除に伴い当該事業者に生ずべき**平均的な損害を超える**ものは、**「その超える部分」だけが無効**となります。条項そのものが無効となるわけではありません。

消費者が支払いを遅滞した場合における損害賠償の額を予定し、または違約金を定める条項で、遅延損害金の額が**年利14.6%を超えるもの**を定めたときは、その**超える部分が無効**となります。条項全体が無効になるわけではありません。

消費者契約法上の適格消費者団体とは、不特定かつ多数の消費者の利益のために消費者契約法の規定による**差止請求権**を行使するのに必要な適格性を有する法人である消費者団体として内閣総理大臣の認定を受けた者をいいます。**適格消費者団体には**、差止請求権が認められていますが、消費者契約の**取消権は認められていません。**

3-4 不当景品類及び不当表示防止法

❶ 景品表示法

問題 1
「表示」とは、顧客を誘引するための手段として、事業者が自己の供給する商品又は役務の内容又は取引条件その他これらの取引に関する事項について行う広告その他の表示であって、公正取引委員会が指定するものをいう。

【平成 21 年（第 3 回）44-a】【平成 22 年 45- ア】【平成 24 年 43-a】【平成 25 年 44-2】
【平成 26 年 46-1】【平成 28 年 47-1】【令和元年 45-2】【令和 2 年 46-1】

問題 2
事業者が、自己の供給する商品又は役務の品質、規格その他の内容について、一般消費者に対し、実際のものよりも著しく優良であると示し、又は事実に相違して当該事業者と同種若しくは類似の商品若しくは役務を供給している他の事業者に係るものよりも著しく優良であると示すことにより、不当に顧客を誘引し、一般消費者による自主的かつ合理的な選択を阻害するおそれがあると認められる表示は、景品表示法上の不当な表示に該当する。　【平成 21 年（第 3 回）44-b】【平成 22 年 44- イ・ウ】

問題 3
いわゆる有利誤認表示は、商品又は役務の品質、規格その他の内容について、実際のもの又は当該事業者と同種もしくは類似の商品もしくは役務を供給している他の事業者に係るものよりも取引の相手方に著しく有利であると競業事業者に誤認される表示であって、不当に顧客を誘引し、競業事業者による自主的かつ合理的な選択を阻害するおそれがあると認められるものである。

【平成 22 年 44- ウ・エ】【平成 23 年 47-1】

問題 4
内閣総理大臣は、景品表示法第 5 条の規定（不当な表示の禁止）に違反する行為を行っている事業者に対し、その行為の差止めを命ずることができるが、当該違反行為が既になくなっている場合には、その行為が再び行われることを防止するために必要な事項を命ずることはできない。

【平成 21 年（第 3 回）44-d】【平成 23 年 47-3】【平成 24 年 43-c】
【平成 25 年 44-4】【平成 26 年 46-4】【平成 27 年 45-1】【令和 2 年 46-2】

3

「表示」とは、顧客を誘引するための手段として、事業者が自己の供給する商品または役務の内容または取引条件その他これらの取引に関する事項について行う広告その他の表示であって、**内閣総理大臣が指定**するものをいいます。

事業者が、自己の供給する商品または役務の**品質、規格その他の内容**について、**一般消費者**に対し、実際のものよりも著しく優良であると示したり、事実に相違して、**同種、もしくは類似の商品や役務を供給している他の事業者によるもの**よりも著しく優良であると示すことにより、不当に顧客を誘引し、**一般消費者による自主的かつ合理的な選択を阻害するおそれがある**と認められる表示 (このような表示を「**優良誤認表示**」という) は、景品表示法上の「不当な表示」に該当します。

「**有利誤認表示**」とは、商品または役務の**価格その他の取引条件**について、実際のもの、または同種、もしくは類似の商品や役務を供給している他の事業者によるものよりも、取引の相手方に著しく有利であると**一般消費者**に誤認される表示であって、不当に顧客を誘引し、**一般消費者**による自主的かつ合理的な選択を阻害するおそれがあると認められるものをいいます。本問は、「品質、規格その他の内容」「競業事業者」となっている部分が誤りです。

内閣総理大臣は、景品表示法第4条 (景品類の制限および禁止) による制限・禁止、または同法第5条 (不当な表示の禁止) の**規定に違反する行為を行っている事業者**に対し、その行為の差止め、もしくはその行為が再び行われることを防止するために必要な事項、またはこれらの実施に関連する公示その他必要な事項を命ずることができます。この**措置命令は、その違反行為がすでになくなっている場合にも、行うことができます。**

1 個人情報保護法

　個人情報の保護に関する法律に関する次の①〜④の記述のうち、その内容が適切なものを1つだけ選び、解答欄にその番号をマークしなさい。

① 個人情報取扱事業者は、個人情報を取り扱うに当たっては、その利用の目的(以下、本問において「利用目的」という。)をできる限り特定しなければならない。個人情報取扱事業者は、利用目的を変更する場合には、変更前の利用目的と関連性を有すると合理的に認められる範囲を超えて行ってはならない。

② 個人情報取扱事業者は、合併その他の事由により他の個人情報取扱事業者から事業を承継することに伴って個人情報を取得した場合において、承継前における当該個人情報の利用目的の達成に必要な範囲を超えて当該個人情報を取り扱うときは、速やかに、その利用目的を、本人に通知し、又は公表しなければならない。

③ 個人情報取扱事業者は、利用目的を変更した場合は、取得の状況からみて利用目的が明らかであると認められるときであっても、変更された利用目的について、本人に通知し、又は公表しなければならない。

④ 個人情報取扱事業者は、本人との間で契約を締結することに伴って契約書その他の書面(電磁的記録を含む。)に記載された当該本人の個人情報を取得する場合は、あらかじめ、本人に対し、その利用目的を明示しその同意を得なければならない。

解説

① ○(適切である)

　個人情報取扱事業者は、個人情報を取り扱うに当たっては、その**利用目的をできる限り特定**しなければなりません。また、個人情報取扱事業者は、利用目的を変更する場合には、**変更前の利用目的と関連性を有すると合理的に認められる範囲を超えて行ってはなりません**。

② ✖（適切でない）

　　個人情報取扱事業者は、合併その他の事由により他の個人情報取扱事業者から事業を承継することに伴って個人情報を取得した場合は、**あらかじめ本人の同意を得ないで**、承継前における当該**個人情報の利用目的の達成に必要な範囲を超えて、当該個人情報を取り扱ってはなりません**。そのため、個人情報の利用目的の達成に必要な範囲を超えて個人情報を取り扱うときは、通知・公表ではなく、あらかじめ本人の同意を得る必要があります。

③ ✖（適切でない）

　　個人情報取扱事業者は、利用目的を変更した場合は、変更された利用目的について、本人に通知し、または公表しなければなりません。ただし、次の場合には、利用目的の通知・公表は不要です。

●利用目的の通知・公表が不要となる場合

> ・利用目的を本人に通知し、または公表することにより本人または第三者の生命、身体、財産その他の権利利益を害するおそれがある場合
> ・利用目的を本人に通知し、または公表することにより当該個人情報取扱事業者の権利または正当な利益を害するおそれがある場合
> ・国の機関または地方公共団体が法令の定める事務を遂行することに対して協力する必要がある場合であって、利用目的を本人に通知し、または公表することにより当該事務の遂行に支障を及ぼすおそれがあるとき。
> ・**取得の状況からみて利用目的が明らか**であると認められる場合

　　本肢は、「取得の状況からみて利用目的が明らかであると認められるときであっても」利用目的の通知・公表を必要としている点が誤りです。

④ ✖（適切でない）

　　個人情報取扱事業者は、本人との間で契約を締結することに伴って契約書その他の書面（電磁的記録を含む。）に記載された当該本人の個人情報を取得する場合その他本人から直接書面に記載された当該本人の個人情報を取得する場合は、あらかじめ、本人に対し、**その利用目的を明示しなければなりません**。同意を得ることまでは求められていないため、本肢は、「その同意を得なければならない」となっている部分が誤りです。

解答➡①

2 消費者契約法

　消費者契約法に関する次の①〜④の記述のうち、その内容が適切なものを 1 つだけ選び、解答欄にその番号をマークしなさい。

① 事業者が消費者契約の締結について勧誘をするに際し、消費者に対して重要事項について事実と異なることを告げる行為をした場合、当該消費者が、当該告げられた内容が事実であるとの誤認をしたか否かにかかわらず、当該消費者は、それによってなされた当該消費者契約の申込み又はその承諾の意思表示を取り消すことができる。

② 消費者が消費者契約法に基づいて消費者契約を取り消すことができる場合において、追認をすることができる時から 6 か月間取消権を行使しないとき、又は当該消費者契約の締結の時から 5 年を経過したときは、当該消費者は、当該消費者契約を取り消すことができなくなる。

③ 事業者が、消費者契約の締結について勧誘をするに際し、勧誘をしている場所から退去する旨の意思を消費者が示したにもかかわらず、当該消費者を退去させないなど、消費者を困惑させることにより当該消費者契約を締結した場合、当該消費者契約は、無効である。

④ 消費者契約の条項のうち、消費者契約に基づき支払うべき金銭の全部を消費者が支払期日までに支払わない場合における損害賠償の額を予定し、又は違約金を定める条項であって、これらを合算した額が、支払期日の翌日からその支払をする日までの期間について、その日数に応じ、当該支払期日に支払うべき額から当該支払期日に支払うべき額のうち既に支払われた額を控除した額に年 14.6%の割合を乗じて計算した額を超えることとなるものは、当該超える部分につき無効である。

解説

① ✕（適切でない）

　消費者は、事業者が消費者契約の締結について勧誘をするに際し、当該消費者

に対して重要事項について事実と異なることを告げる行為をしたことにより当該告げられた**内容が事実であるとの「誤認」**をし、それによって当該消費者契約の申込みまたはその承諾の意思表示をしたときは、これを取り消すことができます。よって、本肢は、「誤認をしたか否かにかかわらず」となっている部分が誤りです。

② ✕（適切でない）

　消費者契約法に基づき消費者に認められる取消権は、追認をすることができる時から**1年間**行わないときは、時効によって消滅します。また、その消費者契約の締結の時から**5年**を経過したときも、時効によって消滅します。よって、本肢は、「6か月間」としている点が誤りです。

③ ✕（適切でない）

　事業者が、消費者契約の締結について勧誘をするに際し、当該消費者契約の締結について勧誘をしている場所から当該消費者が退去する旨の意思を示したにもかかわらず、その場所から当該**消費者を退去させなかった**ことにより当該消費者が「困惑」し、それによって当該消費者が当該消費者契約の申込みまたはその承諾の意思表示をしたときは、当該消費者は、これを**「取り消す」ことができます**。よって、本肢は、「無効である」としている点が誤りです。

④ ◯（適切である）

　消費者契約の**条項**のうち、消費者契約に基づき支払うべき金銭の全部を消費者が支払期日までに支払わない場合における損害賠償の額を予定し、または違約金を定める条項であって、これらを合算した額が、支払期日の翌日からその支払をする日までの期間について、その日数に応じ、当該支払期日に支払うべき額から当該支払期日に支払うべき額のうち既に支払われた額を控除した額に年**14.6%**の割合を乗じて計算した額を超えることとなるものは、当該**超える部分につき無効**です。

解答➡④

資金需要者等の保護

3

本試験問題

問題

3 景品表示法

　不当景品類及び不当表示防止法（以下、本問において「景品表示法」という。）に関する次の①～④の記述のうち、その内容が<u>適切でない</u>ものを 1 つだけ選び、解答欄にその番号をマークしなさい。

① 「景品類」とは、顧客を誘引するための手段として、その方法が直接的であるか間接的であるかを問わず、くじの方法によるかどうかを問わず、また事業者が自己の供給する商品又は役務の取引に付随して行われるものかどうかを問わず、相手方に提供する物品、金銭その他の経済上の利益であって、内閣総理大臣が指定するものをいう。

② 内閣総理大臣は、不当な顧客の誘引を防止し、一般消費者による自主的かつ合理的な選択を確保するため必要があると認めるときは、景品類の価額の最高額もしくは総額、種類もしくは提供の方法その他景品類の提供に関する事項を制限し、又は景品類の提供を禁止することができる。

③ 内閣総理大臣は、景品表示法第 7 条（措置命令）第 1 項の規定による命令に関し、事業者がした表示が同法第 5 条（不当な表示の禁止）第 1 号に該当する表示（以下、本問において「優良誤認表示」という。）であるか否かを判断するため必要があると認めるときは、当該表示をした事業者に対し、期間を定めて、当該表示の裏付けとなる合理的な根拠を示す資料の提出を求めることができる。この場合において、当該事業者が当該資料を提出しないときは、同法第 7 条第 1 項の規定の適用については、当該表示は優良誤認表示とみなされる。

④ 景品表示法第 7 条第 1 項の規定による命令に違反した者は、刑事罰に処される。

解説

① ✕（適切でない）

　「景品類」とは、顧客を誘引するための手段として、その方法が直接的であるか間接的であるかを問わず、**くじの方法によるかどうかを問わず**、事業者が自己の供給する**商品または役務の取引（不動産に関する取引を含む。）に付随して**相手方に提

供する物品、金銭その他の経済上の利益であって、内閣総理大臣が指定するものをいいます。本肢は、「商品又は役務の取引に付随して行われるものかどうかを問わず」となっている部分が誤りです。

② ○（適切である）

　内閣総理大臣は、不当な顧客の誘引を防止し、一般消費者による自主的かつ合理的な選択を確保するため必要があると認めるときは、景品類の価額の最高額もしくは総額、種類もしくは提供の方法その他景品類の提供に関する事項を制限し、または景品類の提供を禁止することができます。

③ ○（適切である）

　内閣総理大臣は、景品表示法第7条（措置命令）第1項の規定による命令に関し、事業者がした表示が「**優良誤認表示**」（景品表示法第5条第1号の表示）か否かを判断するため必要があると認めるときは、その表示をした事業者に対し、期間を定めて、その表示の裏付けとなる合理的な根拠を示す資料の提出を求めることができます。この場合において、**その事業者がその資料を提出しないとき**は、景品表示法第7条第1項の規定の適用については、**その表示は「優良誤認表示」とみなされます**。

④ ○（適切である）

　景品表示法第7条（措置命令）第1項の規定による命令に違反した者は、刑事罰に処されます。

◉**本問の解答方法**

　本問の選択肢①は過去問（令和元年度試験・問題45の選択肢①）と同じ内容を問う問題であったため、過去問を解いていれば解答できる問題でした。選択肢①の「商品又は役務の取引に付随して行われるものかどうかを問わず」という記述を見た瞬間、この記述は明らかに「適切でない」内容であると自信をもって判断して解答欄の①にマークし、次の問題に進みましょう。

解答➡①

Column 時には問題文を丸暗記することも重要!

　貸金業務取扱主任者資格試験では、法令やガイドラインの規定がそのまま抜き出した形で出題されることが少なくないため、正しい内容が書かれた過去問題（事例問題を除く）については、問題文をそのまま記憶することも必要になります。

　過去に、「代理人が相手方に対してした意思表示の効力が意思の不存在、錯誤、詐欺、強迫又はある事情を知っていたこともしくは知らなかったことについて過失があったことによって影響を受けるべき場合には、その事実の有無は、原則として、代理人について決するものとされる」という問題が出題されました。

　これは条文をほぼそのまま抜き出した問題ですが、わかりやすくいえば「代理行為の意思表示（代理による契約の申込み・承諾）について、意思の不存在（心裡留保、通謀虚偽表示）の事実があるかないか、錯誤、詐欺、強迫または悪意・過失の事実があるかないかは、原則として、代理人を基準に判断する」ということです。例えば、代理人が相手方に強迫されて契約した場合、本人は契約を取り消すことができることになります。

　わかりやすい内容で覚えていても、事例を覚えていても、条文をそのまま抜き出した形で出題される問題については自信をもって解答することはできないでしょう。このような問題では、丸暗記しているほうが解けます。どうしても理解できない問題は、丸暗記したほうが効率的な場合もあります。

　ただ、問題文を一言一句記憶するのは無理です。ポイントを押さえて記憶するようにすれば、多少忘れた部分があっても対応できます。上記の問題では「代理人について決する」という部分がポイントになります。もし問題文が「原則として、本人について決する」となっていた場合には、間違った内容の記述であると判断できます。

　「すべての問題を丸暗記すべき」というわけではありません。まずは理解して覚えることが大切であり、具体例をイメージすることで事例問題に対応できるようにしておくことも重要です。

第4章

財務および会計

傾向と対策

(1) 第4章の項目と出題数

　家計収支の考え方（収支項目・可処分所得・貯蓄と負債）、個人の所得と関係書類（申告所得・源泉徴収票等の関係書類）、企業会計の考え方（企業会計原則）、財務諸表（損益計算書・貸借対照表・キャッシュフロー計算書・その他）から出題されます。

　第17回試験において、出題数は全3問であり、個人の所得と関係書類から1問、企業会計の考え方から1問、財務諸表から1問です。家計収支の考え方は、過去に一度だけ「可処分所得」について問われた程度です。

●項目と出題数

項　　目	出題数
家計収支の考え方	0問
個人の所得と関係書類	1問
企業会計の考え方（企業会計原則）	1問
財務諸表	1問
合計	3問

※ 出題数は第17回試験（令和4年度）のもの。

(2) 学習のポイント・試験対策

　個人の所得や関係書類、企業会計原則・財務諸表など、返済能力の調査のために必要な事項を学びます。この分野からの出題は少なく、基本的事項を理解していれば解ける問題ばかりです。返済能力の調査をするつもりで学習しましょう。

・家計収支の考え方

　可処分所得を理解するように努め、あとはテキストを一読すれば十分です。

・個人の所得と関係書類

　源泉徴収票からの出題がほとんどです。源泉徴収票等の書類に何が書かれており、

その書類に記載されている言葉（用語）は何を意味するのかを、答えられるようにしましょう。

　貸金業法等の分野からは、「個人顧客の資力を明らかにする書面」（貸金業法13条3項）に関する問題が出題されています。どのような書面が「個人顧客の資力を明らかにする書面」に該当するのかについて、すべて答えられるようにしましょう。

・企業会計の考え方（企業会計原則）

　企業会計原則（大蔵省企業会計審議会発表）は、企業が会計において従うべき基準です。企業会計原則は、「一般原則」「貸借対照表原則」「損益計算書原則」で構成されています。

　一般原則は、すべてに共通した一般的な原則であり、7つの原則から成り立っています。この7つの原則は、何度も出題されていますので、正確に記憶しておきましょう。

　貸借対照表や損益計算書は、貸借対照表原則や損益計算書原則に沿って作成されます。つまり、貸借対照表や損益計算書を理解していれば、貸借対照表原則や損益計算書原則そのものを知らなくても、それらの問題を解くことができます。

・財務諸表

　前述したように、貸借対照表や損益計算書については、貸借対照表原則や損益計算書原則と重なる部分があり、重要な部分です。しっかりと理解しておきましょう。

　キャッシュ・フロー計算書については、キャッシュ・フロー計算書の3つの区分を区別できるようにしておきましょう。

　財務諸表に関するその他の事項（会計帳簿や会社法等の規定）については、テキストを一読し、過去問を解けば十分です。

　試験では、「会社計算規則に規定する貸借対照表等」に関する問題や、「会社計算規則に規定する損益計算書」に関する問題が何度も出題されています。しかし、「会社計算規則」そのものを知らなくても、貸借対照表や損益計算書を理解していれば解ける問題です。

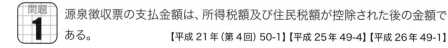

4-1 家計収支の考え方

❷ 可処分所得

問題 1　給与所得者が、給与収入のみを得ている場合には、給与収入の総額から所得税、住民税及び社会保険料を控除した額は、一般に税引後当期純利益と呼ばれ、給与所得者はこの税引後当期純利益の範囲内において様々な支出をまかなうこととなる。

【平成21年（第2回）49-ウ】

4-2 個人の所得と関係書類

❷ 源泉徴収票

問題 1　源泉徴収票の支払金額は、所得税額及び住民税額が控除された後の金額である。

【平成21年（第4回）50-1】【平成25年49-4】【平成26年49-1】

問題 2　源泉徴収票の源泉徴収税額は、所得税額及び住民税額の合計額である。

【平成21年（第4回）50-2】【平成25年49-1】【平成27年48-1】

問題 3　源泉徴収票の「社会保険料等の金額」には、事業主（会社）が負担した社会保険料が含まれる。　【平成21年（第4回）50-3】【平成25年49-2】【平成27年48-4】

❸ 青色申告決算書

問題 4　青色申告決算書（一般用）の損益計算書には、「所得金額」を記載する欄があり、所得金額とは、その年の収入金額であって売上原価及び諸経費を差し引く前の金額をいう。

【平成24年48-b】【平成26年49-3】

給与所得者が、給与収入のみを得ている場合には、給与収入の総額から所得税、住民税および社会保険料を控除した額は、一般に**可処分所得**と呼ばれます。給与所得者は、この**可処分所得**の範囲内において、さまざまな支出をまかなうこととなります。本問は、「税引後当期純利益」となっている部分が誤りです。

 源泉徴収票の「支払金額」は、**税引き前の年収**の金額です。

 源泉徴収票の「源泉徴収税額」は、給与等から源泉徴収された**所得税の合計額**のことです。住民税の合計額は含まれません。

 源泉徴収票には、年収、**給与所得者等が負担する**税金（所得税）や、保険料等が記載されますが、事業主が負担した社会保険料等は記載されません。

 「所得金額」とは、**売上原価および諸経費等を差し引いた後の金額**をいいます。

○×問題

❹ 個人顧客の資力を明らかにする書面

問題 5
給与所得の源泉徴収票（所得税法所定のものであり、かつ一般的に発行される直近の期間に係るもの）は、「個人顧客の資力を明らかにする書面」に該当する。
【平成21年（第1回）50-1】

問題 6
給与の支払明細書（1年以内に発行された任意の2か月分のもの）は、「個人顧客の資力を明らかにする書面」に該当する。
【平成21年（第1回）50-3】【平成22年50-b】

問題 7
所得税の確定申告書（通常提出される直近の期間に係るもの）は、「個人顧客の資力を明らかにする書面」に該当する。
【平成21年（第1回）50-2】

問題 8
青色申告決算書（通常提出される直近の期間に係るもの）は、「個人顧客の資力を明らかにする書面」に該当する。
【平成22年50-c】

問題 9
資力を明らかにする書面には、一般的に発行される直近の期間（当該直近の期間を含む連続した期間における事業所得の金額を用いて基準額を算定する場合にあっては、当該直近の期間を含む連続した期間）に係る納税証明書が含まれる。
【平成22年50-a】【平成23年49-2】

問題 10
年金証書は、「個人顧客の資力を明らかにする書面」に該当する。
【平成22年50-d】

問題 11
年金通知書（一般的に発行される直近の期間に係るもの）は、「個人顧客の資力を明らかにする書面」に該当する。
【平成21年（第1回）50-4】

問題 12
貸金業者は、転職等により個人顧客の勤務先の変更があった場合、原則として当該顧客から当該変更後の個人顧客の資力を明らかにする書面等の提出又は提供を受けなければならない。
【平成21年（第4回）18-3】

源泉徴収票（所得税法所定のものであり、かつ一般的に発行される**直近の期間に係るもの**）は、個人顧客の資力を明らかにする書面に該当します。

 給与の支払明細書は、直近の2か月分以上のものでなければ、個人顧客の資力を明らかにする書面に該当しません。1年以内に発行されたものから任意に選ぶことはできないため、本問は誤りです。

 確定申告書（通常提出される**直近の期間に係るもの**）は、個人顧客の資力を明らかにする書面に該当します。

 青色申告決算書（通常提出される**直近の期間に係るもの**）は、個人顧客の資力を明らかにする書面に該当します。

 資力を明らかにする書面には、一般的に発行される**直近の期間**（当該直近の期間を含む連続した期間における事業所得の金額を用いて基準額を算定する場合は、当該直近の期間を含む連続した期間）**に係る納税証明書**が含まれます。

 年金証書は、個人顧客の資力を明らかにする書面に該当します。

 年金通知書（一般的に発行される**直近の期間に係るもの**）は、個人顧客の資力を明らかにする書面に該当します。

 貸金業者は、個人顧客の**勤務先の変更があった場合**、原則として、**変更後の個人顧客の資力を明らかにする書面等**の提出、または提供を受けなければなりません。

財務および会計

4

○×問題

問題 13 貸金業者は、個人である顧客との間で、貸金業法第 13 条第 3 項各号に掲げる場合（当該貸金業者合算額が 50 万円を超える場合又は個人顧客合算額が 100 万円を超える場合）のいずれかに該当する貸付けに係る契約を締結しようとしている。この場合において、転職等により当該顧客の勤務先の変更があり、かつ当該顧客の変更後の勤務先が確認されているときは、当該貸金業者は、当該顧客が変更後の勤務先で 2 か月分以上の給与の支払いを受けているか否かを問わず、当該顧客から当該変更後の個人顧客の資力を明らかにする書面等の提出又は提供を受けなければならない。 【平成 21 年（第 3 回）9-3】【平成 22 年 16-3】【令和 4 年 8-3】

4-3 企業会計の考え方（企業会計原則）

❷ 一般原則

問題 1 企業会計は、企業の財政状態及び経営成績に関して、真実な報告を提供するものでなければならないとする原則は、一般に明瞭性の原則と呼ばれる。

【平成 21 年（第 1 回）48-ア】【平成 21 年（第 2 回）50-1】【平成 27 年 49-4】【平成 29 年 49-1】
【平成 30 年 49-1】【令和 2 年 49-1】【令和 4 年 50-1】

問題 2 企業会計は、すべての取引につき、健全な会計処理に従って、正確な会計帳簿を作成しなければならない。 【平成 21 年（第 1 回）48-イ】

【平成 21 年（第 2 回）50-2】【平成 27 年 49-3】【平成 28 年 48-4】【平成 30 年 49-2】【令和元年 48-3】

問題 3 資本取引と損益取引とを明瞭に区別し、特に資本剰余金と利益剰余金とを混同してはならないとする原則は、一般に資本取引と損益取引との区分の原則と呼ばれる。 【平成 21 年（第 2 回）50-3】【平成 27 年 49-1】【平成 28 年 48-2】【令和元年 48-2】

【令和 4 年 50-2】

問題 4 企業会計は、会計記録によって、利害関係者に対し必要な会計事実を明瞭に表示し、企業の状況に関する判断を誤らせないようにしなければならない。 【平成 21 年（第 1 回）48-ウ】【平成 30 年 49-4】【令和 2 年 49-2】

一定の場合には、個人顧客から、本人の資力を明らかにする事項を記載した書面等の提出・提供を受けなければなりません。そして、勤務先の変更があれば、変更後の資力を明らかにする書面の提出が必要です。

　ただし、**変更後の勤務先が確認されており、かつ、変更後の勤務先で 2 か月分以上の給与の支払を受けていない場合**には、**変更前の資力に関する書面**を含めてもよいとされています。

　本問は、「顧客が変更後の勤務先で 2 か月分以上の給与の支払いを受けているか否かを問わず」となっている部分が誤りです。

 4 財務および会計

 企業会計は、企業の財政状態および経営成績に関して、**真実な報告**を提供するものでなければなりません。この原則は、一般に「真実性の原則」と呼ばれます。

 企業会計は、すべての取引につき、**正規の簿記の原則**に従って、正確な会計帳簿を作成しなければなりません。この原則は、一般に「正規の簿記の原則」と呼ばれます。

 企業会計は、**資本取引と損益取引**とを明瞭に区別し、特に**資本剰余金と利益剰余金とを混同してはなりません。**この原則は、一般に「資本取引と損益取引区分の原則」と呼ばれます。

○× 問題

 企業会計は、**財務諸表**によって、利害関係者に対し、必要な会計事実を明瞭に表示し、企業の状況に関する判断を誤らせないようにしなければなりません。この原則は、一般に「明瞭性の原則」と呼ばれます。

問題 5 企業会計は、その処理の原則及び手続を毎期継続して適用し、みだりにこれを変更してはならないとする原則は、一般に継続性の原則と呼ばれる。

【平成 21 年 (第 2 回) 50-4】【平成 27 年 49-2】【平成 28 年 49-3】【令和元年 48-4】

問題 6 企業の財政に不利な影響を及ぼす可能性がある場合には、これに備えて適当に健全な会計処理をしなければならない。これを一般に保守主義の原則という。

【平成 26 年 48-3】【平成 28 年 48-1】【平成 29 年 49-2】

問題 7 株主総会提出のため、信用目的のため、租税目的のため等種々の目的のために異なる形式の財務諸表を作成する必要がある場合、それらの内容は、信頼しうる会計記録に基づいて作成されたものであって、政策の考慮のために事実の真実な表示をゆがめてはならない。これを一般に単一性の原則という。

【平成 28 年 48-3】【平成 29 年 49-4】【平成 30 年 49-3】【令和元年 48-1】【令和 2 年 49-4】

【令和 4 年 50-4】

❹ 損益計算書原則

問題 8 損益計算書は、企業の財政状態を明らかにするため、一会計期間に属するすべての資産とこれに対応するすべての負債とを記載して営業利益を表示し、これに特別損益に属する項目を加減して当期純利益を表示しなければならない。

【平成 21 年 (第 4 回) 48】【令和元年 50-1】

問題 9 費用及び収益は、総額によって記載することを原則とし、費用の項目と収益の項目とを直接に相殺することによってその全部又は一部を損益計算書から除去してはならない。

【平成 24 年 50-1】【令和元年 50-4】

企業会計は、その処理の原則および手続を**毎期継続**して適用し、みだりにこれを**変更してはなりません**。この原則は、一般に「継続性の原則」と呼ばれます。

 企業の財政に不利な影響を及ぼす可能性がある場合には、これに備えて適当に健全な会計処理をしなければなりません。これを一般に「保守主義の原則」といいます。

 株主総会提出のため、信用目的のため、租税目的のため等種々の目的のために異なる形式の財務諸表を作成する必要がある場合、それらの内容は、**信頼しうる会計記録**に基づいて作成されたものであって、**政策の考慮のために事実の真実な表示をゆがめてはならない**。これを一般に「単一性の原則」といいます。

 損益計算書原則では、損益計算書の本質として「損益計算書は、企業の**経営成績**を明らかにするため、一会計期間に属するすべての**収益**と、これに対応するすべての**費用**とを記載して、**経常利益**を表示し、これに特別損益に属する項目を加減して当期純利益を表示しなければならない」と定めています。

 費用および収益は、**総額**によって記載することを原則とし、費用の項目と収益の項目とを直接に相殺することによってその全部または一部を損益計算書から除去してはなりません（総額主義の原則）。

○×問題

4-4 財務諸表

❷ 貸借対照表

問題 1
貸借対照表は、企業の一定期間における収益から費用を控除し、その差額を利益あるいは損失として表示した報告書であり、企業の一定期間の経営成績を表すものである。
【平成21年（第1回）49-1】【平成27年50-1】

問題 2
貸借対照表等は、資産、負債及び純資産の各部に区分して表示しなければならない。連結会社が2以上の異なる種類の事業を営んでいる場合でも、連結貸借対照表の資産の部及び負債の部は、その営む事業の種類ごとに区分することはできない。
【平成27年50-1】【平成30年48-1】【令和3年48-a】

問題 3
資産の部は、流動資産、固定資産及び金融資産に区分しなければならない。
【平成29年50-1】【平成30年48-2】【令和2年50-2】

問題 4
取引先との通常の商取引によって生じた受取手形及び売掛金等の債権は、流動資産に属するものとされている。
【平成21年（第3回）49-1】

問題 5
資産の部に表示される固定資産に係る項目は、有形固定資産、無形固定資産、投資その他の資産及び繰延資産に区分しなければならない。
【平成24年49-2】【平成26年50-1】【平成27年50-2】
【平成28年49-1】【平成30年48-3】【令和2年50-1】

問題 6
負債の部は、流動負債、固定負債及び繰延負債に区分して表示しなければならない。
【令和3年48-b】

問題 7
取引先との通常の商取引によって生じた支払手形及び買掛金等の債務は、流動負債に属するものとされている。
【平成21年（第3回）49-2】

本問は、「損益計算書」について説明した文章であるのに、主語が「貸借対照表」となっているため、誤りです。
　「貸借対照表」とは、企業の**資産、負債、純資産**を表示した報告書であり、企業の一定時点における**財政状況**を表すものをいいます。

 貸借対照表等は、**資産、負債および純資産**の各部に区分して表示しなければなりません。連結会社が2以上の異なる種類の事業を営んでいる場合には、連結貸借対照表の資産の部および負債の部は、その営む**事業の種類ごとに区分することができます**。

 資産の部は、**流動資産、固定資産**および**繰延資産**に区分しなければなりません。

 取引先との通常の商取引によって生じた**受取手形および売掛金等の債権**は、「流動資産」に属するものとされています。

 資産の部に表示される固定資産に係る項目は、**有形固定資産、無形固定資産、投資その他の資産**に区分しなければなりません。

 負債の部は、**流動負債および固定負債**に区分して表示しなければなりません。

 取引先との通常の商取引によって生じた**支払手形および買掛金等の債務**は、「流動負債」に属するものとされています。

社債、長期借入金等の長期債務は、固定負債に属するものとされている。

【平成21年（第3回）49-4】【平成29年50-3】【令和2年50-3】

 ファイナンス・リース取引におけるリース債務のうち、1年内に期限が到来するものは、固定負債に属するものとされている。 【平成24年49-3】

 前受収益は、流動資産に属するものとする。 【平成27年50-3】

 未払費用は、流動負債に属するものとする。 【平成27年50-4】【令和2年50-4】

 株式会社の貸借対照表における純資産の部は、株主資本、自己株式及び社債に区分しなければならない。

【平成26年50-4】【平成28年49-4】【平成29年50-4】【平成30年48-4】

❸ 損益計算書

 損益計算書は、企業の資産、負債、純資産を表示した報告書であり、企業の一定時点における財政状況を表すものである。

【平成21年（第1回）49-2】【令和4年49-1】

 損益計算書等の各項目は、当該項目に係る収益もしくは費用又は利益もしくは損失を示すものとして会社計算規則に規定する名称以外の名称を付してはならない。

【平成25年48-c】【平成30年50-1】

社債、長期借入金等の長期債務は、「固定負債」に属するものとされています。

 ファイナンス・リース取引におけるリース債務のうち、1年内に期限が到来するものは、流動負債に属するものとされています。

　なお、ファイナンス・リース取引におけるリース債務のうち、1年を超えて期限が到来するものは、固定負債に属するものとされています。

　1年内に支払われ、または1年以内に返済されると認められるものは、基本的に「流動負債」です。1年を超える場合に「固定負債」になると理解しておきましょう。

 前受収益は、流動負債に属します。

 未払費用は、流動負債に属します。

 株式会社の貸借対照表における純資産の部は、**株主資本、評価・換算差額等**および**新株予約権**に区分しなければなりません。

 本問は、「貸借対照表」について説明した文章であるのに、主語が「損益計算書」となっているため、誤りです。

　「損益計算書」とは、企業の一定期間における**収益**から**費用**を控除し、その差額を利益あるいは損失として表示した報告書であり、企業の一定期間の**経営成績**を表すものをいいます。

 損益計算書等の各項目は、当該項目に係る収益もしくは費用または利益もしくは損失を示す**適当な名称を付さなければならない**とされています。

会社計算規則に規定する名称以外の名称を付してならないとはされていません。

問題 15 売上高から売上原価を減じて得た額（売上総損益金額）が零以上の場合を売上総利益金額という。

【平成 25 年 48-a】【平成 28 年 50-1】【平成 29 年 48-1】【平成 30 年 50-2】

問題 16 売上総損益金額から販売費及び一般管理費の合計額を減じて得た額（営業損益金額）が零以上の場合を営業利益金額という。

【平成 28 年 50-2】【平成 29 年 48-2】【平成 30 年 50-3】【令和 4 年 49-2】

問題 17 営業損益金額に特別利益を加えて得た額から特別損失を減じて得た額が零以上の場合を経常利益金額という。

【平成 25 年 48-d】【平成 28 年 50-3】【平成 29 年 48-3】【平成 30 年 50-4】【令和 4 年 49-3】

❹ キャッシュ・フロー計算書

問題 18 営業活動によるキャッシュ・フローの区分には、営業利益又は営業損失の計算の対象となった取引に係るキャッシュ・フローのほか、投資活動及び財務活動以外の取引に係るキャッシュ・フローが掲記される。

【平成 21 年（第 2 回）48-ア】【平成 21 年（第 4 回）49-a】【令和 3 年 49-3】

問題 19 短期借入れによる収入、短期借入金の返済による支出は、営業活動によるキャッシュ・フローの区分に掲記される。

【平成 21 年（第 2 回）48-ウ】【平成 21 年（第 4 回）49-b】【令和 3 年 49-1】

売上高から**売上原価**を減じて得た額を「売上総損益金額」といいます。その売上総損益金額が零以上の場合を「売上総利益金額」といいます。

 売上総損益金額から**販売費および一般管理費**の合計額を減じて得た額を「営業損益金額」といいます。その営業損益金額が零以上の場合を「営業利益金額」といいます。

 営業損益金額に営業外収益を加えて得た額から**営業外費用**を減じて得た額を「経常損益金額」をいいます。その経常損益金額が零以上の場合を「経常利益金額」といいます。本肢は「特別利益」「特別損失」となっている部分が誤りです。

 営業活動によるキャッシュ・フローの区分には、**営業利益または営業損失の**計算の対象となった取引に係るキャッシュ・フロー、ならびに、**投資活動および財務活動以外**の取引に係るキャッシュ・フローを掲記しなければなりません。

 短期**借入れ**による収入、短期借入金の返済による支出は、「財務活動」によるキャッシュ・フローの区分に掲記されます。

なお、一方で、**貸付け**による支出、貸付金の回収による収入は、「投資活動」によるキャッシュ・フローの区分に掲記されます。

4

財務および会計

○×問題

1 資力を明らかにする書面

　貸金業者である A が、個人顧客である B との間で、元本 200 万円の貸付けに係る契約（極度方式基本契約及び極度方式貸付けに係る契約ではないものとする。以下、本問において「本件契約」という。）を締結するに当たり、貸金業法第 13 条に規定する返済能力の調査を行うに際して、同条第 3 項の規定に基づく、源泉徴収票その他の B の収入又は収益その他の資力を明らかにする事項を記載し、又は記録した書面又は電磁的記録として内閣府令で定めるもの（以下、本問において「年収証明書」という。）の提出又は提供を受ける場合に関する次の①〜④の記述のうち、その内容が適切でないものを 1 つだけ選び、解答欄にその番号をマークしなさい。

① A が、B から B の年収証明書として給与の支払明細書の提出又は提供を受ける場合、直近 2 か月分以上のものの提出又は提供を受けなければならないが、給与の支払明細書に記載されている地方税額を基に合理的に算出する方法により B の直近の年間の給与及びこれに類する定期的な収入の金額を算出するときは、B のその直近 1 か月分の給与の支払明細書の提出又は提供を受けることで足りる。

② A が、2 年前に、B との間で貸付けに係る契約を締結した際に B の年収証明書として源泉徴収票の提出を受けていた場合、A は、本件契約を締結するに当たり、改めて、B の年収証明書の提出又は提供を受ける必要はない。

③ A は、B が勤務先を変更した後、本件契約を締結しようとする場合において、B の変更後の勤務先が確認されており、かつ B が変更後の勤務先で 2 か月分以上の給与の支払を受けていないときは、B から変更前の勤務先に係る年収証明書の提出又は提供を受けることができる。

④ A が、B から提出又は提供を受ける B の年収証明書のうち、貸金業法施行規則第 10 条の 17 第 1 項第 8 号に規定される「所得証明書」には、貸金業者向けの総合的な監督指針によれば、根拠法令なく、行政サービスの一環として、地方公共団体が交付する所得・課税証明書も含まれるとされている。

解説

① ◯（適切である）

　支払明細書は、原則として**直近2か月分以上**のものであることが必要です。ただし、給与の支払明細書に記載されている**地方税額を基に合理的に算出する方法により**直近の年間の給与およびこれに類する定期的な収入の金額を算出する場合には、**直近（1か月）のものでよい**とされています。

② ✕（適切でない）

　貸金業者合算額が50万円を超えるとき、または個人顧客合算額が100万円を超えるときには、資力を明らかにする書面等の提出・提供を受けなければならないとされています。本問では、元本200万円の貸付けであるため、資力を明らかにする書面等の提出・提供を受ける必要があります。

　また、資力を明らかにする書面等として**源泉徴収票**の提出・提供を受ける場合、一般的に発行される**直近の期間に係るもの**であることが必要です。源泉徴収票は毎年発行されるため、2年前の源泉徴収票は直近の期間に係るものとはいえず、改めて資力を明らかにする書面等の提出・提供を受ける必要があります。

③ ◯（適切である）

　勤務先の変更があれば、原則として、変更後の資力を明らかにする書面等でなければなりません。ただし、**変更後の勤務先が確認されており、かつ、勤務先で2か月分以上の給与の支払を受けていない**場合には、変更前の資力を明らかにする書面等も利用できるとされています。

④ ◯（適切である）

　所得証明書は、資力を明らかにする書面等に該当します。

●所得証明書の例

> 　所得証明書には、次のものが含まれます。
> ① 根拠法令なく、行政サービスの一環として地方公共団体が交付する所得・課税証明書
> ② 当該個人顧客の勤務先が発行する所得証明書

解答➡②

2 一般原則（企業会計原則）

　企業会計原則（大蔵省企業会計審議会発表）の一般原則に関する次の①〜④の記述のうち、その内容が<u>適切でない</u>ものを1つだけ選び、解答欄にその番号をマークしなさい。

① 企業会計は、企業の財政状態及び経営成績に関して、真実な報告を提供するものでなければならない。これを一般に真実性の原則という。

② 資本取引と損益取引とを明瞭に区別し、特に資本剰余金と利益剰余金とを混同してはならない。これを一般に資本取引と損益取引との区分の原則という。

③ 企業会計は、財産目録及び出納帳簿によって、利害関係者に対し必要な会計事実を明瞭に表示し、企業の状況に関する適切な判断がなされるようにしなければならない。これを一般に適切性の原則という。

④ 株主総会提出のため、信用目的のため、租税目的のため等種々の目的のために異なる形式の財務諸表を作成する必要がある場合、それらの内容は、信頼しうる会計記録に基づいて作成されたものであって、政策の考慮のために事実の真実な表示をゆがめてはならない。これを一般に単一性の原則という。

解説

① ○（適切である）

　企業会計は、企業の財政状態および経営成績に関して、**真実な報告**を提供するものでなければなりません。これを一般に「真実性の原則」といいます。

② ○（適切である）

　資本取引と損益取引とを明瞭に区別し、特に資本剰余金と利益剰余金とを混同してはなりません。これを一般に「資本取引と損益取引との区分の原則」といいます。

③ ✕（適切でない）

　企業会計原則の一般原則には、適切性の原則というものはありません。よって、本肢は誤りです。

④ ○（適切である）

　株主総会提出のため、信用目的のため、租税目的のため等種々の目的のために**異なる形式の財務諸表を作成**する必要がある場合、それらの内容は、**信頼しうる会計記録に基づいて作成されたもの**であって、政策の考慮のために事実の真実な表示をゆがめてはなりません。これを一般に「単一性の原則」といいます。

解答➡③

問題　　　　　　　　　　　　　　　　　　　令和2年問題50

3 貸借対照表

　会社計算規則に規定する貸借対照表等[注]に関する次の①〜④の記述のうち、その内容が<u>適切でない</u>ものを1つだけ選び、解答欄にその番号をマークしなさい。

① 固定資産に係る項目は、有形固定資産、無形固定資産及び投資その他の資産に区分しなければならない。
② 資産の部は、流動資産、固定資産及び金融資産に区分しなければならない。
③ 長期借入金は、固定負債に属するものとされている。
④ 未払費用は、流動負債に属するものとされている。

　（注）貸借対照表等とは、貸借対照表及び連結貸借対照表をいう。

解説

① ○（適切である）

　固定資産に係る項目は、有形固定資産、無形固定資産および**投資その他の資産**に区分しなければなりません。

② ✕（適切でない）

　資産の部は、流動資産、固定資産および**繰延資産**に区分しなければなりません。よって、本肢は、「金融資産」となっている部分が誤りです。

③ ○（適切である）

　　長期借入金は、固定負債に属します。

④ ○（適切である）

　　未払費用は、流動負債に属します。

●貸借対照表の構成（勘定式）

資産の部	負債の部
流動資産 　現金・預金、受取手形、売掛金、未収収益、前払金、前払費用（1年以内ものに限る）、短期貸付金等 **固定資産** ・有形固定資産：土地・建物等 ・無形固定資産：のれん（営業権）、借地権（地上権を含む）、特許権、商標権、ソフトウェア ・投資その他の資産：投資有価証券、出資金、長期貸付金等 **繰延資産** 　開業費等	**流動負債** 　支払手形、買掛金、未払金、未払費用、前受金、前受収益、リース債務・引当金（1年以内ものに限る）、短期借入金等 **固定負債** 　社債、長期借入金等の長期債務
	負債合計
	純資産の部※
	株主資本（資本金、新株式申込証拠金、資本剰余金、利益剰余金、自己株式、自己株式申込証拠金） **評価・換算差額等** **新株予約権**
	純資産合計
資産合計	**負債および純資産合計**

※ 純資産の部の欄は、株式会社における区分の例です。

●覚え方

> 　まだ回収していないもの（受取手形、売掛金、未収収益など）や前払いしたもの（前払金など）は、**流動資産**になると理解しておきましょう。これらとは逆に、まだ支払っていないもの（支払手形、買掛金、未払費用など）や前払いしてもらっているもの（前受金、前受収益など）は、**流動負債**になると理解しておきましょう。
>
> 　なお、短期貸付金（決算日の翌日から1年以内に支払期限が到来するもの）は**流動資産**になりますが、長期貸付金（1年を超えて支払期限が到来するもの）は**投資その他の資産**になります。短期借入金は**流動負債**に属し、長期借入金は**固定負債**に属します。

解答➡②

問題

4 損益計算書

　会社計算規則に規定する損益計算書等^(注)に関する次の①～④の記述のうち、その内容が適切なものを 1 つだけ選び、解答欄にその番号をマークしなさい。

① 損益計算書とは、ある時点における企業の財政状態を表す財務諸表である。

② 売上総損益金額から販売費及び一般管理費の合計額を減じて得た額が零以上の場合を営業利益金額という。

③ 営業損益金額に特別利益を加えて得た額から特別損失を減じて得た額が零以上の場合を経常利益金額という。

④ 経常利益金額から税金を差し引いた額が零以上の場合を当期純利益金額という。

　(注)　損益計算書等とは、損益計算書及び連結損益計算書をいう。

解説

① ✕（適切でない）

　損益計算書は、企業の一定期間における収益から費用を控除し、その差額を利益あるいは損失として表示した報告書であり、**企業の一定期間の経営成績を表す**財務諸表です。よって、本肢は誤りです。

　なお、ある時点における企業の財政状態を表す財務諸表とは、貸借対照表のことです。

② ○（適切である）

　売上総損益金額から販売費および一般管理費の合計額を減じて得た額（営業損益金額）が零以上の場合を**営業利益金額**といいます。

　なお、営業損益金額が零未満の場合を営業損失金額といいます。

③ ✕（適切でない）

　営業損益金額に「営業外収益」を加えて得た額から「営業外費用」を減じて得た額（経常損益金額）が零以上の場合を**経常利益金額**といいます。よって、本肢は、「特別利益」「特別損失」となっている部分が誤りです。

なお、経常損益金額が零未満の場合を経常損失金額といいます。

④ **✗（適切でない）**

　　経常損益金額に「特別利益」を加えて得た額から「特別損失」を減じて得た額（税引前当期純損益金額）が零以上の場合を**税引前当期純利益金額**といいます。そして、税引前当期純損益金額から税金の額を差し引いた額が零以上の場合を**当期純利益金額**といいます。よって、本肢は誤りです。

●**本問の解答方法**

> 　本問は、「損益計算書の利益区分」を理解していれば解ける問題です。
>
> ●損益計算書の利益区分
>
> ① **売上総利益**＝売上高−売上原価
>
> ② **営業利益**＝売上総利益−（販売費および一般管理費）
>
> ③ **経常利益**＝営業利益＋営業外収益−営業外費用
>
> ④ **税引き前当期純利益**＝経常利益＋特別利益−特別損失
>
> ⑤ **当期純利益**＝税引き前当期純利益−（法人税、住民税および事業税）
>
> 　※選択肢②の内容は、上記利益区分の②に関する事項。
>
> 　※選択肢③の内容は、上記利益区分の③に関する事項。
>
> 　※選択肢④の内容は、上記利益区分の④⑤に関する事項。

解答➡②

索　引

■参考文献およびURL

・ 日本貸金業協会「貸金業務取扱主任者 試験・登録・講習」
　https://www.j-fsa.or.jp/chief/index.php
・ 日本貸金業協会「貸金業法について」
　https://www.j-fsa.or.jp/association/money_lending/law/index.php

■著者のサイトについて

　試験や法改正の最新情報、予想問題につきましては、「貸金業務取扱主任者資格試験の攻略サイト」（著者のサイト）をご覧ください。

　本書に収録されていない過去問題の解説は、当サイトで無料公開しています。

```
●貸金業務取扱主任者資格試験の攻略サイト
  https://貸金業務取扱主任者.com
```

■著者略歴

田村 誠（たむらまこと）

法務博士（専門職）。弘前大学在学中に行政書士事務所を開業し、大手公務員受験指導校での講師活動を経て、現在は、ファイナンシャル・プランナーとしての活動（主に相続・不動産）、法律系資格取得専門の受験指導を行う。試験問題の徹底した分析に基づく合理的な指導には定評がある。得意な分野は金融法務・不動産。

資格：貸金業務取扱主任者、宅地建物取引士、賃貸不動産経営管理士、行政書士、法学検定、銀行業務検定（法務）、金融業務能力検定（法務）、個人情報保護法検定、ファイナンシャル・プランナー、住宅ローンアドバイザーなど多数。

著書：「受験用 よくわかる宅地建物取引主任者」、「受験用 図解 宅地建物取引主任者」、「受験用 いちばんやさしい！ マンガ宅建士入門」西東社、「第7版 貸金業務取扱主任者合格教本」、「賃貸不動産経営管理士合格教本」技術評論社。

カバーデザイン	●デザイン集合〔ゼブラ〕＋坂井哲也
イラスト	●キムラみのる
DTP	●田中 望（Hope Company）
編集	●佐藤民子

らくらく突破
第7版　貸金業務取扱主任者
○×問題＋過去問題集

2012年 9月5日 初 版 第1刷発行
2023年 5月16日 第7版 第1刷発行

著　者　田村 誠
発行者　片岡 巌
発行所　株式会社技術評論社
　　　　東京都新宿区市谷左内町21-13
　　　　電話　03-3513-6150 販売促進部
　　　　　　　03-3513-6166 書籍編集部
印刷／製本　昭和情報プロセス株式会社

定価はカバーに表示してあります。

ISBN978-4-297-13455-6 C3036
Printed in Japan

■お問い合わせについて

本書に関するご質問は、FAXか書面でお願いします。電話での直接のお問い合わせにはお答えできませんので、あらかじめご了承ください。また、下記のWebサイトでも質問用のフォームを用意しておりますので、ご利用ください。

ご質問の際には、書名と該当ページ、返信先を明記してください。e-mailをお使いになられる方は、メールアドレスの併記をお願いします。

期限を指定したご質問にはお答えできませんので、あらかじめご了承ください。

お送りいただいた質問は、場合によっては回答にお時間をいただくこともございます。なお、ご質問は本書に書いてあるもののみとさせていただきます。試験に関するご質問は試験実施団体にお問い合わせください。

■お問い合わせ先
〒162-0846
東京都新宿区市谷左内町21-13
株式会社技術評論社　書籍編集部
「らくらく突破　第7版 貸金業務取扱主任者
○×問題＋過去問題集」係
FAX：03-3513-6183
Web：https://gihyo.jp/book/